a Donatello

IL SIMPOSIO / Atti di convegno e colloqui sull'arte 1

Questo volume raccoglie i contributi presentati
al II Seminario di iconografia musicale
tenutosi a Roma dal 29 al 31ottobre 1996.

Il Seminario si è svolto con il patrocinio
del Ministero per i Beni Culturali e Ambientali,
del Ministero della Pubblica Istruzione
e dell'Università e della Ricerca Scientifica e Tecnologica,
del CIDIM – Comitato Nazionale Italiano di Musica – CIM/UNESCO
e della SIdM – Società Italiana di Musicologia.

Si ringraziano per la realizzazione del Seminario:
l'Associazione delle Biblioteche Italiane d'Arte – BiArte,
la Biblioteca di Archeologia e Storia dell'Arte – BiASA,
la Fondazione Italiana per la Musica Antica – FIMA
e l'Istituto della Enciclopedia Italiana – IEI.

La pubblicazione degli atti è stata resa possibile
grazie all'impegno della BiArte, il parziale contributo
del CNR e il sostegno di quanti sono qui ringraziati
nella *tabula gratulatoria.*

# Il far musica, la scenografia, le feste

Scritti sull'iconografia musicale

*A cura di Francesca Zannoni*

NUOVA
ARGOS

Nuova Argos, Roma 2002

Direzione artistica
Fulvio Caldarelli

Progetto grafico
Carmi & Ubertis Design, Gruppo Publicis, Roma

Impaginazione
Francesco Bellucci

Prima edizione ottobre 2002



www.nuovaargos.com

ISBN 88-88693-00-9

Philip Allen
Perla Avegno
Elena Ferrari Barassi
Giulia Barberini
Annamaria e Amilcare Bietti
Luciana e Umberto Buontempo
Paolo Camiz
Roberto Camiz
Marzio Cassandro
Patrizia Cavazzini
Claudia Cieri Via
Guglielmina Clarici
Giovanna Cesaretti Colitto
Lorenzo Colitto
Annelies e Luciano Coen
Antonio de Vicariis
Franca e Carlo Di Castro
Giuseppe Donini
Camilla e Nicola Fiore
Maria Piera e Andrea Frova
Giuliana Gialdroni
Roberto Giuliani e Paola Besutti
Cristina Hermann Fiore
Adriano Landini
Anna e Maurizio Lusignoli
Pucci e Luciano Maiani
Kay Meyer Starleen
Oscar Mischiati
Lorenza Mochi Onori
Dario Monna
Anna e Francesco Montuori
Ia e Vittorio Morandini
Ursula e Valentino Pace
Sara Poli
Alessandra Pugliese
Catherine Puglisi
Franco Carlo Ricci e Emanuela Zuni
Christine Riebesell
Lucia e Giancarlo Rostirolla
Cristina Santarelli
Barbara e Francesca Sparti
Giulia e Yogendra Srivastava
Annalia Stock
Claudio Strinati
Adriana e Guido Tagliacozzo
Marina Tartara
Barbara Veit
Elissa Weaver
Elisabeth Wolfe Kann
Lucia Zanello
Teresa, Elisa e Francesca Zannoni
Paola e Agostino Ziino
St. Stephen School

*Concento del suono par cantare li uccelli*, incisione in Giovanni Pietro Olina, *Uccelliera overo discorso della natura, e proprietà di diversi uccelli e in particolare di que' che cantano, con il modo di prendergli, conoscergli, allevargli, e mantenergli. E con le Figure cavate dal vero, e diligentemente intagliate in Rame dal Tempesta, e dal Villamena. Opera di Gio. Pietro Olina novarese dottor di legge. Dedicata al Sig. Cavalier Dal Pozzo*, Roma 1622
(per gentile concessione della Biblioteca di Archeologia e Storia dell'Arte, Roma).

*In ricordo di Franca Trinchieri Camiz*

# Presentazione

Questo volume raccoglie i contributi presentati al II Seminario di iconografia musicale *Il far musica, la scenografia, le feste* svoltosi a Roma nell'ottobre 1996. La manifestazione, promossa dalla Associazione delle Biblioteche Italiane d'Arte, BiArte, è stata organizzata in collaborazione con la Fondazione Italiana per la Musica Antica, la Biblioteca di Archeologia e Storia dell'Arte e l'Istituto della Enciclopedia Italiana. I lavori si sono svolti nei suggestivi ambienti delle due ultime istituzioni: la Sala della Crociera e la Sala Igea.

Il secondo Seminario ha rappresentato la prosecuzione di quello del 1994 [1], nel corso del quale era emerso uno specifico interesse, oltre che per i tradizionali temi iconografico-musicali, per argomenti meno trattati nell'ambito di questa disciplina, che ci si era ripromessi di sviluppare successivamente: la festa, la danza e la scenografia del teatro musicale. Inoltre, è stato raccolto l'interesse allora suscitato dal dibattito sulla possibilità di estendere questo particolare metodo di analisi all'ambito degli artisti del Novecento, riproponendo lo stesso tema in questa sede.

L'aspetto didattico-metodologico è stato sviluppato dando ampio spazio all'illustrazione del metodo di schedatura, con particolare attenzione alla complessa catalogazione della scenografia del teatro musicale, oggetto anche di una tavola rotonda conclusiva.

Il programma, articolato in cinque sessioni distribuite su tre giornate, ha abbracciato un arco di tempo che va dalla fine del secolo XV al secolo XX, ed ha consentito di fare il punto sullo stato della ricerca iconografico-musicale mettendo a confronto esperienze di musicologi e storici dell'arte italiani e stranieri.

[1] Ad apertura dei lavori Agostino Ziino ha presentato gli atti del I Seminario a cura di F. ZANNONI, *Le immagini della musica*, Atti del Seminario di iconografia musicale, metodi e pratica di catalogazione di materiali aventi rilevanza per la storia delle arti e della musica (Roma 31 maggio-3 giugno 1994), Roma 1996.

In una prima serie di interventi, due saggi hanno affrontato la concezione della musica nel Rinascimento attraverso l'analisi del valore simbolico che la raffigurazione del musicale assume all'interno di importanti dipinti: sono state messe a confronto le cinque versioni della *Venere con musicista* di Tiziano (Seebass), ed è stata interpretata l'iconografia di santa Cecilia che si trasforma parallelamente alla trasformazione delle 'idee sulla musica' nel Cinquecento e nella prima metà del Seicento (Staiti). La 'lettura' di altri reperti iconografici ha consentito di documentare la prassi musicale a Firenze alla fine del Cinquecento (Cieri Via – Guidi)[2], ed è stata utilizzata per tracciare un percorso di metodo (Baroncini).

Il tema della festa e della danza è stato sviluppato in due contributi: il primo, attraverso l'analisi di rarissime fonti visive e di alcuni brani di canto dell'epoca che sono sopravvissuti, ricostruisce la musica eseguita durante i festeggiamenti rinascimentali in onore di Bacco (Camiz), il secondo illustra, attraverso la testimonianza di alcuni codici miniati seicenteschi, il significato delle raffigurazioni coreografiche collegate alle feste della corte sabauda (Santarelli).

L'arte figurativa del Novecento è presente in questo contesto mediante l'analisi della rappresentazione dello strumento musicale in due artisti agli inizi del secolo (Nigro Covre) e della sua reinvenzione negli artisti della visualità (Bentivoglio).

Il tema della scenografia, generalmente meno studiato in sede iconografico-musicale sia da parte degli studiosi italiani sia all'estero, è stato trattato da specialisti di diversa formazione – una bibliotecaria musicale, un architetto, una studiosa di storia del teatro e una studiosa di scenografia. Sono state prese in esame le incisioni di scenografie pubblicate nei libretti per musica del Seicento, tipologia di reperti molto rara conservata nella Biblioteca Casanatense di Roma (Alberati), alcuni disegni giovanili di Luigi Vanvitelli, di cui due inediti (Ciapparelli), i bozzetti di Bagnara conservati al Museo Correr di Venezia (Biggi) e reperti scenografici legati alla produzione operistica di Verdi (Jesurum).

Con l'intento di offrire a studiosi e operatori del settore un approfondimento delle problematiche connesse alla disciplina iconografico-musicale, è stato sviluppato l'aspetto didattico-metodologico illustrando la genesi del Catalogo Italiano di Iconografia Musicale (CIdICM) dalla sua creazione nel 1987 (Barassi), e in questo ambito è stato presentato un programma di catalogazione informatizzata, «Praetorius», elaborato, secondo il metodo CIdICM e le categorie di classificazione *Iconclass*, all'interno della Scuola di paleografia e filologia musicale di Cremona (Preitano). L'applicazione di questa complessa metodologia è stata illustrata dettagliatamente durante le esercitazioni di schedatura (Marcellino). Occorre ricordare che «Praetorius» è una interessante testimonianza del primo tentativo di informatizzazione della scheda di catalogo anche se oggi sono in fase di sperimentazione

[2] Nel corso dell'intervento le relatrici hanno fatto ascoltare la registrazione della esecuzione effettuata sulla base della trascrizione dei fogli di musica dipinta.

nuovi e più sofisticati programmi [3].

Per affrontare il tema della scenografia in relazione ai criteri di catalogazione iconografico-musicale è stata organizzata una tavola rotonda alla quale hanno partecipato esponenti di diverse estrazioni disciplinari – il musicologo, lo storico dell'arte, il bibliotecario musicale, lo studioso di scenografia, lo studioso di storia del teatro, l'informatico –, che hanno esposto le loro esperienze e le difficoltà incontrate. Poichè sono emerse interessanti problematiche, si è ritenuto utile riportare una sintesi dell'incontro come ulteriore contributo a quello che illustra la procedura di acquisizione dei dati riguardanti la scenografia.

Hanno rappresentato un importante momento di verifica e di approfondimento del metodo di analisi dell'iconografia musicale sia la visita alla Loggia delle Muse ed al Casino dell'Aurora di Palazzo Pallavicini, illustrati da Franca Camiz, sia la visita alla mostra del Domenichino, contestualmente in corso a Palazzo Venezia, introdotta da Claudio Strinati. In particolare davanti al quadro per San Petronio dei Bolognesi del Domenichino [4] è scaturito un dibattito tra musicologi e storici dell'arte con opposte e complementari interpretazioni, che sono state la riprova del carattere interdisciplinare di questo metodo di analisi e del ruolo che lo studio dell'iconografia musicale può avere nella comprensione e nel godimento dell'opera d'arte.

Desidero ringraziare la dottoressa Arianna Scolari Jesurum, allora direttrice della Biblioteca di Archeologia e Storia dell'Arte, il professor Vincenzo Cappelletti, allora vicepresidente dell'Istituto della Enciclopedia Italiana Treccani, i professori Renato Meucci e Giancarlo Rostirolla, rispettivamente presidente e fondatore della Fondazione Italiana per la Musica Antica, per il sostegno dato alla realizzazione

[3] Tra lo svolgimento del convegno e la pubblicazione degli atti si sono verificate, nel campo dei metodi di catalogazione delle fonti iconografico-musicali, novità che vanno segnalate. Al programma informatico «Praetorius» ha fatto seguito un più moderno database denominato «MusIco». Esso, come il precedente, si basa sul metodo di schedatura cartacea a suo tempo esposto nel manuale *Strutturazione dei dati* di Carla Tessari, che rifletteva il lavoro del gruppo di ricerca coordinato dalla professoressa Elena Ferrari Barassi dell'Università di Pavia; tuttavia, «MusIco», messo a punto da Mariagrazia Carlone nell'ambito della stessa Università, pur conservando contenuti conformi a quelli del manuale d'origine, si fonda su basi strutturali innovate, rispondendo a premesse tecnologiche assai avanzate che comportano anche una possibile diffusione su Internet. La ripercussione di questo operato è stata immediata: il professor Tilman Seebass dell'Università di Innsbruck ha deciso di abbandonare «Midas» (fino ad allora utilizzato nell'Institut für Musikwissenschaft da lui diretto, ma ormai, a suo parere, divenuto antiquato) e ha adottato «MusIco», contribuendo altresì alla messa a punto del medesimo con sostanziali e decisivi apporti personali. Ora «MusIco» si trova in un progredito stadio di realizzazione e sta per essere adottato e collaudato in svariate sedi. Nel frattempo sono stati realizzati anche altri database, fra i quali quello promosso, presso l'Università di Tours, dalla professoressa Nicoletta Guidobaldi. In ogni modo, nonostante la pluralità dei metodi seguiti, ci si sta avvicinando alla meta di una stretta collaborazione, sia su un eventuale piano tecnico, sia su quello dell'interscambio dei dati, fra varie istituzioni italiane ed europee, tutte ugualmente interessate alla schedatura informatica dell'iconografia musicale e alla fruizione comune dei patrimoni delle rispettive banche.

[4] Il dipinto, *Madonna con i santi Giovanni Evangelista e Petronio*, particolarmente interessante dal punto di vista organologico, era stato oggetto di approfondita analisi iconografico-musicale da parte di Renato Meucci nel corso del Seminario del 1994: R. MEUCCI, *L'esperienza del Domenichino e il quadro per San Petronio dei Bolognesi a Roma*, in F. ZANNONI (a cura di), *Le immagini della musica* cit., p. 81, nota 1.

anche di questo secondo Seminario. Ringrazio inoltre: Luciano Arcadipane, Luciano De Angelis, Ida Barberio, Susi Giorgio, Francesca Maraschini, Nicoletta Piancastelli, Paola Spadoni, e tutti gli altri amici che hanno contribuito a vario titolo e con grande entusiasmo alla buona riuscita dell'incontro.

Questo volume ha un significato particolare per tutti noi che abbiamo conosciuto Franca Trinchieri Camiz, che delle relazioni tra musica ed arti figurative si è sempre interessata con rigore scientifico e passione, e la cui partecipazione a questo Seminario ricordiamo con affetto.

Mi fa piacere ricordare che la pubblicazione degli atti è stata realizzata anche grazie al generoso supporto di tanti amici di Franca, menzionati nella *tabula gratulatoria*, che hanno voluto ricordarla con un contributo ad una disciplina da lei così amata.

Francesca Zannoni

*Biblioteca di Archeologia e Storia dell'Arte*
*e BiArte, Roma*

# Per Franca
## Anna Maria Bietti Sestieri

A più di tre anni dalla sua morte, è ancora difficile per me ricordare Franca senza emozione.

Per chi ha avuto a che fare con lei, anche solo per poco tempo, era facile accorgersi di qualcuno dei suoi lati speciali, che naturalmente erano solo diversi aspetti di una personalità fuori del comune. Per esempio, l'apertura senza riserve verso il prossimo, alimentata da un ottimismo che derivava dalla sua generosità piuttosto che da esperienze di vita che certamente non erano state tutte e sempre positive; la curiosità intellettuale e l'energia travolgente che metteva nel lavoro, nei viaggi, nell'organizzazione di rapporti personali e sociali qualche volta caotici, ma sempre sostenuti da un interesse autentico e da una cordialità genuina; la semplicità con la quale si presentava, lontanissima da atteggiamenti di superiorità accademica, ma che nascondeva una cultura vasta e aggiornata, vissuta con rigore professionale e passione intellettuale.

Anche una sola delle tante sfaccettature di questa complessa combinazione di elementi era sufficiente per lasciare nell'interlocutore occasionale un'impressione di cordialità e di calore, mentre fra le tante persone che avevano con lei contatti sistematici, nella vita privata o nel lavoro sono davvero pochissime quelle che non le si sono affezionate.

Per me, che la conoscevo da oltre trent'anni, Franca era un punto di riferimento insostituibile: non una figura materna o filiale, con la quale i rapporti affettivi sarebbero stati comunque sbilanciati, ma un'amica, in grado di offrire la ricchezza della propria personalità e della propria esperienza in uno scambio psicologicamente alla pari. Uno dei legami più importanti che possono stabilirsi fra persone adulte, forse il più prezioso di tutti.

*Anna Maria Bietti Sestieri, Soprintendente per i Beni Archeologici dell'Abruzzo, Chieti*

I primi elementi di contatto sono stati i bambini della stessa età e le vacanze passate insieme, con un piccolo gruppo di amici. Franca era attiva, stimolante, disordinatissima; insieme, organizzavamo le giornate dei bambini, e soprattutto facevamo lunghissime nuotate, spesso da sole perché nessun altro era entusiasta del mare quanto noi due.

Non facevamo lo stesso lavoro, ma i rispettivi campi di attività avevano qualche punto di contatto: Franca si occupava di storia dell'arte figurativa del Rinascimento e del '600 italiani, io di archeologia protostorica. Franca portava gli studenti in visita ai miei scavi e mi aiutava quando dovevo scrivere in inglese, io partecipavo alle sue iniziative, come la nascita e lo sviluppo della Forum School. Ci tenevamo aggiornate sulle rispettive attività raccontandoci le ricerche e gli articoli in preparazione, i convegni, le scoperte di archivio e sul campo. È stato così che, nel corso degli anni, ho seguito da vicino quasi tutta la sua attività in un modo molto diretto, anche se non dall'interno del suo terreno, ascoltandola, leggendo i suoi articoli, seguendo i suoi suggerimenti per ritrovare un quadro sconosciuto in una sacrestia o in un angolo nascosto della Roma rinascimentale o barocca. Seguirla era interessante perché tutte le sue ricerche, anche quelle più specializzate, partivano da una solida ricostruzione dell'ambiente culturale e sociale e della storia del periodo.

Conosceva Roma come pochi altri, e i suoi studi iconografici e di archivio diventavano per me uno strumento per avvicinarne aspetti specialistici, ma non inaccessibili: ricordo la ricostruzione della storia della *Pietà* che oggi si trova all'Opera del Duomo di Firenze, distrutta da Michelangelo per i difetti del marmo, ricomposta e collocata in un giardino sul Quirinale, in una posizione che Franca aveva accuratamente identificata, e infine spedita a Firenze con un viaggio avventuroso per terra e per mare; la sua lettura del *Martirio di san Matteo* di Caravaggio, raccontata direttamente durante una visita a San Luigi dei Francesi, nella quale tutti i particolari del quadro acquistano il loro significato all'interno delle idee e della cultura di Roma fra la fine del '500 e il primo '600.

Ci sono stati anche incontri volanti durante i viaggi nei quali Franca guidava i suoi studenti alla conoscenza diretta della storia dell'arte italiana: nella chiesa di Santo Spirito a Firenze, nelle ville Badoera e Molin Avezzù di Fratta, nel Polesine. In quelle occasioni spiccava l'impronta personale che lei metteva nell'insegnamento: c'era la lezione, basata sulla sua conoscenza profonda della materia e arricchita dalle sue ricerche, ma c'era anche una organizzazione logistica efficiente, alla quale lavorava puntigliosamente sotto un'apparenza svagata, e c'era l'attenzione affettuosa per ognuno degli studenti. Credo che quei viaggi con Franca siano stati per tutti loro un'esperienza non comune.

Il campo di ricerca al quale Franca si dedicava più intensamente, e nel quale ha dato molti contributi importanti e originali, era il rapporto fra pittura e musica. Grazie ai suoi personali interessi e sensibilità musicali, questi lavori hanno chiarito molti aspetti della rappresentazione di strumenti, testi musicali, musicanti e cantori, dell'iconografia e della simbologia relative alle attività musicali e del ruolo della musica nella cultura rinascimentale e barocca. Spesso, in collaborazione con il marito Paolo, pianista e direttore di un coro, Franca organizzava la presentazione al pubblico delle sue ricerche associando un seminario o una conferenza con una esecuzione con strumenti e musiche antichi, in modo da restituire un'immagine completa e più comprensibile del mondo musicale rappresentato specialmente nei dipinti di Caravaggio.

Questo filone della sua attività era particolarmente attraente, proprio grazie alla combinazione di musica e arte figurativa, ma un altro settore al quale Franca ha dedicato tutta intera la sua competenza professionale, insieme con una partecipazione che andava al di là del normale impegno di ricerca, è lo studio sulle donne artiste del '600 romano, la monaca, la suora terziaria, la nobildonna nubile, che avevano potuto scegliere di dipingere o scolpire. Franca aveva raccolto i documenti di archivio su queste donne, riportando alla luce un'attività artistica il cui ricordo era stato rapidamente cancellato dopo la loro morte. Mi raccontava la difficoltà di rintracciare le opere delle donne artiste, spesso volutamente dimenticate e cancellate; l'orgoglio professionale di Maria de Dominici, suora terziaria, che nei suoi due testamenti lasciava in eredità molte opere insieme con gli strumenti del suo lavoro di pittrice e scultrice; l'impossibilità per suor Maria Eufrasia, monaca di clausura, di coltivare il proprio talento tenendosi in contatto con i pittori e scultori del suo tempo, che risultava nel carattere ingenuo e stereotipato dei suoi dipinti. Nell'impresa di riportare alla luce il loro lavoro, l'atteggiamento di Franca non era di rivendicazione o di rivalsa, ma piuttosto di compassione, ammirazione e simpatia per queste antiche sorelle che sono riuscite a lasciare un segno nonostante le condizioni sfavorevoli nelle quali sono vissute.

Lo sviluppo di queste ricerche, che seguivo con l'attenzione con la quale si legge un giallo ben costruito, rifletteva a tutto tondo il carattere di Franca, la combinazione di competenza, entusiasmo e partecipazione emotiva che è così raro trovare anche nelle personalità più complete e interessanti. È per questa ragione che la morte di Franca è una perdita irrimediabile per i suoi amici come per i suoi colleghi e allievi, anche se pensare a lei come è stata quasi fino alla fine ci restituisce un'immagine felice, un ricordo prezioso di serenità e di ottimismo.

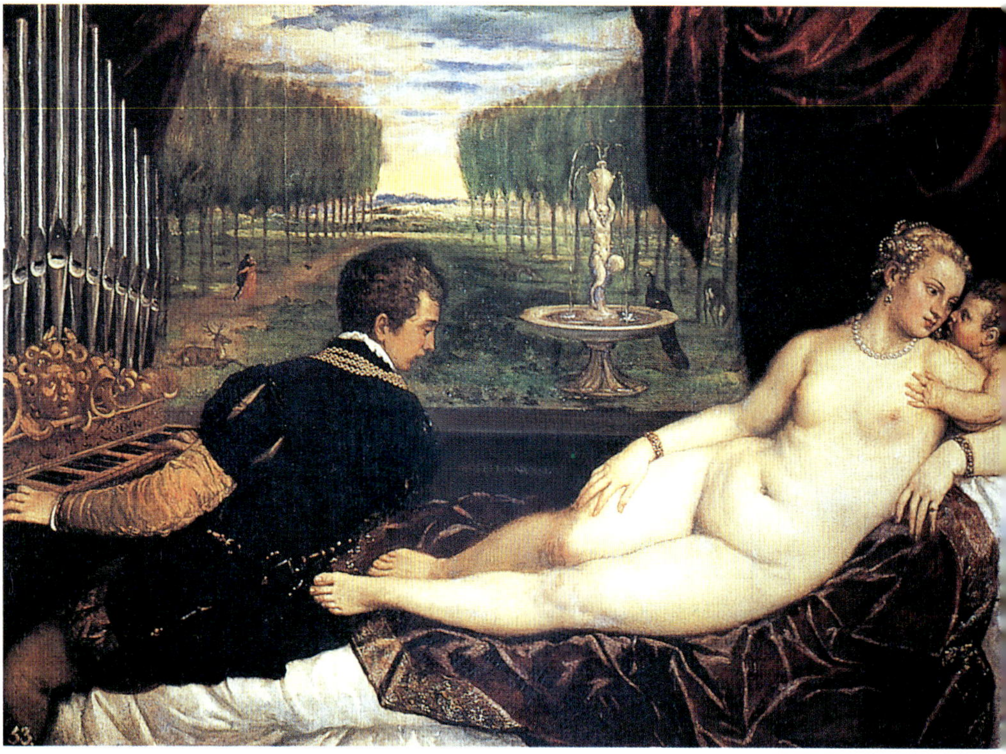

**Figura 1.** Tiziano, *Venere con suonatore di organo e cupido* (1550 ca.), Museo del Prado (inv. n. 421), Madrid.

# 1.

## I cinque quadri della *Venere con musicista* di Tiziano*
Tilman Seebass

*Introduzione*

Lo storico dell'arte che si accosta alla iconografia musicale si accorge ben presto che raramente i musicologi si occupano di opere famose, eccezion fatta per l'arte medievale e, in casi isolati, per il Rinascimento. Ciò è dovuto, probabilmente, a due motivi: in primo luogo il musicologo tende a considerare l'opera d'arte solo come fonte di informazioni oggettive – il che significa, tra l'altro, che si può prescindere dalle opere principali, visto che sono proprio le minori ad offrire il materiale più interessante. In secondo luogo chi si considera profano nel campo della critica d'arte prova, di fronte all'opera, una certa soggezione: ovviamente egli riconosce al pittore intenti che vanno ben oltre la mera rappresentazione di dettagli o di passi di danza corretti, ma non vuole sfigurare davanti agli esperti per la sua preparazione bibliografica o per l'interpretazione.

Questo atteggiamento mi sembra dannoso: una concentrazione esclusiva sui dettagli, che esula dal contesto generale e dalla qualità dell'opera, tende a falsarne l'interpretazione, mentre un'opera d'arte dovrebbe sempre essere considerata nella sua interezza. In generale, poi, sono proprio i pittori più significativi, e non i mediocri, a saper meglio realizzare le proprie idee.

Proverò, pertanto, a mettere da parte le incertezze di una preparazione storico-artistica forse lacunosa, per esaminare con voi un ben noto gruppo di opere di Tiziano.

*Tilman Seebass, Leopold Franzens Universität, Innsbruck*

* Traduzione di *Die fünf Gemälde der Venus mit einem Musiker von Tizian*, in P. KURET (a cura di), *Glasba in likovna umetnost/Musik und bildende Kunst*, Slovenski glasbeni dnevi/Slowenische Musiktage Ljubijana (Piran 23-26 aprile 1996), Festival, Ljubijana 1997, pp. 39-48; ringrazio il professor Kuret per aver concesso il permesso di tradurre il testo. Dopo il 1996 ho rivisto alcuni punti del testo e li ho inclusi in un articolo più lungo, *Giorgiones und Tizians 'fantasie' mit Musik. Bilder zum künstlerischen Lebensgefühl der Renaissance*, «Imago Musicae» XVI-XVII (1999-2000), pp. 25-60.

*La concezione della musica nel Rinascimento*

Nessun'altra epoca della storia europea, come il Rinascimento, ha dato mai tanta importanza alla conoscenza della musica: molti pittori furono musicisti dilettanti, in grado di padroneggiare un liuto, un violino o una tastiera. Quando un pittore in una sua opera affrontava un tema legato alla musica, certamente non lo faceva *ex abstracto*. Egli sapeva di che si trattava e conosceva direttamente, o come interprete o come ascoltatore, il fascino della musica.

Tiziano non fu un'eccezione. Sappiamo che in casa sua si faceva musica, abbiamo prove della sua intenzione di acquisire un cembalo e possiamo supporre che sapesse suonare il liuto [1].

*I cinque dipinti di Tiziano raffiguranti Venere con musicista*

Si tratta, più precisamente, di tre dipinti intitolati *Venere con suonatore di organo* [figg. 1, 5, 6] e di due con titolo *Venere con suonatore di liuto* [figg. 2, 7] [2]. Sul tema c'è vastissima letteratura critica [3], senza però una particolare partecipazione della musicologia. Sappiamo che Tiziano di tanto in tanto eseguiva più versioni di uno stesso soggetto, ma in questo caso il numero delle versioni è eccezionalmente alto. Una spiegazione di ciò va certamente individuata nel favore che il dipinto incontrò presso i compratori che ne richiesero altre copie.

Ma è anche possibile che Tiziano fosse così interessato al tema da tornarci su spontaneamente. In tal caso, però, le varie stesure dovrebbero presentare maggiori differenze tra loro, cosa che invece non avviene.

Le differenze si collocano, in realtà, in quella specie di zona grigia dove non si può distinguere fra importante e irrilevante.

[1] Ma Tiziano non era certo più che un dilettante interessato alla musica, altrimenti il contrario sarebbe stato notato da Vasari e dagli altri. Fortunatamente Herzner (V. HERZNER, *Tizians 'Venus mit dem Orgelspieler'*, in *Begegnungen*, Festschrift Peter Anselm Riedl zum 60. Geburtstag, Worms 1993, pp. 80-103, spec. p. 93 e nota 44) ha sgombrato il campo dalle opinioni degli studiosi precedenti, secondo cui Tiziano avrebbe suonato l'organo.

[2] a) *Venere con suonatore di organo, cupido e cagnolino*, firmato «Titianus f.», olio su tela, cm 115 x 210, 1550 ca., Staatliche Museen, Berlino [fig. 5]; cfr. H.E. WETHEY, *The Complete Paintings of Titian, III: The Mythological and Historical Paintings*, Phaedon, London 1975, n. 48. b) *Venere con suonatore di organo e cupido*, firmato «Titianus f.», olio su tela, cm 148 x 217, 1550 ca., Museo del Prado inv. n. 421, Madrid [fig. 1]; cfr. H.E. WETHEY, *The Complete Paintings* cit., n. 47. c) *Venere con suonatore di organo e cagnolino*, senza firma, olio su tela, cm 136 x 220, 1550 ca., Museo del Prado inv. n. 420, Madrid [fig. 6]; cfr. H.E. WETHEY, *The Complete Paintings* cit., n. 50, figg. 109-113. d) *Venere con suonatore di liuto e cupido incoronante*, senza firma, olio su tela, cm 150,5 x 196,8, 1565 ca., Fitzwilliam Museum, Cambridge [fig. 2]; cfr. H.E. WETHEY, *The Complete Paintings* cit., n. 46. e) *Venere con suonatore di liuto e cupido incoronante*, senza firma, olio su tela, cm 165 x 209,4, 1565 ca., Metropolitan Museum of Art, New York [fig. 7]; cfr. H.E. WETHEY, *The Complete Paintings* cit., n. 45, figg. 121f, 124.

[3] Da ultimo V. HERZNER, *Tizians 'Venus mit dem Orgelspieler'* cit.; la rassegna più completa è in H.E. WETHEY, *The Complete Paintings* cit., cfr. la nota precedente. Fra gli studiosi di musicologia solamente Pirrotta (N. PIRROTTA, *Musiche intorno a Tiziano*, in *Tiziano e Venezia*, Convegno internazionale di studi [Venezia 1976], Vicenza 1980, pp. 29-34), si è occupato di questo tema in modo dettagliato.

**Figura 2.** Tiziano, *Venere con suonatore di liuto e cupido incoronante* (1565 ca.), Fitzwilliam Museum, Cambridge.

Fino al più recente studio di Herzner del 1993, i critici si dividevano in due gruppi: chi vedeva rappresentata nei dipinti la realtà cortigiana dell'epoca [4] e chi, invece, vi leggeva contenuti neoplatonici e petrarcheschi, come lo struggimento amoroso e l'amore inappagato [5].

Divido la mia analisi in due diversi ordini di questioni: a) che cosa differenzia questo gruppo di dipinti dagli altri rappresentanti nudi femminili; b) in che rapporto stanno le varie stesure fra loro.

[4] Cfr. U. Middendorf, *Reply to Brendel*, «Art Bulletin» XXIX (1947), pp. 65-67; Ch. Hope, *Problems of Interpretation in Titians's Erotic Paintings*, in *Tiziano e Venezia*, Convegno internazionale di studi (Venezia 1976), Vicenza 1980, pp. 111-124; E.L. Goodman, *Petrarchism in Titian's. The Lady and the Musician*, «Storia dell'Arte» IL (1983), pp. 179-186.

[5] Cfr. O. Brendel, *The Interpretation of the Holkham Venus*, «Art Bulletin» XXVIII (1946), pp. 65-76; E. Panofsky, *Problems in Titian. Mostly Iconographic*, Phaidon, London 1969.

**Figura 3.** Tiziano, *Venere di Urbino* (1538), Galleria degli Uffizi, Firenze.

### *Il nudo femminile in Tiziano*

Il tema è frequente sia in Tiziano che nel Rinascimento in generale. La nudità, con la quale gli artisti prendono dimestichezza attraverso l'arte antica, viene considerata esteticamente corretta solo quando si tratta di scene mitologiche.

La *Venere giacente*, detta *Venere di Urbino* [fig. 3] [6] rientra in questa categoria. Espressione e posizione del corpo hanno qualcosa di distaccato e calmo che non si ritrova nelle scene mitologiche in cui un personaggio maschile fa irruzione nel mondo di Diana, o nei Baccanali, o ancora nella *Venere del Pardo*; nella *Venere di Urbino*, l'erotismo si stempera, almeno in teoria, nel tema mitologico d'insieme. Diverso è invece il caso di un dipinto, raffigurante un pastore e una ninfa[7], che Tiziano eseguì quando ormai era già molto vecchio. Qui la tensione sessuale è manifesta come non lo è in nessun'altra opera di Tiziano. L'artista decide di esprimersi così proprio alla fine della sua vita, o forse, solo alla fine della sua vita: un aspetto, questo, degno di nota e da collegare ad una irresistibile spinta verso il realismo, ritrovabile anche nel contemporaneo e terrificante dipinto raffigurante il supplizio di Marsia[8].

Dal confronto fra queste due tele e il gruppo di cui ci stiamo occupando emerge subito che, a parte il musicista, esse rientrano tutte perfettamente nella tradizione iconografica delle Veneri. Anche nel caso dei nostri cinque dipinti la Venere ha qualcosa di ultraterreno: è distaccata, immersa nella sua sensualità e completamente rilassata. Non c'è bisogno di escludere dalla vista la figura del musicista per cogliere appieno l'atmosfera dell'opera: Tiziano ha già dipinto una tela con lo stesso apparato figurativo, la *Venere con cupido e fagiano* [fig. 4][9], dove, appunto, il fagiano occupa il posto che ora è del musicista.

È probabile che questo dipinto, conservato agli Uffizi e databile a dopo il 1550, sia la copia di quella *Venere*, eseguita per Carlo V, che Tiziano portò con sé ad Augsburg, nel 1548, per consegnarla all'imperatore. Questi, però, non la volle, l'opera fu presa in consegna da altri e andò perduta.

Da questa *Venere* si irradia un'atmosfera paradisiaca. La calma della dea si adatta perfettamente agli elementi decorativi in primo piano.

L'atmosfera generale non viene turbata neanche dal paesaggio sullo sfondo, anzi, sembra trovare nella Natura la sua ideale continuazione. La tenda, tirata fino a metà della scena e il cui *pendant* è visibile sulla destra, accentua l'intimità del momento.

[6] *Venere di Urbino*, olio su tela, cm 119,5 x 165, 1538, Galleria degli Uffizi, Firenze; cfr. H.E. WETHEY, *The Complete Paintings* cit., n. 54.

[7] *Ninfa e pastore*, olio su tela, cm 149,5 x 187, 1570-75 ca., Kunsthistorisches Museum, Vienna; cfr. H.E. WETHEY, *The Complete Paintings* cit., n. 27.

[8] *Lo scuoiamento di Marsia*, firmato, cm 213 x 207,5, 1570-75 ca., Nationalmuseum, Kromeríz, Repubblica Ceca; cfr. H.E. WETHEY, *The Complete Paintings* cit., n. 16.

[9] *Venere con cupido e fagiano*, olio su tela, cm 139 x 195, 1550 ca., Uffizi, Firenze; cfr. H.E. WETHEY, *The Complete Paintings* cit., n. 49.

**Figura 4.** Tiziano, *Venere con cupido e fagiano* (*post* 1550), Galleria degli Uffizi, Firenze.

Il particolare fascino che la *Venere con fagiano* esercita sull'osservatore nasce dall'insolito accostamento della nudità con un'ambientazione contemporanea. Il pubblico dell'epoca era abituato a vedere figure nude solo all'interno di scene anticheggianti; se l'ambiente era quello rinascimentale italiano, la donna doveva essere almeno leggermente velata.

L'accostamento dei due elementi scatena una sorta di sfida erotica, poiché la dea è irraggiungibile per il comune mortale, e quindi anche per l'osservatore e per l'artista con la Bellezza: egli può rappresentarla, cioè sublimare la fantasia erotica nell'arte. Si tratta di un vecchio topos: la creazione artistica come superamento dello smarrimento generato dai sensi (e, in generale, da ogni conflitto con la realtà).

Nell'introduzione al suo volume su Tiziano David Rosand [10] sostiene che, fra i pittori suoi contemporanei, Tiziano fu il più attento alla rappresentazione fedele e realistica della sensualità. Egli è l'esponente di maggior spicco del Rinascimento veneziano, che dava priorità al colore e alla resa delle carnagioni e dei corpi – al contrario di quanto avveniva nella pittura del centro Italia, dove si dava priorità al disegno. Nessuno meglio di Tiziano espresse così radicalmente il conflitto con la

[10] D. ROSAND (ed. by), *Titian. His World and His Legacy*, Columbia University Press, New York 1982.

**Figura 5.** Tiziano, *Venere con suonatore di organo, cupido e cagnolino* (1550 ca.), Staatliche Museen, Berlino.

Natura, vale a dire con tutto ciò che è carnale e toccabile. Un interesse analogo si manifesta anche nella passione con cui Tiziano collezionava dipinti erotici e nella sua notoria predilezione per il bel sesso, che Vasari gli perdona solo perché è un così bravo pittore. Credo, però, che dietro la frequente ripetizione del nudo femminile si debbano vedere ragioni più profonde. Tiziano dipinge la *Venere con fagiano* in un tempo vicino alle prime versioni della *Venere con suonatore di organo*, a circa sessant'anni. Le varie stesure della *Venere con suonatore di liuto* risalgono a quindici anni dopo. La *Ninfa con pastore* fu dipinta a ottantacinque anni.

Nella *Venere con fagiano* la sublimazione è ancora contenuta implicitamente. Essa può essere resa esplicita solo allorché il conflitto fra osservatore e oggetto si sposta all'interno del quadro. Bisogna, quindi, inserire nella scena la figura dell'osservatore. Questo espediente trasforma il soggetto mitologico in una «fantasia», cioè in un soggetto di invenzione. Il primo spettatore possibile è il pittore stesso, ma Tiziano scartò l'idea, poiché essa avrebbe inevitabilmente ridotto la dea al ruolo di semplice modella. Non si rivelò convincente nemmeno l'ipotesi di un osservatore qualunque: il soggetto sarebbe slittato subito in puro voyeurismo. Doveva risultare chiaro fin dal primo sguardo che l'osservatore, a sua volta, è intento a fare qualche cosa. Scartata come troppo accademica la soluzione del poeta con corona d'alloro e penna d'oca, ecco presentarsi in modo spontaneo la figura del musicista.

Nella *Venere con suonatore di organo* conservata a Berlino [fig. 5] è significativo che Tiziano raffiguri l'organista con gli abiti del nobile cortigiano dell'epoca. Credo che in questo particolare si manifesti la volontà di innalzare il musicista al rango di rappresentante del pittore stesso. La Serenissima aveva proclamato Tiziano suo pittore ufficiale, l'imperatore lo aveva fatto conte palatino e cavaliere dello Speron d'oro [11]. L'abbigliamento del musicista e la scelta di un organista quale massimo esponente della sua arte, testimoniano il ruolo che Tiziano attribuiva a musica e pittura fra tutte le altre arti.

La rappresentazione di una divinità mitologica si trasforma così in una «fantasia», un genere pittorico nuovo. La differenza era chiara per gli osservatori contemporanei. Il termine «fantasia» riferito al dipinto è provato.

La trasformazione della *Venere con fagiano* avviene in modo meccanico e pertanto molto semplicemente: la prospettiva, a sinistra del dipinto, si apre, come se l'osservatore, indietreggiando di qualche passo, consentisse la vista del suonatore d'organo. Nello stesso momento Tiziano, posando un velo sul grembo di Venere, mitiga la radicalità del nudo, senza però nulla togliere al suo potere seduttivo. Onde evitare che la novità, cioè l'organista e il suo strumento, venisse in qualche modo relativizzata dalla presenza di elementi secondari, questi ultimi vengono eliminati oppure notevolmente ridotti: tolti il vaso di fiori, il fagiano e l'albero sullo sfondo, il cagnolino saltellante si sposta verso il margine inferiore destro e cambia atteggiamento. Rispetto al piano del quadro, l'insieme di organista e strumento viene ad inserirsi fra gli elementi rimasti: l'organo è sullo stesso asse parallelo al primo piano e alla stessa altezza della Venere. Probabilmente le sue mani poggiano sulla tastiera, ma non lo si può affermare con certezza. La testa gira di 90 gradi verso destra, lo sguardo si dirige verso il seno, la collana e il bracciale della dea.

Ma un evento musicale non può essere espresso pittoricamente. Se il musicista fosse stato rappresentato di spalle, semplicemente seduto al suo strumento, l'osservatore non saprebbe nulla di quanto avviene in lui o di ciò che egli vuole esprimere con la musica. Il procedimento interiore doveva rendersi visibile, e ciò si verifica in due modi: in primo luogo mostrandoci, grazie al movimento della testa, l'espressione malinconica e intensa del volto; in secondo luogo e sempre grazie a quel movimento noi possiamo immaginare che il giovane si stia alzando perché non si sente all'altezza dell'oggetto e del compito [12]. Mi sembra chiaro che si doveva assolutamente evitare l'idea che il giovane sia in procinto di gettarsi sulla donna [13]: qui, infatti, si tratta di Venere, l'Irraggiungibile [14].

Nell'incontro fra il musicista e la dea si riflette l'incontro del pittore Tiziano – e dell'osservatore con lui – con l'idea stessa della Bellezza erotica.

[11] *Ibid.*, pp. 3-5.

[12] A questo punto Liebenwein conclude la sua interpretazione; (W. LIEBENWEIN, *Der verliebte Künstler. Über Tizians 'Venus mit dem Musiker' und verwandte Bildthemen*, «Sitzungsberichte der kunstgeschichtlichen Gesellschaft zu Berlin» N.F. XXXII [ottobre 1983-giugno 1984], pp. 13-14, spec. p. 13).

[13] Non condivido l'affermazione di E. PANOFSKY, *Problems in Titian* cit., p. 123, e di altri secondo cui l'organista avrebbe tolto le mani dalla tastiera.

[14] In accordo con gli studi odierni escludo che si possa trattare di una cortigiana.

*Le cinque versioni del tema del musicista a confronto tra loro*

Su questo argomento ci sono già eccellenti contributi di Liebenwein e di Herzner [15]. Procederò dalle loro osservazioni cercando di continuarle nel modo più lineare possibile.

Se si accetta l'ipotesi che, nella sua stesura originale, la *Venere con fagiano* stia all'inizio della serie, se ne deduce che la *Venere* di Berlino è stata, probabilmente, la prima. Gli storici dell'arte sono unanimi nel ritenere che, per motivi stilistici, le tele con il suonatore di liuto sono più tarde di oltre un decennio. Pertanto ci occuperemo prima del gruppo con l'organista e, in modo particolare, delle due versioni di Madrid, la n. 420 e la n. 421.

Osserviamo la n. 421 [fig. 1].

Nella versione berlinese le fisionomie dei due protagonisti sono rese in modo eccellente, ma altri elementi, come la suddivisione dello spazio e la composizione sono, a mio avviso, meno riusciti. È probabile, quindi, che Tiziano abbia preferito tornare in seguito ad un formato più piccolo, che gli avrebbe permesso, fra l'altro, una resa più efficace dello spazio interno. La tenda incornicia ancora la scena, ma l'organo si trova ora ad angolo retto rispetto alla figura giacente e al davanzale, il che aumenta la profondità. Il paesaggio in lontananza è diventato un parco e la fuga di alberi lungo il viale sottolinea ulteriormente il senso di profondità. La sostituzione del paesaggio libero con un parco conferisce all'insieme un carattere cortigiano ed esclusivo.

Armonia e lusso assumono un ruolo importante, a spese dell'immediatezza e dell'idilliaco. Tiziano elimina poi dall'interno ogni tratto di giocosità. Il dipinto non è più un'istantanea. Terza e decisiva innovazione, dopo le posizioni e veduta d'insieme, è la figura dell'organista. La nuova posizione dell'organo lo costringe a voltare le spalle alla dea e pertanto il movimento del busto e della testa dalla tastiera verso la donna copre un angolo di 180 gradi pieni. Ma non è solo questo a rendere così radicale la tensione: mentre le mani dell'uomo poggiano sulla tastiera, il suo sguardo mira ora direttamente al grembo, non più velato, della dea.

Se la conoscenza della *Venere con fagiano* può essere utile per comprendere la tensione emotiva della *Venere* berlinese, qui ormai tale riferimento non è più necessario. L'espressione del volto del musicista è ancora più malinconica e seria. Con la *Venere* berlinese Tiziano inizia un discorso su una delle tematiche esistenziali dell'artista, discorso che qui prende connotazioni più precise. Adesso la tematica è esplicita anche se ciò è avvenuto a scapito della spontaneità e anche se ormai composizione e astrazione dominano l'insieme. L'idea di fondo non è più espressa mediante il ricorso a una scena, anzi ad una piccola storia, ma è resa manifesta grazie alla completa visualizzazione dei vari elementi del conflitto.

[15] W. LIEBENWEIN, *Der verliebte Künstler* cit.; V. HERZNER, *Tizians 'Venus mit der Orgelspieler'* cit.

**Figura 6.** Tiziano, *Venere con suonatore di organo e cagnolino* (1550 ca.), Museo del Prado (inv. n. 420), Madrid.

Con la versione n. 420 [fig. 6], non firmata, e ancor più con le successive si passa alla produzione commerciale e di bottega. Dal punto di vista iconografico, la n. 420 si situa tra le altre versioni firmate. In comune con la *Venere* berlinese essa ha il formato di nuovo più grande, il cielo, visibile ancora a sinistra, e quell'elemento giocoso rappresentato dal cagnolino che salta (già visibile, a sinistra, nella *Venere con fagiano*).

Il tempo ha molto danneggiato questo dipinto, pertanto non possiamo basarci su criteri stilistici per stabilirne qualità e datazione con una certa affidabilità. Altrettanto azzardato sarebbe voler trarre deduzioni dalle differenze di età dell'organista o dello sguardo che egli dirige sul grembo della dea. Mi sembra, comunque, che negli occhi del più anziano dei due si possa scorgere una certa calcolata freddezza, come se si servisse di ciò che vede per una improvvisazione – una specie di fantasia strumentale. Il volto del più giovane esprimeva invece una emozione.

Le fonti archivistiche non consentono di stabilire quale delle due versioni, la n. 420 o la n. 421, sia cronologicamente anteriore all'altra. Comunque, la *Venere* di Berlino e la *Venere* n. 421, entrambe firmate da Tiziano, si possono considerare come i due estremi al confronto dei quali la versione n. 420 sembra più che altro un'opera di compilazione.

Probabilmente i due precedenti dipinti avevano fatto venire l'acquolina in bocca ai possibili compratori e così, per venire incontro alla richiesta, Tiziano mise mano a una nuova versione, che affidò poi ai suoi collaboratori.

**Figura 7.** Tiziano, *Venere con suonatore di liuto e cupido incoronante* (1565 ca.), Metropolitan Museum of Art, New York.

Per l'interpretazione alcuni storici dell'arte hanno fatto riferimento ai testi di madrigali dell'epoca, provenienti dall'Italia settentrionale. E sono giunti alla conclusione che sia stato qui trasposto in immagini un tipico manierismo petrarchesco molto frequente: quello della struggente nostalgia per ciò che è irraggiungibile.

Non credo però che sia necessario ricorrere a questo parallelismo.

Fra la più tarda delle due versioni di Madrid e la ripresa, da parte di Tiziano, del tema della Venere con musicista passano più di dieci anni. Ci troviamo ormai nel 1560 e oltre.

Nelle due versioni della *Venere con suonatore di liuto*, conservate a Cambridge [fig. 2] e a New York [fig. 7], due innovazioni balzano subito agli occhi: l'organista è stato sostituito da un liutista e la stessa Venere entra in rapporto con la musica; Panofsky parla, a ragione, di «radicale» cambiamento di contenuto.

Nelle due versioni con il liutista egli vede, infatti, il punto culminante di uno sviluppo che va dalla supremazia della vista sull'udito alla equiparazione delle due percezioni sensoriali [16].

A mio avviso si tratta, invece, del declino della rappresentazione di un problema esistenziale dell'artista a vantaggio di un convenzionale ossequio all'arte della musica.

Nelle precedenti versioni il musicista rappresenta l'artista stesso all'interno del topos erotico. Ora la situazione si è capovolta: il senso della rappresentazione è l'allegoria profana della musica.

In questi due ultimi dipinti la partecipazione di Tiziano è molto più limitata che nei precedenti da lui stesso firmati. In genere si considera più autentica la *Venere* di Cambridge, poiché in quella del Metropolitan Museum la parte avuta dalla bottega è molto più rilevante.

Sostituire l'organista con un liutista significa abbandonare il ruolo che era stato assegnato precedentemente alla cultura e al rango del musicista in quanto tale. Sia l'artista che il committente ritengono ora più importante che il musicista venga subito paragonato alle figure della mitologia classica, come Orfeo, Linos, Anfione, Arione o Timoteo. Ciò renderà possibile, in un secondo tempo, individuare nel musicista del dipinto l'istruito professionista contemporaneo.

A tal fine meglio si adatta un liutista, perché il Rinascimento considera il liuto diretto discendente dell'antica *kithara* e della lira. Il dipinto andava così incontro al gusto e al livello di istruzione della borghesia cittadina di rango elevato e dell'aristocrazia. Possibili riferimenti iconologici sono il liutista del *Concerto campestre* di Giorgione [17], dipinto poi condotto a termine dallo stesso Tiziano, e il cortigiano ideale, così come lo aveva celebrato il Castiglione.

Anche la Venere ha subito qualche cambiamento: il velo le copre di nuovo il grembo, mentre la posa la rende ormai simile a un maestoso elemento scenografico,

[16] E. PANOFSKY, *Problems in Titian* cit., p. 124 ss.

[17] *Concerto campestre*, forse iniziato da Giorgione e portato a compimento da Tiziano, cm 110 x 138, fra il 1509 e il 1511?, Museo del Louvre, Parigi; cfr. H.E. WETHEY, *The Complete Paintings* cit., n. 29, figg. 2-3.

concordato con strumenti e spartiti musicali.

Il suonatore la guarda direttamente in viso. Venere è diventata la patrona astrologica della musica, il dipinto nel suo insieme va inteso come un omaggio alla dea in questo suo particolare aspetto.

L'accostamento non è nuovo: esso era già conosciuto nel Medioevo e nel primo Umanesimo, come testimoniano le illustrazioni di manoscritti e di libri, ma era meno frequente dell'altro tema, suo concorrente, quello della musica come *ars liberalis*, la cui rappresentazione si fondava sulle allegorie dell'arte sacra e, nel Rinascimento, sulla figura di santa Cecilia.

Come la *Santa Cecilia* di Raffaello [fig. 18] e le opere ad essa ispirate anche la Venere di Tiziano volge lo sguardo rapito verso il cielo. Ma la Venere tizianesca doveva apparire agli occhi di un clero ormai avviato verso la Controriforma come una sgradita concorrente della santa. Venere patrona della musica non si lascia però sottomettere: la sua storia continua nel XVII e nel XVIII secolo, in quei dipinti che rappresentano la dea intenta a far musica o nei ritratti delle cantanti, come nella *Venere Parrisio* o nella *Suonatrice di viola*, conservata a Palazzo Strozzi.

Per la ricezione barocca del tema le due ultime versioni della serie hanno una risonanza maggiore delle versioni con l'organista: esse restano nella loro concezione figurativa un *unicum* e, pertanto, non hanno seguito.

**Figura 8.** Bernardino Poccetti, *Martirio di san Pietro* (1585), oratorio della Confraternita della SS. Annunziata, Firenze.

# 2.

## Musica dipinta nel Parnaso di Casa Zuccari a Firenze*

Claudia Cieri Via – Irene Guidi

L'inedito affresco che occupa il soffitto di una saletta al primo piano della casa di Federico Zuccari a Firenze costituisce il secondo brano di pittura attualmente scoperto nell'abitazione dell'artista. Al piano terreno gli affreschi dello stesso Federico Zuccari, sui temi del tempo e sui miti naturalistici, s'inseriscono nella grande tradizione fiorentina del Cinquecento [1].

La casa in via Giusti, di cui parla il Fantozzi nella sua *Guida* del 1842, quando scrive «niun'altra casa della nostra città può forse vantare di aver accolti nelle sue mura tanti celebri artisti quanti la presente» [2], venne fatta erigere da Andrea del Sarto nel 1520 per farne la sua abitazione, nella quale aveva stanza anche la sua bottega «dove al presente lavora et esercita la sua arte di pittore», come documenta il suo testamento stilato il 17 dicembre del 1527 [3].

Dopo la sua morte, nel 1530, ed un passaggio di proprietà all'Ospedale degli Innocenti, la «casa con orto e con due casette in fondo a detto orto» venne venduta da Maria Recanati e da suo figlio ser Antonio Petrini da Terranuova a Federico Zuccari nel 1577; quest'ultimo già l'anno successivo eseguiva la decorazione al

*Claudia Cieri Via, Università degli studi di Roma «La Sapienza»*
*Irene Guidi, storico dell'arte, Firenze*

* *Si ringrazia per l'analisi dei brani musicali il professor Saverio Franchi, docente di Storia della musica e di Estetica della musica presso il Conservatorio «F. Morlacchi» di Perugia.*

*Per alcune osservazioni relative sia agli strumenti che ai brani musicali si ringrazia il professor Paolo Camiz, sempre attento consulente e generoso amico.*

[1] D. Heikamp, *Federico Zuccari a Firenze, 1575-1579. II: Federico a casa sua*, «Paragone» XVIII (1967) 207, pp. 3-34; dello stesso autore si veda il recente studio *Le case di Federico Zuccari a Firenze*, in R.P. Ciardi (a cura di), *Case di artisti in Toscana*, Firenze 1998, pp. 79-137.

[2] F. Fantozzi, *Guida di Firenze*, Firenze 1842, p. 393.

[3] Il testamento è stato pubblicato da S.J. Freedberg, *Andrea del Sarto*, Harvard University Press, Cambridge Mass. 1963, p. 275, n. 2.

Figura 9. Bottega di Bernardino Poccetti, veduta d'insieme dell'affresco, soffitto della saletta del piano nobile (1588-1628), Casa Zuccari, Firenze (Kunsthistorisches Institut Florenz).

pianoterra, come testimonia la data apposta nell'affresco della sala [4].

Dopo solo dieci anni la casa venne affittata e successivamente venduta nel 1602 ad un altro artista, Giovan Battista Paggi [5].

L'impianto decorativo della saletta, non lontano per lo spartimento della volta da quello della sala affrescata da Federico Zuccari al piano terreno, in realtà rivela una minore ariosità nelle singole scene, descritte con un fare più didascalico ed elementare e un affastellamento delle figure e dei motivi decorativi piuttosto appesantito e reso ridondante anche dall'uso della tecnica a mosaico dorato nei riquadri angolari occupati dalle divinità dell'Olimpo [6] [figg. 9, 14].

Per l'impianto architettonico dipinto l'affresco sembra debitore al Poccetti, negli

[4] Archivio Storico di Firenze Notarile moderno, vol. 1053, Ser Cesare Galletti, 1575-1576, cc. 185v-186v, Contratto 5 Agosto 1577; Archivio Storico di Firenze Notarile moderno, vol. 1054, Ser Cesare Galletti, 1576-1578, p. 55; cfr. L. BIADI, *Supplemento alle notizie inedite della vita d'Andrea del Sarto*, Firenze 1832, pp. 4-7.

[5] Roma, Archivio Notarile Distrettuale, Atti Michele Saraceni, 1602, parte I, fil. 958; cfr. W. KOERTE, *Der Palazzo Zuccari in Rom*, Leipzig 1935, p. 81 doc. n. 9, e p. 14, nota 10.

[6] D. HEIKAMP, *Federico Zuccari* cit., nota 37.

A sinistra: **Figura 10.** Bernardino Poccetti, particolare con putto (1608-1609), Sala di Bona, Palazzo Pitti, Firenze.
A destra: **Figura 11.** Michelangelo Cinganelli, *Angelo*, particolare (1608-1610 ca.), Cappella del Granduca, Palazzo Pitti, Firenze.

affreschi dell'Ospedale degli Innocenti[7]. Allo stesso artista sembrano potersi ricondurre sia i putti seduti sulle cornici, come si evince dal confronto con le analoghe figure nella Sala di Bona in Palazzo Pitti [fig. 10], sia i volti femminili delle divinità negli scomparti angolari dagli sguardi addolciti in un'espressione sorridente, come si può notare dal confronto con la santa nell'affresco staccato con il *Martirio di san Pietro* proveniente probabilmente dall'Oratorio della Confraternita della SS. Annunziata, oggi nella Villa Corsini a Castello[8] [fig. 8]. Negli stessi riquadri angolari l'uso della tecnica a mosaico dorato si può ricondurre agli sfondi di alcune figure attribuite all'allievo del Poccetti, Michelangelo Cinganelli, eseguite queste ultime nella Cappella del Granduca a Palazzo Pitti[9] [fig. 11]. Una diversa componente sembra invece informare tanto il carattere narrativo delle scenette mito-

[7] *Spedale degli Innocenti. The Founding Hospital and its Museum*, 1977.

[8] *Il Seicento fiorentino. Arte a Firenze da Ferdinando I a Cosimo III: Pittura*, catalogo della mostra (Firenze, Palazzo Strozzi), Firenze 1986, pp. 96-97.

[9] L. Lucchesi – S. Bertocci, *Villa "Il Giardino"*, Firenze 1985.

logiche, che fanno pensare alla mano di un altro allievo del Poccetti, Pietro Salvestrini, negli affreschi della Torre degli Agli a Firenze, tanto la presenza di scenette all'antica rintracciabili anche nella decorazione del soffitto della Galleria degli Uffizi [10]. Infine motivi naturalistici, mirati all'iconografia della figurazione, ci riportano alle decorazioni tardocinquecentesche di Jacopo Zucchi in Palazzo Firenze a Roma e di Francesco Poppi nello Studiolo di Palazzo Vecchio a Firenze [11]. La decorazione dunque si può datare proprio negli anni in cui Giovan Battista Paggi abitò in Casa Zuccari, prima come affittuario e poi come proprietario, fra il 1588 e il 1628, anno in cui la casa risulta essere abitata e di proprietà di Jacopo Vignali [12].

La decorazione, pur nel carattere didascalico della narrazione pittorica, non è così immediata nella comprensione della scelta dei soggetti e nelle reciproche connessioni.

Nel riquadro al centro del soffitto la raffigurazione del Parnaso [fig. 12] [13], come luogo dove soggiornano Apollo e le Muse, si riconduce ad una tradizione che trova la sua più emblematica rappresentazione nell'affresco di Raffaello nella Stanza della Segnatura in Vaticano. Ma il Parnaso di Casa Zuccari si configura come un concerto di Muse dove la figura di Apollo, seduto ai piedi di un albero di alloro, tiene in mano una citara, diversamente dal modello raffaellesco che suona una lira da braccio. La citara di Apollo, nell'affresco fiorentino, rappresentata come una piccola arpa con le corde disposte diagonalmente, è uno strumento di fantasia e dunque ha una funzione puramente emblematica; infatti le sue caratteristiche lo rendono inadatto ad essere suonato. Lo strumento antico, al posto della più moderna lira da braccio dell'affresco di Raffaello, viene assunto da Apollo in altre raffigurazioni sul tema, alcune delle quali molto vicine al nostro Parnaso. Già l'illustrazione contenuta nel libro di Vincenzo Cartari, *Le imagini de i dei de gli antichi* (prima edizione, Venezia 1556), rappresenta Apollo con la citara in mano al centro di un concerto con le Muse che imbracciano diversi strumenti a corda mentre a terra un liuto, dei corni ed un libro di musica ricordano molto da vicino l'affresco di Casa Zuccari [14] [fig. 13]. Lo stesso strumento all'antica è adottato da Apollo in un disegno di Federico Zuccari agli Uffizi e in un'incisione di Luca Ciamberlano su invenzione di Luca Penni, dove la presenza di alcuni strumenti, come il liuto e un organo a canne, costituisce un interessante riferimento per l'affresco fiorentino, mentre una precisa intenzionalità 'musicale' caratterizza entrambe le raffigurazioni. Tale intenzionalità musicale è sicuramente più presente nelle composizioni nordiche di questo soggetto, come rivelano i numerosi coperchi di spinetta con concerti di Muse di ambito sia veneziano che ne-

[10] C. CANEVA, *I soffitti nei Corridoi e nelle sale*, in *Gli Uffizi. Catalogo Generale*, Firenze 1980.

[11] E. ALLEGRI – A. CECCHI, *Palazzo Vecchio e i Medici*, Firenze 1980.

[12] F. BALDINUCCI, *Notizie dei Professori del Disegno*, Firenze 1681-1728, ed. Ranalli 1846-1847, V, p. 339; L. BIADI, *Supplemento alle notizie* cit., p. 79.

[13] E. SCHROETER, *Die Ikonographie des Themas Parnassus vor Raffael. Die Schrift und Bildtraditionen von der Spätantike bis zum 15. Jahrundert*, Hildesheim-New York 1977.

[14] V. CARTARI, *Le imagini de i dei de gli antichi*, Padova 1615.

**Figura 12.** Bottega del Poccetti, *Parnaso*, particolare del soffitto della saletta del piano nobile (1588-1628), Casa Zuccari, Firenze (K.I.F.).

**Figura 13.** Vincenzo Cartari, *Apollo duce delle Muse*, incisione da *Le immagini de i dei de gli antichi*, Padova 1615.

derlandese, fra i quali si ricorda il dipinto di Jacopo Tintoretto a Modena con le Muse e le Pieridi e il coperchio di spinetta conservato al Musée des Beaux Arts di Bruxelles, decorato con un concerto derivato dal dipinto di Marten de Vos[15].

Fra gli strumenti musicali suonati dalle nostre Muse si riconoscono in primo piano a sinistra una lira da braccio secondo un modello precedente al violino, con quattro corde e i piroli posti in posizione perpendicolare rispetto alla tastiera mentre l'archetto è nella forma dell'epoca, un po' arrotondata. La viola da gamba suonata dalla seconda Musa sulla sinistra ha quattro corde e la tastiera tastata come una chitarra; qui i piroli sono laterali e l'archetto è più lungo rispetto a quello di una lira. Subito dietro all'estrema sinistra del riquadro, una Musa è seduta davanti ad un

[15] A.P. de Mirimonde, *Les Concerts des Muses chez le maîtres du Nord*, «Gazette des Beaux-Arts», Bruxelles 1964, pp. 129-158.

organo a canne. In fondo sulla destra di Apollo due Muse, di cui una sembra tenere una sorta di lira da braccio simile a quella suonata dalla Musa in primo piano, l'altra invece con la mano sul petto sembra intenta a cantare. Uno strumento a fiato è tenuto in mano dalla Musa alla sinistra di Apollo; accanto un'altra Musa suona uno strumento a tastiera, che ricorda un cembalo o spinetta.

Infine la Musa in primo piano sulla destra suona un liuto, seduta accanto ad un'altra Musa con un libro di musica sul grembo. Nell'angolo in basso a destra su un terreno roccioso è deposta in terra una citara uguale a quella in braccio ad Apollo, solo di fattura meno pregiata. Ai piedi delle Muse inoltre sono riconoscibili, nei due strumenti rustici e popolari, due cornetti simili al corno ma dalla canna molto corta e con i fori delle note disposti come nel flauto. Insieme a questi strumenti a terra due quaderni di musica aperti sembrano dello stesso tipo di quello tenuto in grembo dalla Musa in primo piano sulla destra.

Tutti gli strumenti raffigurati erano diffusi all'epoca, fatta eccezione per la cetra di Apollo, unico strumento di fantasia, in quanto attributo della divinità, e dunque non destinato ad unirsi al concerto.

Dietro, sullo sfondo della figurazione, sono rappresentati due amorini: l'uno con corone di alloro in mano sta a significare l'ispirazione poetica, mentre l'altro sparge fiori. Accanto a quest'ultimo Pegaso, il cavallo alato, è in atto di spiccare il volo da una roccia dalla quale ha fatto scaturire la sacra fonte Ippocrene [16]. La presenza di Pegaso, inoltre, giustifica, nel soffitto di Casa Zuccari, le scenette negli ovali intorno al riquadro centrale, legate appunto all'origine di Pegaso, nato dal sangue di Medusa, uccisa da Perseo, episodio narrato da Ovidio nel IV libro delle *Metamorfosi* (v. 770 ss.) e rappresentato nell'ovale subito sotto al Parnaso.

Negli ovali sui lati brevi del soffitto sono raffigurati altri due episodi legati alle azioni eroiche di Perseo: la liberazione di Andromeda dal mostro marino e la pietrificazione di Atlante. Entrambi gli episodi derivati ancora dal IV libro delle *Metamorfosi* di Ovidio (vv. 627-752) sono rappresentati secondo quel carattere narrativo che caratterizza le illustrazioni delle edizioni a stampa del testo del poeta augusteo.

Nei quattro scomparti angolari del soffitto sono rappresentate quattro divinità mitologiche: Nettuno con il tridente e un ramo di corallo nella mano sinistra, Giove con la folgore e l'aquila, suoi attributi tradizionali, Giunone che, seduta su una nuvola, ha accanto a sé il pavone [fig. 14] e Cibele dalla corona turrita [17]. Le quattro divinità stanno evidentemente per i quattro elementi: il fuoco, l'aria, l'acqua e la terra, secondo la simbologia tradizionale. Al di sotto di ogni divinità sono rappresentati all'interno di *cartouches* quattro animali connessi ai rispettivi elementi: la salamandra per il fuoco, secondo quanto riferisce Cesare Ripa, gli uccelli per l'aria,

[16] P. Ovidio Nasone, *Metamorfosi* (V 260-265), ed. consultata Einaudi, Torino 1994.

[17] P. MOREL, *Villa Medicis, Le Parnasse astrologique*, III, Roma 1991, p. 24 ss.

**Figura 14.** Bottega del Poccetti, *Giunone*, particolare del soffitto della saletta del piano nobile (1588-1628), Casa Zuccari, Firenze (K.I.F).

il delfino per l'acqua e le montagne per la terra [18].

La presenza dei quattro elementi nella figurazione del soffitto di Casa Zuccari fa dunque riferimento al tema dell'armonia cosmica enunciato nel Parnaso dalla presenza di Apollo con le Muse secondo una tradizione che, prendendo le mosse dalla filosofia platonica, venne ripresa e rielaborata durante l'Umanesimo ad esempio mediante l'opera di Marsilio Ficino, *De novem Musis studiosorum ducibus*[19]. La rappresentazione del Parnaso in Casa Zuccari dunque sembra uniformarsi al significato che tale soggetto aveva assunto nel corso della tradizione umanistica e rinascimentale, arricchendosi di contenuti filosofici a quella data acquisiti.

Ma un più specifico interesse musicale sembra caratterizzare questo affresco, dove gli strumenti musicali sono riprodotti da esemplari dell'epoca, pur se con qualche

[18] C. Ripa, *Iconologia*, Roma 1593.

[19] Marsilio Ficino, *Opera Omnia*, Basilea 1576; G.P. Lomazzo, *Della forma delle Muse cavata da gli antichi autori greci, et latini*, Milano 1591.

incongruenza, dovuta alla resa piuttosto grossolana della pittura, come nel caso dell'organo a canne, poco attendibile, non solo per alcuni errori di prospettiva, ma per la presenza di almeno due coppie di canne di ugual lunghezza sulla stessa fila, cosa che rende lo strumento poco verosimile. La presenza di quaderni di musica indica che ci troviamo di fronte ad una trascrizione musicale tratta probabilmente da musica reale ma rozzamente riprodotta. Ad un primo esame generale si può affermare che si tratta di musica di tipo popolare, almeno per quanto riguarda i fogli visibili dei due libri a terra. Questi formano infatti una coppia e ciò è confermato dal fatto che hanno entrambi vicino uno strumento di tipo cromorno, ovvero i cornetti a fiato che vediamo in terra ai lati della figura 15. Tutti e tre i libri di musica visibili nell'affresco pur essendo costituiti da fogli orizzontali sui quali sono segnate due sole righe non sono incompatibili con lo stile polifonico a più voci e infatti la dimensione rettangolare allungata dei fogli è tipica della raccolta a taccuino, detta anche «Stracciafogli», di destinazione domestica e privata, in quanto era assai diffusa nel Cinquecento la prassi del «cantar a libro», che comportava la lettura da parte di ogni cantore della propria parte. Invece il libro verticale con tutte le voci era di dimensioni più grandi, ai fini di contenere le varie parti del canto destinate alle diverse voci ed era riservato al maestro di cappella.

La musica dipinta doveva essere stata trascritta da un copista che era in grado di segnare esattamente il rigo musicale, il pentagramma e le chiavi (chiave di violino, chiave di baritono).

Il fatto che compaiono delle parole al di sotto del pentagramma, sebbene non leggibili, può indicare che si tratta di una canzone vocale. Le parole, inoltre, sono collocate in modo piuttosto curioso: mentre la musica continua, esse sono vergate solo al centro del rigo, in corrispondenza del primo brano della musica, quindi non si tratterebbe di una scrittura destinata al canto con la sillabazione che segue la musica. Le parole forse sono solo di richiamo al canto o sono state trascritte dall'artista solo in parte, ad indicare che si tratta di una derivazione da un codice manoscritto. Il testo sembra fatto su strofe, mentre la musica non segue questa divisione.

Nei due fogli a terra la prima parte contiene una melodia, mentre la seconda ha una doppia sbarra che interrompe e chiude il pezzo.

Vediamo più da vicino i due fogli a terra: innanzitutto essi hanno la stessa lettera iniziale, una N, come ipotetico inizio di una strofa cantata. Inoltre in entrambi compare il segno tradizionale per indicare il ritmo (il piccolo cerchio tagliato da una barra verticale che indica il ritmo ternario in tempo tagliato ed è dunque il doppio più veloce), che comincia ad essere usato già nel Quattrocento e si usa fin verso il 1630-1640. I due fogli hanno infine lo stesso bemolle iniziale e cominciano con un sol.

Le note sono romboidali, con assoluta prevalenza di note nere. Questo è un segno di modernità, infatti ad esempio la nota finale, una semibreve, è una nota lunga che si usa ancora oggi. Il tipo di scrittura sembra comunque appartenere piuttosto al

Figura 15. Bottega del Poccetti, *Parnaso*, particolare del foglio di musica, soffitto della saletta del piano nobile (1588-1628), Casa Zuccari, Firenze (K.I.F.).

Cinquecento che al Seicento a causa dell'assenza della stanghetta di battuta. Le due parti musicali nei fogli dei due libri aperti a terra che iniziano con la lettera N si presentano come un *cantus* e un *bassus* di una stessa composizione, ma sembrano fra loro poco compatibili, sia per la diversa durata che per le dissonanze. Si potrebbe in ogni caso supporre che i due fogli fossero due parti di una stessa melodia, una più acuta, nel foglio di sinistra, destinata al canto o ad essere eseguita con uno strumento alto, mentre l'altra doveva costituire il basso e potrebbe essere stata destinata ad un'esecuzione strumentale, con uno strumento basso. Tra l'altro anche la disposizione simmetrica dei due fogli ai lati della composizione e il fatto che ognuno di essi abbia accanto lo stesso strumento, il cornetto a fiato o *calamus*, accomuna i due brani.

Eseguendo infine le due composizioni si può affermare con certezza che fanno parte della stessa canzone, avendo lo stesso ritmo e distinguendosi solo per il registro acuto in un caso e grave nell'altro, come abbiamo illustrato [fig. 16].

Nella parte che contiene il basso c'è una doppia sbarra alla fine, mentre nel foglio di sinistra, dalla parte destinata al canto, oltre alla doppia sbarra c'è una nota come segno di continuazione (*custos*), che indica che il brano fa parte, come già accennato, di una raccolta, di un taccuino del genere detto «Stracciafogli».

La canzone è molto scandita da un punto di vista ritmico, come se si trattasse di

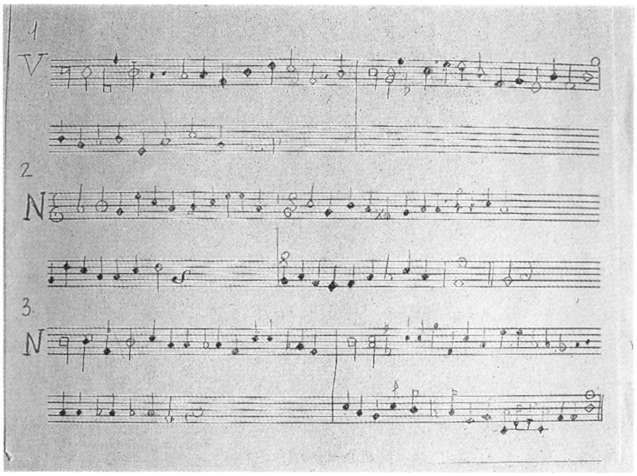

A sinistra: **Figura 16.** Trascrizione dei brani musicali contenuti nei fogli musicali raffigurati nel *Parnaso*, soffitto della saletta del piano nobile (1588-1628), Casa Zuccari, Firenze.
A destra: **Figura 17.** Bottega del Poccetti, *Parnaso*, particolare del foglio musicale in alto, soffitto della saletta del piano nobile (1588-1628), Casa Zuccari, Firenze (K.I.F.).

una canzone da ballo di origine popolare, detta anche «villanella» o «frottola», che nella Firenze del tempo veniva cantata camminando durante i cortei e le feste cittadine. Ma in questo caso pur trattandosi di musica molto brillante e contenendo degli elementi di ballo, doveva pur sempre essere destinata ad esecuzioni in un ambiente domestico.

L'inizio melodico così come è scritto è inverosimile, forse la canzone era già cominciata su un altro foglio non riprodotto, nonostante compaiano l'iniziale e il segno ritmico. Potrebbe trattarsi di un errore del copista che però nelle altri parti è stato corretto.

Per quanto riguarda invece il brano musicale che inizia con la lettera V nel foglio del libro aperto in grembo alla Musa in primo piano a destra sembra trattarsi di una composizione polifonica, per la presenza di due segni di pausa all'inizio; all'interno del brano, inoltre, a differenza degli altri due pezzi, oltre alle pause nel mezzo, compaiono molte note bianche. Si tratta probabilmente di un mottetto o di un madrigale, ma non certo di un canone, a causa dell'assenza del *signum congruentiae*, che compare quasi sempre nei canoni proposti su un solo rigo [fig. 17].

Il brano è scritto in chiave di baritono con si bemolle in chiave e tempo ternario tagliato; compare anche qui infatti il piccolo cerchio tagliato da una barra verticale come abbiamo già visto negli altri fogli. Il libro tenuto in mano dalla Musa in primo piano viene mostrato all'altra Musa intenta a suonare un liuto; pertanto si può ipotizzare che si tratti di un pezzo per esecuzione strumentale.

In questo brano della figurazione sembra come se le suonatrici avessero lasciato a terra i pezzi qualitativamente inferiori, con accanto gli strumenti cromorni, rozzi strumenti a fiato, popolari, e si dedicassero ad un altro tipo di musica, sicuramente più dotta, per via della presenza delle pause e delle altre caratteristiche suindicate.

La stesura polifonica con voci autonome indica di solito una forma di mottetto o madrigale, quindi una forma elevata di composizione musicale, ma non dimentichiamo che si usava anche comporre per gioco mottetti scherzosi. Infatti il tipo di libro su cui è scritto questo secondo brano è comunque lo stesso di quello usato per la canzone popolare.

Infine il personaggio seduto allo strumento a tastiera sulla destra del dipinto sta probabilmente leggendo un altro libro di musica.

Considerando l'insieme del concerto, ad un'osservazione più attenta notiamo che può esserci una correlazione fra gli strumenti impugnati e suonati sulla sinistra di Apollo e quelli sul lato opposto. In entrambi i gruppi infatti c'è uno strumento acuto, la lira da braccio a sinistra e la piccola tromba a destra che non viene suonata, e due strumenti che costituiscono il basso, la lira da gamba e l'organo a sinistra, il liuto e il clavicembalo sulla destra.

Infine gli strumenti musicali, rappresentati in modo assortito nel Parnaso, in realtà solo raramente erano presenti in un piccolo concerto domestico e questo potrebbe alludere alla volontà di rappresentare nell'affresco tutti gli aspetti del mondo sonoro.

In conclusione possiamo ribadire che il dipinto in questione rappresenta senza dubbio un'allegoria musicale e dà indicazioni circa una precisa funzione della saletta: un piccolo ambiente di destinazione privata in cui i temi musicali in chiave allegorica ed armonica erano atti a predisporre alla meditazione, ma anche al concerto secondo una dimensione domestica consona alle esigenze musicali del proprietario, Giovan Battista Paggi. Nella vita dell'artista scritta dal Soprani si fa menzione oltre che delle sue prime vicende artistiche, fortemente ostacolate dal padre, della sua giovanile passione per gli strumenti musicali: «Fra questi il liuto era il suo prediletto – scrive Soprani –. Di poco avea cominciato e già tasteggiavalo a maraviglia. Né qui fermandosi passò alla speculazione dell'Arte, con che giunse a penetrare varie sottigliezze, e ad accrescerla. Egli infatti l'accrebbe della tiorba, di cui veracemente fu l'inventore, quantunque altri poi lo prevenisse nel pubblicarla. Ben solea lagnarsene con gli amici, e mostrar loro modelli da sé fatti molto tempo prima che tale strumento uscisse in comparsa: accusando insieme se stesso di troppa lentezza; onde gli era stato tolto di mano un sì bel principio di gloria» [20].

Il pittore di Casa Zuccari dunque, nel pieno rispetto della classica teoria del *decorum*, ha voluto rappresentare nell'affresco, attraverso la simulazione di un concerto reale, una sorta di allegoria del cosmo musicale. Il trionfo di Apollo starebbe dunque a comporre la discordia e a creare l'armonia ovvero la *discordia concors* di cui parlano i testi antichi: nel *De Practica Musicae* di Franchino Gaffurio la rappresentazione di Apollo e le Muse si pone infatti come allegoria del simbolismo armonico [21].

[20] R. Soprani – C.G. Ratti, *Vite de' pittori, scultori, et architetti genovesi*, Genova 1768, p. 114.
[21] F. Gaffurio, *De Practica Musicae*, Milano 1496.

**Figura 18.** Raffaello, *Estasi di santa Cecilia e quattro santi* (1516 ca.), Pinacoteca Nazionale, Bologna.

# 3.

# I quattro 'musici' di Gerolamo Bedoli della Galleria Nazionale di Parma: un 'caso' iconografico e organologico

Rodolfo Baroncini

La Galleria Nazionale di Parma conserva quattro tele di Gerolamo Bedoli (1500 ca.-1569 ca.), rappresentanti ciascuna una figura intenta a sorreggere o a suonare uno strumento musicale. Catalogate e conosciute dalla critica con i titoli un po' anonimi di *Giovinetta che suona il cembalo* (inv. n. 80), *Uomo che suona il violoncello* (inv. n. 1533), *Giovinetta che suona la cetra* (inv. n. 28), *Vecchio che suona la mandola* (inv. n. 81), queste quattro opere costituiscono un 'caso' di non facile lettura iconografica e organologica. Alla problematica identificazione del 'soggetto convenzionale' – già evidente nella titolazione fin troppo prudente e un po' *naïf* tramandata dalla non copiosa letteratura sui dipinti – si aggiungono, infatti, i problemi derivanti dallo strumentario effigiato, il quale si presenta, almeno in un caso, di non immediata classificazione e, in generale, ricco di dettagli in bilico tra artificio pittorico e intenzionalità veridica.

Premetto subito che, più che offrire soluzioni definitive e inossidabili, l'obiettivo primario del presente contributo è quello di illustrare un percorso di metodo, vitale per un approccio critico a qualsiasi tipo di fonte visiva, fornendo altresì un'immagine dell'iconografia musicale che, al di là delle inclinazioni talora eccessivamente settoriali espresse dagli attuali orientamenti della disciplina, sia di respiro più largo possibile.

Non sarà disutile, quale primo passo del nostro percorso, fornire una breve scheda sulla attività artistica del Bedoli al fine di poterci orientare entro i sentieri alquanto tortuosi del suo linguaggio pittorico.

Gerolamo Mazzola Bedoli, pittore parmigiano formatosi alla scuola del Correggio e del Parmigianino, è un raffinato e originale esponente della seconda sta-

*Rodolfo Baroncini, Conservatorio di musica «A. Buzzolla», Adria*

gione manierista [1]. Ciò a dispetto della prima critica vasariana che collocandolo in subordine al Parmigianino – suo più celebre cugino – ha impedito per lungo tempo una valutazione serena e non pregiudizievole del suo operato. Abbastanza prolungata, la sua attività artistica esibisce un ricco catalogo comprendente tele di soggetto ecclesiastico, ritratti, affreschi, disegni e progetti di ristrutturazione architettonica. Parzialmente oscurata da quella del cugino, la sua fama si impone lentamente ma con crescente decisione a partire dal 1533, data di esecuzione della celebre *Concezione*, opera di complessa composizione, ricca di richiami alla classicità e di oscuri significati simbolici [2]. Questa riuscita composizione gli vale, in breve, il favore della locale committenza ecclesiastica che sembra gradire le sue sofisticate pale d'altare. Similmente a quanto avviene nei ritratti e negli altri soggetti profani, Bedoli, infatti, ama esprimersi anche nei soggetti sacri o devozionali «attraverso una allegoria sottile, raffinatissima, attraverso un linguaggio problematico, ricercato, formalmente prezioso» [3]. Fra i suoi interessi più evidenti non si possono non rimarcare «l'attenzione ai problemi della luce, la rilettura dell'antico [4], la definizione dei paesaggi e degli spazi architettonici, la dimensione corale o individualista, comunicativa o fortemente conchiusa» [5] e, più diffusamente, uno spaziare tra preziosismi manieristici (l'idealizzazione di un personaggio eroico e dell'ambiente circostante) e accenti di acuto realismo (la bottega di un sarto), oscillazioni che rendono estremamente complessa la lettura della sua opera [6].

Realizzate intorno al 1562, come parti di un unico progetto pittorico, le quattro

[1] Lo studio più esaustivo sull'opera del Bedoli resta la monografia di A.R. MILSTEIN, *The Paintings of Girolamo Mazzola Bedoli*, Garland, New York 1978. Utili tuttavia, tra i contributi più recenti, sono il saggio dedicato alla grafica bedoliana di A.E. POPHAM (*Disegni di Girolamo Bedoli, Viadana*, «Sodalizio Amici dell'Arte» 1971, schede critiche e bibliografia di Mario Di Giampaolo); la voce compilata da E. BOREA, in *Dizionario Biografico degli Italiani*, VII, pp. 523-526, contenente una ricca bibliografia; la voce di D. EKSERDIJAN, in *The Dictionary of Art*, III, pp. 486-487; e infine L. FORNARI SCHIANCHI, *La Galleria Nazionale di Parma*, Arte Grafica Silva, Parma s. d., pp. 100-111; EAD., *Nell'età del Correggio e dei Carracci: pittura in Emilia dei secoli XVI e XVII*, catalogo della mostra (Bologna, 10 settembre-10 novembre 1986), Nuova Alfa Editoriale, Bologna 1986, *Gerolamo Bedoli*, schede 11, 12, 13 e 14, pp. 65-72.

[2] Cfr. L. FORNARI SCHIANCHI, *La Galleria Nazionale di Parma* cit., pp. 100-101; G. TOSCANO, *L'Immacolata mostrata all'imperatore Augusto dalla Sibilla Tiburtina. A proposito di un quadro di Gerolamo Bedoli della Pinacoteca di Parma*, «Malacoda» II (1986) n. 9, pp. 5-9.

[3] L. FORNARI SCHIANCHI, *Nell'età di Correggio e dei Carracci* cit., p. 65.

[4] Questo aspetto, di cui gli accenti di richiamo alla classicità presenti nella *Concezione* forniscono una esemplificazione eloquente, costituisce un registro importante del linguaggio pittorico di Bedoli presente in forma più o meno accentuata in quasi tutta la sua produzione. I quattro dipinti in discussione non ne sono esenti e – come vedremo – la consapevolezza di questa cifra stilistica è essenziale per una loro corretta esegesi.

[5] L. FORNARI SCHIANCHI, *Nell'età di Correggio e dei Carracci* cit., p. 65.

[6] Questa spiazzante oscillazione è visibile anche nelle quattro tele in oggetto. Anche qui infatti, pur all'interno di scelte compositive e cromatiche fortemente omogenee, v'è uno scarto improvviso, per esempio, tra l'aura artificiosa e idealizzata della *Giovinetta che suona il cembalo* e l'asciutto realismo del *Vecchio che suona la mandola*. Vedremo più avanti come questo scarto possa influire sulla veridicità degli strumenti effigiati.

tele in parola erano destinate a decorare l'organo della cattedrale di Parma [7]. Quantunque nella letteratura critica le quattro opere siano normalmente designate portelle, evidenze interne ed esterne suggeriscono che esse non furono propriamente realizzate per le ante dell'organo ma per la decorazione dei basamenti su cui poggiava lo strumento. Avvalorata dall'esistenza di una nota di pagamento erogata a favore del Bedoli il 6 giugno del 1563 [8], questa ipotesi è confermata dalle ridotte dimensioni delle tele (cm 160 x 53), ben lontane da quelle che erano le consuete misure delle ante d'organo, alte – come noto – tra 300 e i 350 centimetri.

Che le figure fossero comunque connesse all'organo è un dato che, oltre ad essere incontestabile, costituisce una traccia essenziale per il nostro progetto di identificazione.

Come insegnano Gombrich e Panofsky, qualsiasi serio percorso di ricognizione iconografica non potrà mai prescindere da una precisa conoscenza dei generi e dei tipi pittorici. La padronanza dei generi («the primacy of genres»), assieme naturalmente alla conoscenza delle relative fonti di ispirazione letteraria, consente di dar conto non solo di un soggetto apparentemente enigmatico, ma anche di decrittarne i dettagli più anomali [9]. Nella fattispecie, dovremmo dunque chiederci se nel genere di soggetti generalmente prescelti per la decorazione degli organi, intorno alla metà del Cinquecento, non ve ne siano alcuni che corrispondano, anche solo lontanamente, ai nostri quattro 'musici'. La risposta non può che essere affermativa, dacché almeno due delle figure bedoliane, e, segnatamente, quelle designate *Giovinetta che suona il cembalo* e *Uomo che suona il violoncello*, recano inconfondibilmente i tratti di due soggetti biblico-agiografici ampiamente trattati in questo tipo di decorazioni: santa Cecilia e re David [10].

Partendo dalla figura femminile [fig. 19], il cui strumento sarà più probabilmente una spinetta o un clavicordo che non un clavicembalo, non è difficile ricondurne i contorni entro i motivi più tipici dell'iconografia ceciliana. Quantunque l'artista con raffinata e un po' spiazzante *inventio*, opti per una postura di tre quarti, vol-

[7] Le tele non erano le prime di questo genere dipinte dal Bedoli. Già nel 1546 l'artista aveva eseguito delle tele per l'organo della chiesa di San Giovanni Evangelista; di queste opere, oggi perdute, si sa soltanto che «erano pinte a chiaroscuro». Di una delle quattro tele per il duomo (*L'uomo con violoncello*) esiste un disegno preparatorio conservato alla Galleria Estense di Modena (A.E. POPHAM, *Disegni* cit., n. 57); mentre un altro disegno, conservato presso le Gallerie di Capodimonte di Napoli e ritraente un musico con una viola da gamba, colto in una posa estremamente veridica e disinvolta, è da mettere in relazione con le decorazioni a intaglio e oro della cassa dell'organo effettuate nel 1547 da Marco Callegari su progetto e disegni dello stesso Bedoli (cfr. A.R. MILSTEIN, *The Paintings* cit., p. 212).

[8] Riportato dalla MILSTEIN (*The Paintings* cit., pp. 211-213), nel documento si dichiara che l'artista ricevette «scudi n. 40 d'Italia per la pittura di quattro figure poste nei piedestalli delle colonne dell'organo».

[9] Una eccellente esemplificazione della validità di questo metodo nel campo dell'iconografia musicale è fornita da J. MC KINNON, *Iconography*, in *Musicology in 1980s: Methods, Goals, Opportunities*, Da Capo Press, New York 1982, pp. 79-93, spec. p. 82.

[10] Come vedremo più avanti la diffusione di questi soggetti nelle ante d'organo è attestata dal Lomazzo in un capitolo del suo *Trattato dell'arte della pittura* (ved. note 11 e 20).

**Figura 19.** Gerolamo Bedoli,
*Giovinetta che suona il cembalo*
*[Santa Cecilia]* (1562),
Galleria Nazionale (inv. n. 80), Parma.

gente le spalle al fruitore dell'opera (soluzione inconsueta e forse unica nell'iconografia ceciliana), l'identità della santa ci è infallibilmente segnalata, oltre che dalla sua attività musicale, dal motivo dell'estasi: elemento fissato – come ben noto – dalla celeberrima e imitatissima pala bolognese di Raffaello [fig. 18] [11] quale motivo principale e ricorrente nell'iconografia di santa Cecilia dal secondo decennio del Cinquecento in poi [12]. Un motivo, per di più, che nella tela bedoliana appare esaltato, rispetto all'archetipo dell'Urbinate, da una conforme posizione delle mani: una estatica gestualità che ritroviamo inconfondibilmente – forse mutuata proprio dal Bedoli – nella *Santa Cecilia* della Galleria Nazionale di Parma eseguita alcuni anni dopo da Denijs Calvaert [fig. 20]. A questi principali elementi di identificazione, si deve poi aggiungere la preziosità della veste, esornata con fiocchi, ricami e due grossi monili a sfondo floreale, appuntati l'uno sul cinto virginale e l'altro nella zona superiore della veste: elementi che sono conformi alla condizione di Cecilia – nobile e sposa ancorché vergine e martire – e che, al di là degli ovvi artifici pittorici, si ritrovano con una certa coerenza nell'iconografia della santa da Raffaello in poi [13].

Perfino alcuni particolari, apparentemente insignificanti e riconducibili a un mero preziosismo di maniera, rimandano alla figura di Cecilia. Alludo, per esempio, ai due angeli ricamati sulla parte superiore della veste, da intendersi forse non già quale attributo generico di santità, ma come riferimento specifico alla leggenda di Cecilia che – come noto – a un angelo affida la difesa della sua castità [14]. Quanto allo stru-

[11] I meriti e l'importanza di Raffaello nell'invenzione di questo motivo saranno riconosciuti, ancora svariati anni dopo, dal Lomazzo: «Et in altri moti hanno osservato altri pittori, i quali sono stati lumi di questa arte, come la contemplazione nell'alzar gli occhi al cielo, mirando gli angelici suoni, & lasciando tutto a un tempo al basso le mani gli stromenti con gli altri suoni terrestri alla terra i quali moti furon espressi nella singolar tavola di Santa Cecilia che con quattro altri santi fu dipinta da Raffaello, la quale si trova in Bologna a S. Giovanni in Monte» (G.P. LOMAZZO, *Trattato dell'arte della pittura, scultura et architettura*, Paolo Gottardo Ponzio, Milano 1584, p. 171, «Di diversi altri moti molto necesarij»).

[12] Il motivo è ripreso puntualmente pochi anni dopo nella *Sacra conversazione* del Garofalo della Galleria Nazionale d'Arte Antica di Roma e nella *Sacra conversazione* del Barocci di Urbino eseguita, intorno al 1550, probabilmente su conoscenza della stampa del Raimondi. Va qui ricordato come la versione del Garofalo, forse la prima a risentire del modello raffaelliano, sia anche l'unica, che io sappia, a non alterarne il significato. Esattamente come nella pala dell'Urbinate, gli strumenti ritratti dal Garofalo ai piedi della santa sono lacerati; un particolare eloquente di come durante il terzo decennio del Cinquecento la leggenda di Cecilia protettrice della musica e dei musicisti era ancora del tutto estranea al contesto italiano. Una situazione affatto diversa è esemplata invece dalla sacra conversazione del Barocci che, pur ricalcando in modo quasi letterale lo schema di Raffaello, ci mostra invece una Cecilia non più in procinto di gettare un organino sconquassato ma di reggerne saldamente uno perfettamente integro e, ai piedi della stessa, una serie di strumenti altrettanto funzionanti. Sulla questione si veda R. BARONCINI, *L'immagine di Santa Cecilia prima e dopo Raffaello: percorsi iconografici e trasformazioni tematiche*, in *Colori della musica*, catalogo della mostra a cura di A. BINI – C. STRINATI – R. VODRET, Skira, Firenze 2000, pp. 35-45.

[13] Il motivo dei monili e, in generale, della ricchezza delle vesti è visibile, per esempio, oltre che in Raffaello, in Calvaert, Guido Reni, Giovanni Lanfranco [fig. 21] e in una serie di dipinti di scuola fiamminga.

[14] Non a caso, a partire dalla seconda metà del secolo, la presenza di uno o più angeli diverrà un motivo assai frequente dell'iconografia ceciliana. Si vedano, a titolo di esempio, oltre al succitato dipinto del Lanfranco [fig. 21], le seguenti opere: Carlo Saraceni, *Santa Cecilia con un angelo*, Galleria Nazionale d'Arte Antica, Roma; scuola di Michel Coxie, *Santa Cecilia*, Musée de Beaux Arts, Liège; scuola fiamminga, *Santa Cecilia*, Monasterio de las Descalzas Reales, Madrid.

**Figura 20.** Denijs Calvaert, *Santa Cecilia* (1580 ca.), Galleria Nazionale, Parma.

**Figura 21.** Giovanni Lanfranco, *Santa Cecilia suona la spinetta accompagnata da due angeli* (1620-1621), Greenville, S.C., Bob Jones University Museum and Gallery, Inc.

mento da tasto, infine, qui ritratto in sostituzione del consueto organino, si tratta di una variante che, lungi dal costituire una reale anomalia, è rinvenibile con una certa frequenza nell'iconografia ceciliana dalla seconda metà del Cinquecento in poi [15].

Se la nostra *Giovinetta* è una ennesima immagine di santa Cecilia, è altrettanto certo che l'*Uomo che suona il violoncello* [fig. 22] altri non è che una versione manierista di re David.

Intanto, già l'età matura del personaggio, esaltata dalla lunga barba che ne incornicia il volto, concorda con la più tradizionale iconografia davidica. Ma sono soprattutto l'artificiosa genuflessione e lo sguardo volto al cielo in atteggiamento di preghiera che, dietro un velo di maniera, rimandano chiaramente alla figura del profeta e, precisamente, all'iconografia di David penitente [16]: una tipologia assai diffusa nel corso del Medioevo, ampiamente ripresa, a scopi 'propagandistici', proprio durante la Controriforma [17]. Se prescindiamo poi dall'effige statica e tradizionale del re salmista tramandata dall'iconografia medievale e ci caliamo nella profonda metamorfosi subita da questo tema a partire dal secondo decennio del Cinquecento, le concordanze diventano sempre più stringenti e numerose. L'elegante veste rossa foderata di pelliccia, i ricchi calzari sormontati da una fascia dorata e da un vistoso monile da cui pendono due catenelle d'oro, il cuscino di velluto e il laborioso panchetto dai piedi antropomorfi su cui poggia lo strumento sono tutti preziosismi, giustificati dalla regale condizione del personaggio (il rosso in particolare – va ricordato – era simbolo del potere), che ritroviamo puntualmente nell'iconografia manierista di David [18]. Ulteriori elementi di ricorrenza e identificazione sono costituiti, oltre che dalla ovvia forzatura delle pose, dal tipo e dalla posizione dello strumento effigiato. Mentre nell'iconografia medievale e del primo Rinascimento David

[15] Strumenti da tasto di vario genere (arpicordi, spinette, clavicembali, ecc.) figurano per esempio nella tela del Lanfranco [fig. 21] e nelle già menzionate tele della scuola di Michel Coxie e di scuola fiamminga.

[16] Lo schema iconografico tradizionalmente seguito per questo tipo di soggetto presenta caratteristiche assai diverse dalla più consueta illustrazione di David re e cantore. Nella sua immagine penitente il profeta è quasi sempre spogliato dei suoi principali attributi di regalità (assenza della corona e del trono) ed è invariabilmente colto in ginocchio con lo sguardo volto verso Dio padre. In questo tipo di iconografia David non suona mai il proprio strumento, il quale appare invece – come importante elemento di identificazione – appoggiato sul suolo, poco distante dalla sua figura. Si vedano, per esempio, tra le numerose illustrazioni di questo soggetto, la miniatura a tutta pagina presente nel Ms. 43 della Biblioteca universitaria di Innsbruck, c. 11, «Davide penitente», e la xilografia ornante un libro dell'Ufficio della Vergine del 1497 [fig. 26], riportata dal Winternitz a corredo di un suo articolo sulla lira da braccio (E. WINTERNITZ, *Musical Instruments and their Symbolism in Western Art*, Yale University Press, New Haven and London 1979; trad. it. *Gli strumenti musicali e il loro simbolismo nell'arte occidentale*, Boringhieri, Torino 1982, pp. 263-275, fig. 131).

[17] Di questa ripresa – funzionale alla difesa dell'istituto della confessione – risentono perfino immagini non direttamente connesse all'iconografia di David penitente. Ne fa fede la ben nota tela di Bartolomeo Passerotti della Galleria Spada di Roma che ritrae un David tagliato a mezzo busto e con la corona in testa, ma con uno sguardo supplichevole volto verso il cielo.

[18] Eccone alcuni esempi: Camillo Boccaccino, *I profeti Davide e Isaia* (1530), Museo civico, Piacenza; Alessandro Bonvicino detto il Moretto, *Re David e un donatore* (1530 ca.), Kinnaird Castle, Scozia [fig. 24]; Giulio Campi, *Il profeta Davide* (1539-1542), chiesa di San Sigismondo, Cremona.

**Figura 22.** Gerolamo Bedoli, *Uomo che suona il violoncello [Re David]* (1562), Galleria Nazionale (inv. n. 1533), Parma.

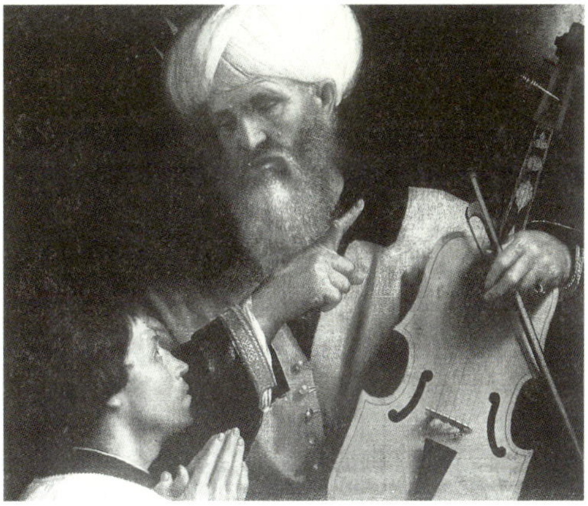

A sinistra: **Figura 23.** Francesco Mazzola detto il Parmigianino, *Re David* (1523-1524), organo dell'oratorio di San Giovanni Battista, chiesa di Santa Maria della Steccata, Parma.
In alto a destra: **Figura 24.** Alessandro Bonvicino detto il Moretto, *Re David e un donatore* (1530 ca.), Kinnaird Castle, Scozia.
In basso a destra: **Figura 25.** Pomponio Amalteo, *Re David*, affreschi del coro (1525-1535), parrocchiale, Lestans.

appare generalmente ritratto con l'arpa o con il salterio mistico, a partire dal terzo decennio del secolo XVI si assiste a un deciso processo di aggiornamento: dismessi i vecchi attrezzi sonori, il re salmista si accompagna ora con la *vihuela* – come in Parmigianino [fig. 23], Pordenone, Boccaccino e Callisto Piazza – e ora con quegli strumenti ad arco (lira da braccio, viola da gamba e violino) emblematici della Rinascenza e dello strumentalismo cinquecentesco – come in Alessandro Bonvicino [fig. 24], Giulio Campi, Bartolomeo Passerotti e Pomponio Amalteo [fig. 25]. Visto in questo contesto lo strumento effigiato da Bedoli – che lungi dall'essere un violoncello è una viola da gamba armata (se si prescinde dalla peculiare cassa armonica a due sole sezioni) secondo gli *standards* dell'epoca – diviene così un ulteriore elemento di identificazione.

**Figura 26.** *David inginocchiato con la lira da braccio*, xilografia da un libro dell'Ufficio della Vergine, 1497.

Non si può sottacere poi, osservando ancora la tela bedoliana, come il profeta non sia colto – in accordo con la tradizione iconografica di David penitente – nell'atto di suonare ma come lo strumento sia esibito – quasi a mo' di emblema – in tutta la sua dimensione formale e oggettuale. Avviato dal Parmigianino nelle portelle della Steccata [fig. 23], questo motivo sarà ripreso da Boccaccino, Campi, Bonvicino [fig. 24] e da altri pittori coevi, fino a divenire un elemento ricorrente e quasi connotativo dell'iconografia manierista di David. Va infine osservato che l'assenza della corona – elemento di identificazione automatica per molta iconografia davidica – lungi dall'essere un tratto improprio è del tutto congruente con l'immagine specifica di David penitente [fig. 26] [19].

Alquanto più problematica si profila invece l'interpretazione delle due restanti figure. Una via percorribile ci è additata, almeno per quel che concerne la terza tela (*Giovinetta che suona la cetra* [fig. 27]), da un passo del *Trattato dell'arte della pittura*

[19] Si veda in merito quanto riportato nella nota 16.

del Lomazzo ove si tratta dei soggetti pittorici adatti alle ante d'organo:

Or perché ancora gl'instromenti musicali richiedono le pitture e gl'ornamenti della qualità loro, giudico che primieramente à gli organi de i templi, le coperte, o tavole di tela che si chiamino, non vorrebbero essere dipinte di altro soggetto che di quello che si fa. Onde essendo fatte l'ante o vogliamo dir coperte per chiudere l'organo, il quale per la musica si fa, & non per contrario essendo fatto l'organo per le ante; si come egli è fatto per la musica, così ricerca che le coperte corrispondendogli non contengano altro che soggetto di musica [...] come sarebbero angeli in diversi modi con varie maniere di canti & instromenti di suoni dove si possano far vedere sopra le nubi concerti di musica [...] et chi non aprovvasse tali ordini d'historie [...] potrebbe per essempio dipingere il nascimento di Christo, dove ad ogni modo si possono rappresentar per segno di allegrezza diversi angeli con vari suoni, che cantando appaiono a pastori, o santa Cecilia co' suoi instromenti visitata da Valeriano, over David, che canta nel salterio i salmi [...]; oltre David si possono rappresentare canti d'altri santi padri come d'Adam, Abraham, Melchisedech, Moisè, Asaph, Salomone, & de i tre figlioli di Choro. Vi converranno ancora le grandissime lodi di Dio santo, quando il popolo d'Israel uscito dell'Egitto, andava errando per gli ameni boschi, cantate da Maria sorella d'Aron, & dalle altre fanciulle e vergini egittie [...] [20].

Il passo, oltre a confermarci la convenienza e il favore di cui godevano le iconografie di David e di santa Cecilia nelle decorazioni d'organo, ci segnala l'esistenza di un altro personaggio biblico femminile adatto allo scopo: Maria, la profetessa, sorella di Aronne, che come riporta la Bibbia (*Esodo* 15, 20-21), subito dopo il passaggio del Mar Rosso, innalzò accompagnandosi con un 'timpano' un canto di ringraziamento a Dio:

Quando infatti i cavalli del faraone, i suoi carri e i suoi cavalieri furono entrati nel mare, il Signore fece tornare sopra di essi le acque del mare, mentre gli Israeliti avevano camminato all'asciutto in mezzo al mare. (20) Allora Maria, la profetessa, sorella di Aronne, prese in mano un timpano: dietro a lei uscirono le donne con i timpani, formando cori e danze. (21) Maria fece loro cantare il ritornello

Cantate al Signore
perché ha mirabilmente trionfato:
ha gettato in mare
cavallo e cavaliere !

La possibilità che dietro l'aura decisamente classica, quasi da Musa, della nostra 'giovinetta' – aura spirante anzitutto dal travestimento pseudo-antico dello strumento con cui si accompagna – si celi il biblico personaggio di Maria di Aronne è avvalorata dall'esistenza di una tradizione iconografica che, pur se quantitativa-

[20] G.P. LOMAZZO, *Trattato dell'arte della pittura* cit., VI, pp. 346-347.

**Figura 27.** Gerolamo Bedoli, *Giovinetta che suona la cetra [Maria di Aronne?]* (1562), Galleria Nazionale (inv. n. 28), Parma.

mente modesta, offre interessanti elementi di raccordo con la proposta del Bedoli. Una certa corrispondenza, almeno per quel che riguarda la posa in cui è ritratta la figura e il peculiare strumento da essa suonato, esiste con il *Passaggio del Mar Rosso* di Cosimo Rosselli, ben noto affresco sistino, nel quale Maria di Aronne appare effigiata in ginocchio nell'atto di suonare un salterio. Si tratta, beninteso, di due opere tipologicamente e stilisticamente assai lontane: Bedoli – come immaginabile – coglie il suo personaggio in una posa estremamente artificiosa e anche lo strumento, pur trattandosi di un semplice cordofono, strutturalmente contiguo al salterio effigiato dal Rosselli, è corredato di alcune eleganze di ascendenza classica. Sarebbe ingiusto tuttavia non rilevare come, pur entro queste spiazzanti invenzioni, la scelta strumentale del pittore parmigiano si attenga perfino più fedelmente del Rosselli al dettato del testo biblico: il suo, infatti, come si evince dalla bacchetta impugnata dalla nostra 'simil-Musa', è uno «strumento da battere»; uno *escamotage* che gli consente, in qualche modo, di attenersi alla lezione biblica (che parla chiaramente di uno strumento a percussione) senza rinunciare, al contempo, di cogliere e sviluppare in modo conseguente le deviazioni in direzione dei più delicati cordofoni (più convenienti a un personaggio femminile) suggerite dalla tradizione iconografica immediatamente precedente.

Diventa ineludibile a questo punto dar conto in termini un po' più precisi dello strumento impugnato dalla nostra *Giovinetta*. Spogliato del suo travestimento all'antica (consistente in un fregio superiore e due complessi fregi laterali, arieggianti i montanti di una antica lira e sviluppantesi in due delicate figurine angeliche), l'oggetto denuncia una struttura alquanto elementare: una cassa armonica rettangolare (con una rosetta al centro) sormontata da due ponticelli su cui scorrono tre corde. Una struttura, questa, che richiama chiaramente quella dell'«altobasso», strumento marginale, ma all'epoca non ancora del tutto desueto, data l'espressa menzione fattane dallo Zarlino nei *Sopplimenti musicali*:

Ultimamente vi sono gli strumenti da battere, i quali sono medesimamente di due specie; percioché over che sono semplici, ò che sono composti [...]. Ma i composti sono di due specie; percioché, ò che l'instrumento è fatto di legno col vano di mezzo, sopra il quale è disteso il cuoio d'alcun animale, com'è il tamburo, & si percuote con alcune mazzette fatte pur di legno; over che cotale instrumento è fatto di legno vuoto, sopr'al quale sono tese corde ò di metallo o di budelle di pecore. Il primo è quell'instrumento chiamato da Ottomaro Liscinio nella sua lingua *hackbret*, che si percuote con due verghe ò plettri di metallo; l'altro è chiamato altobasso, ch'a le corde fatte d'intestini, le quali si percuotono con una bacchetta di legno[21].

[21] G. ZARLINO, *Sopplimenti musicali* [...], Francesco de' Franceschi, Venezia 1588, p. 218.

L'altobasso tuttavia, come precisa lo stesso Zarlino nella annessa tavola sinottica e come confermano due veridiche rappresentazioni dello strumento presenti l'una in un polittico di Simone da Firenze e l'altra in un celebre affresco di Gaudenzio Ferrari, si suonava generalmente assieme a un flauto a tre buchi: l'esecutore percuoteva le corde con la mano destra, mentre con la sinistra suonava un «flauto lungo» [22].

L'ultima tela, il *Vecchio che suona la mandola* [fig. 28], costituisce indubbiamente il nodo più difficile da sciogliere.

C'è uno stacco netto tra questo dipinto e quelli già esaminati: al di là della torsione comunque artificiosa in cui è colta la figura, l'immagine si distingue subito dalle altre per il suo nudo realismo e per un'assenza pressoché totale di preziosismi. È vestito di poveri stracci questo vecchio e lo stesso strumento da lui maneggiato, una cetera a sei cori (strumento che pur non mancando di quarti di nobiltà era diffuso soprattutto tra i ceti artigiani) [23], si adatta perfettamente al suo aspetto umile e non idealizzato. Esaltano il realismo della tela una maggior nettezza dei contorni (assai meno sfumati che nelle tele precedenti) e la precisione con cui sono ritratti alcuni dettagli, tra i quali spicca la peculiare tastiera semicromatica dello strumento, riconoscibile dai caratteristici tasti spezzati: un particolare che trova una perfetta concordanza con l'antica cetera attualmente conservata presso il Museo degli strumenti musicali antichi e moderni dell'Accademia di Santa Cecilia: la quale, tra le tante oggi preservate, sembra essere una tra le poche ad aver conservato questo aspetto.

Detto ciò, l'unico personaggio dell'universo biblico-agiografico con cui forse è identificabile il *Vecchio con cetera* è quello di Jubal, il quale è menzionato nella Bibbia quale «padre di tutti i suonatori di *kithara* e di *aulos*» (*Genesi* 4, 21) [24]. Jubal – come noto – godette di una certa fortuna nell'iconografia medievale comparendo spesso, in sostituzione di Pitagora, come figura addizionale all'interno della personificazione dell'*ars musica*. Purtroppo la tradizione figurativa rinascimentale mostrò scarso interesse per questo personaggio (Pinturicchio, non a caso, nella *Allegoria della musica* degli Appartamenti Borgia ripristina la figura classica di Pitagora) e,

[22] «Che si suona percotendolo con una bacchetta; & si suona insieme con un flauto lungo com'è l'altobasso, & simili»; cfr. G. ZARLINO, *Sopplimenti* cit., p. 217, tavola sinottica.

[23] La cetera effigiata da Bedoli ricalca gli *standards* morfologici tipici del modello bresciano; un tipo che fu in gran voga durante la seconda metà del Cinquecento e di cui ci è rimasto un certo numero di strumenti superstiti, alcuni dei quali attribuiti a Girolamo Virchi e Gasparo da Salò. Cfr. F. DASSENNO – U. RAVASIO (a cura di), *Gasparo da Salò e la liuteria bresciana tra Rinascimento e Barocco*, catalogo della mostra, Turris, Cremona 1990, pp. 65-73; U. RAVASIO, *Il fenomeno cetera in area bresciana*, in M. BIZZARINI – B. FALCONI – U. RAVASIO (a cura di), *Liuteria e musica strumentale a Brescia tra Cinque e Seicento*, I, Atti del convegno (Brescia, 5-6 ottobre 1990), Civiltà Fondazione Bresciana, Brescia 1992, pp. 123-156.

[24] «(20) Lamech si prese due mogli una chiamata Ada e l'altra Zilla. Ada partorì Jabal; egli fu padre di quanti abitano sotto le tende presso il bestiame. (21) Il fratello di questi si chiamava Jubal: egli fu padre di tutti i suonatori di cetra e di flauto. (22) Zilla a sua volta partorì Tubalkain, il fabbro, padre di quanti lavorano il rame e il ferro».

**Figura 28.** Gerolamo Bedoli, *Vecchio che suona la mandola [Jubal?]* (1562), Galleria Nazionale (inv. n. 81), Parma.

almeno al momento, non è individuabile una tradizione iconografica cinquecentesca di questo soggetto cui ricondurre con certezza la proposta bedoliana. L'unico indizio a favore di questa ipotesi, oltre alla scelta dello strumento[25], è che gli accenti fortemente realistici e l'umile aspetto che caratterizzano la figura, corrispondono in qualche modo allo *status* socialmente e gerarchicamente inferiore di Jubal specie se contrapposto, come qui accade, alla regale autorevolezza di David.

[25] È possibile che la scelta del Bedoli di porre in mano alla figura una cetera sia stata suggerita, oltre che dalla condizione del personaggio, da una conoscenza diretta del testo biblico che tra gli strumenti maneggiati da Jubal cita appunto la cetra; strumento biblico non identificabile con certezza, ma di cui la moderna cetera, almeno sotto il profilo nomenclativo, costituiva una trasposizione ideale.

**Figura 29.** Marcantonio Raimondi, *Estasi di santa Cecilia* e *quattro santi* (1515-1516), incisione.

4.

# Tradizione e innovazione nell'immagine di santa Cecilia dopo Raffaello Sanzio*

Domenico Staiti

*Ricezione e divulgazione dell'*Estasi di santa Cecilia e quattro santi: *copie, imitazioni, descrizioni della pala d'altare di Raffaello*

Intorno al 1514 Raffaello Sanzio dipinse la celeberrima *Estasi di santa Cecilia e quattro santi* destinata alla cappella dedicata alla santa nella chiesa di San Giovanni in Monte a Bologna [fig. 18]. La pala di Raffaello, pur avvalendosi di uno schema figurativo già utilizzato da altri pittori, lo interpreta in maniera originale, ponendosi come opera del tutto innovativa rispetto ai modelli tradizionali[1]. In essa si racconta delle relazioni tra cielo e terra, e di come esse si articolino per il tramite della musica. Lo spazio è tripartito; la parte di maggiore sviluppo è quella centrale, occupata dalle figure di santi. In ciascuna delle tre aree in cui è diviso lo spazio – il suolo, la parte centrale occupata dalle figure dei santi, il cielo – è contenuto un riferimento simbolico esplicito ad una categoria musicale: rispettivamente, gli strumenti rotti che giacciono in terra, l'organo sorretto da Cecilia, il coro angelico che appare da uno squarcio del cielo. Questi oggetti – e le categorie cui essi fanno riferimento – sono collocati in ordine gerarchico, dal basso verso l'alto. La santa volge lo sguardo al concerto angelico, dimenticando il proprio organo, volto verso il suolo; due

*Domenico Staiti, Università degli studi di Bologna*

* *La redazione definitiva di questo saggio è quella che è stata esposta oralmente al Seminario di cui questo volume raccoglie gli atti; il testo è estrapolato ed adattato da un più ampio lavoro monografico, in corso di pubblicazione, sulle vicende dell'immagine di santa Cecilia, che, è ovvio, non interessano solo le opere e i repertori trattati in questa sede.*

[1] Per un'analisi iconografico-musicale della pala di Raffaello si veda TH. CONNOLLY, *Mourning into Joy. Music, Raphael and Saint Cecilia*, Yale University, New Haven 1994; D. STAITI, *Musica angelica e musica umana nell'iconografia dei secoli XVI e XVII: funzioni simboliche nella raffigurazione degli strumenti musicali prima e dopo il Concilio di Trento*, dissertazione di dottorato, II ciclo, Università di Bologna 1989; ID., *L'Estasi di santa Cecilia e quattro santi di Raffaello Sanzio*, «Il Saggiatore musicale» IV, 1 (in corso di pubblicazione). Per quanto riguarda la tradizione figurativa antecedente Raffaello si veda TH. CONNOLLY, *The Cult and Iconography of S.Cecilia before Raphael*, in *Indagini per un dipinto. La Santa Cecilia di Raffaello*, Alfa, Bologna 1983; ID., *Mourning into Joy* cit.; D. STAITI, *Musica angelica* cit.; ID., *L'Estasi di santa Cecilia* cit.

canne, sfilatesi dai loro alloggiamenti, sono raffigurate in atto di ricongiungersi al suolo con gli altri strumenti musicali, emblemi della voluttà e dell'orgia, della passione terrena respinta da Cecilia il giorno delle proprie nozze. Si tratta di una viola da gamba (dalla tavola rotta, e con un'unica corda spezzata) col riccio a forma di testa di animale[2], col suo archetto, tre flauti diritti di diverse dimensioni (uno dei quali con il piede sbreccato), un cerchietto[3], un triangolo con due anelli e la sua bacchetta, un tamburello con piattini e bubbole applicate alla cornice, una coppia di cimbali, una coppia di tamburi a caldaia con le proprie mazzuole (uno dei quali con la membrana spaccata), tutti raffigurati con grande precisione e con attenzione per i più piccoli particolari.

Già pochi anni dopo, negli innumerevoli rifacimenti del dipinto di Raffaello gli strumenti di regola non sono più rotti. Anno dopo anno, quadro per quadro, si può seguire nelle immagini di Cecilia la trasformazione delle idee sulla musica nel Cinquecento e nella prima metà del Seicento, cui corrisponde coerentemente una continua rielaborazione della figura della santa e del suo culto: ella, da figura 'musicale', eletta a godere delle armonie celesti, diverrà una musicista, patrona delle umane attività musicali.

Una incisione di Marcantonio Raimondi, databile intorno al 1515-16, è nata probabilmente da una bozza preparatoria dell'*Estasi di santa Cecilia e quattro santi*[4] [fig. 29]. Se è vero, come sembra, che questa stampa ha fissato un momento dell'elaborazione del dipinto ancora in cantiere, la collocazione e la postura delle figure nell'incisione di Raimondi documentano l'iter seguito da Raffaello nella riflessione sul complesso sistema simbolico e architettonico della *Santa Cecilia.* Nell'incisione la collocazione delle figure è meno organica che nel dipinto; l'elemento di raccordo con l'esterno, che nella pala di Raffaello è Maddalena, qui è Giovanni, che guarda fuori dall'immagine. Maria Maddalena, con Cecilia, guarda in alto. Raffaello sceglierà di affidare alla Maddalena un ruolo esplicitamente diverso da quello di Cecilia, rivelando i percorsi di una attenta riflessione sulla diversa funzione simbolica assolta dalle due sante[5]. Gli angeli raffigurati da Raffaello non hanno strumen-

[2] La raffigurazione di strumenti musicali con parti zoomorfe spesso assume significato demoniaco, sottolineando il carattere ferino degli appetiti risvegliati dalla musica eseguita con essi (si veda R. HAMMERSTEIN, *Diabolus in musica. Studien zur Ikonographie der Musik im Mittelalter*, Francke, Bern und München 1974, p. 50 s.). Nelle immagini di natività medievali, ad esempio, le zampogne suonate dai pastori che ricevono la buona novella dall'angelo hanno a volte il blocco d'innesto delle canne a forma di testa di cane, a sottolineare il loro ruolo di testimoni dell'umanità peccatrice, riscattata dall'avvento in terra del Dio-uomo (si veda D. STAITI, *Immagini e suoni di pastori e zampogne*, in A. POMPILIO ET AL., «Atti del XIV Congresso della Società Internazionale di Musicologia. Trasmissione e recezione delle forme di cultura musicale», EDT, Torino 1990).

[3] Cioè un sistro formato da una fascia circolare di legno sulla quale sono aperte delle finestre in cui si trovano alloggiate delle coppie di piattini metallici e alla quale possono essere fissate delle bubbole.

[4] Si veda J. WINKELMANN, *Disegni e memorie grafiche*, in *L'Estasi di Santa Cecilia di Raffaello da Urbino nella Pinacoteca Nazionale di Bologna*, Alfa, Bologna 1983, pp. 168-169.

[5] Si veda D. STAITI, *Musica angelica* cit., pp. 28-29, e ID., *L'Estasi di santa Cecilia* cit.

ti musicali: cantano, senza accompagnamento, leggendo da grandi libri di coro. Nell'incisione di Raimondi gli angeli invece sono raffigurati in atto di eseguire un concerto strumentale con arpa, triangolo e lira da braccio. Due di essi si sporgono dallo squarcio e guardano verso il basso. Nella versione definitiva invece il gruppo degli angeli è del tutto indifferente a quanto avviene nel mondo degli uomini. Gli strumenti sono stati eliminati, ad accentuare l'opposizione tra la musica celeste e gli oggetti delle umane passioni, sparsi al suolo; i contorni delle figure degli angeli appaiono meno nitidi che nell'incisione, la luce opalescente: il concerto angelico appare solo accennato, come se la sua rappresentazione stesse «fuori dalle possibilità della pittura» [6], così come è fuori dalle musicali possibilità dell'uomo il riprodurre con mezzi terreni la musica celeste.

Appena collocata nella chiesa di San Giovanni in Monte a Bologna la pala di Raffaello, inizia la storia della sua circolazione attraverso copie, rifacimenti, incisioni (la prima delle quali è l'opera di Marcantonio Raimondi, che coglie addirittura una fase di lavorazione dell'immagine, e la divulga prima ancora che sia compiuta) e la storia, ancora viva, della sua critica. Nella vicenda delle copie, dei rifacimenti della pala di Raffaello, degli scritti che la commentano, si riflettono mutamenti che interessano più in generale le arti figurative, la musica, il culto dei santi. E in questa vicenda si legge pure la durevole e meravigliata attenzione che questo capolavoro ha suscitato in quanti, in esso, hanno contemplato il genio e la sapienza straordinari di Raffaello, e il modo in cui la sua opera ha saputo inserirsi nella tradizione, e profondamente influenzarne gli sviluppi futuri. L'incisione di Marcantonio Raimondi, databile agli anni 1515-16 [7] e dunque pressocché contemporanea alla collocazione del dipinto originale in San Giovanni in Monte, segna l'inizio della divulgazione dell'immagine di Raffaello per mezzo di stampe, copie, descrizioni letterarie. La *Santa Cecilia e quattro santi* ha profondamente influenzato la storia delle immagini dell'estasi dei santi durante e dopo il Concilio di Trento [8] e ha costituito un rinnovato modello per le riflessioni sulle relazioni tra Cecilia e la musica e per la loro elaborazione iconografica. D'altro canto, il dipinto di Raffaello è stato oggetto di numerosissime copie e rifacimenti, che si susseguono senza soluzione di continuità dagli anni immediatamente successivi alla posa dell'originale in San Giovanni in Monte fino ai nostri giorni. Anche in quelli più fedeli all'originale, piccoli cambiamenti spesso segnalano modificazioni a volte profonde della ricezione del dipinto di Raffaello, connesse a mutamenti di più ampio respiro.

[6] W. GURLITT, *La musica nella S. Cecilia di Raffaello*, in *Indagini per un dipinto. La Santa Cecilia di Raffaello*, Alfa, Bologna 1983, p. 184 (ed. or. *Die Musik in Raffaels Heiliger Caecilia*, «Jahrbuch der Musikbibliothek Peters für 1938» VL [1939]).

[7] Si veda J. WINKELMANN, *Disegni e memorie* cit., pp. 168-169.

[8] Si veda E. MÂLE, *L'arte religiosa nel '600. Italia Spagna Francia Fiandre*, Jaka Book, Milano 1984, pp. 174-175.

Un tondo in maiolica di Guido Fontana, datato al 1528[9], sembra assumere come modello di riferimento più l'incisione di Raimondi che non la tavola di Raffaello, come testimoniano la posizione del braccio di san Paolo e dei volti di san Giovanni e santa Maria Maddalena. In questa maiolica però il concerto angelico – presente sia nel dipinto di Raffaello che nell'incisione di Raimondi – non è rappresentato affatto; la presenza della musica celeste si intuisce soltanto dalle espressioni rapite di Cecilia e di Maddalena. La stessa cosa accade in un'incisione di Giulio Bonasone[10], che pure riprende direttamente Raffaello e non la stampa di Raimondi. Nei rifacimenti del dipinto di Raffaello l'assenza del concerto angelico è cosa non infrequente, ed è segno della crescente importanza che viene assumendo nel XVI secolo, anche in queste passive ripetizioni del modello di riferimento, l'immagine di una Cecilia musicista di fronte all'immagine di una musicalità astratta o di una categorizzazione gerarchica della musica nella quale l'attività umana risulti del tutto secondaria o inadeguata.

È invece alquanto singolare il caso, piuttosto tardo, di un dipinto di Domenico Maria Canuti databile alla metà circa del XVII secolo[11], nel quale l'indice è posto sul polo celeste dell'universo musicale dell'*Estasi di santa Cecilia*: la santa, che non ha strumenti di sorta, col viso rivolto al cielo, secondo il modello raffaellesco, addita ad un gruppo di persone (forse i suoi compagni di fede nella Roma imperiale) il concerto angelico posto su una nuvola, al centro del quale troneggia un organo positivo.

Assai più di frequente invece – e fin dalla prima metà del Cinquecento – l'accento è posto in maniera sempre più esplicita sul polo umano dell'immagine. Spesso Cecilia viene raffigurata da sola, al di fuori del complesso sistema simbolico e narrativo del dipinto. La posizione rovesciata dell'organo, che significava la rinuncia da parte della santa alle attività musicali umane[12], continua passivamente la tradizione inaugurata da Raffaello; estrapolata dal contesto che la giustificava e la necessitava, appare però del tutto incongruente. Così, a volte, viene ripresa e rifunzionalizzata con acrobatici artifici. Ciò accade, ad esempio, in un disegno di Anonimo del XVI secolo[13] [fig. 30], nel quale lo strumento, appena abbozzato e ridotto a una serie digradante di canne, senza tastiera, somiglia più a un flauto di Pan che a un organo.

[9] Guido Fontana, tondo in maiolica raffigurante l'*Estasi di santa Cecilia e quattro santi*, Victoria and Albert Museum, London. Si veda M. FAIETTI, *La trascrizione incisoria*, in *L'Estasi di Santa Cecilia di Raffaello da Urbino nella Pinacoteca Nazionale di Bologna*, Alfa, Bologna 1983, p. 190.

[10] Giulio Bonasone, *Estasi di santa Cecilia e quattro santi*, Gabinetto Stampe e Disegni della Pinacoteca Nazionale, Bologna. Si veda J. WINKELMANN, *Disegni e memorie* cit., pp. 176-177.

[11] Domenico Maria Canuti, *Estasi di santa Cecilia*, chiesa di S. Maria di Valverde, Imola (Bologna).

[12] Si veda D. STAITI, *Musica angelica* cit., pp. 32-33 e 37, e ID., *L'Estasi di santa Cecilia* cit. Si veda anche, a proposito delle relazioni tra l'immagine dell'organo rovesciato nel dipinto di Raffaello e la tradizione figurativa di David in penitenza, TH. CONNOLLY, *Mourning into Joy* cit., pp. 18-22 e 257-258.

[13] Anonimo, *Santa Cecilia*, Gabinetto dei Disegni degli Uffizi, Firenze. Si veda A.P. DE MIRIMONDE, *Sainte-Cécile. Métamorphose d'un thème musical*, Minkoff, Genève 1974, p. 92.

**Figura 30.** Anonimo, *Santa Cecilia* (XVI secolo), Gabinetto dei Disegni e delle Stampe degli Uffizi, Firenze.

Cecilia, raffigurata in abiti romani e in una posa classicheggiante, regge lo strumento tra la coscia e la mano destra, e con la sinistra tasta direttamente le canne. La strana posizione dell'organo, rovesciato come in Raffaello ma suonato dalla santa, non sta più a significare la rinuncia al tentativo di ricreare con umani strumenti le armonie celesti: la ripetizione del modello raffaellesco viene giustificata e forzatamente adattata al diverso atteggiamento di Cecilia grazie al movimento torsionale dell'intera figura. La grossolana approssimazione e l'inattendibilità del disegno dell'organo sono giustificate anche dal fatto che l'organo portativo nel XVI secolo era in disuso, e sopravviveva solo come topos figurativo ereditato dalle rappresentazioni più antiche, privo di riscontri con un oggetto concreto.

Benvenuto da Garofalo raffigura Cecilia incoronata da un angioletto [14]. La santa, lo sguardo rivolto al cielo, fissa un concerto angelico composto da arpa e liuto, che appena traspare tra le nuvole. Ai suoi piedi giacciono una lira, un cerchietto e due flauti, non più rotti come in Raffaello. L'organo portativo non è più rovesciato ma soltanto inclinato, poiché Cecilia lo sta delicatamente poggiando su un ripiano alla propria destra.

Una tavola che raffigura la *Vergine in gloria e cinque santi*, opera di Faustino Moretto da Brescia, databile alla metà circa del XVII secolo [15] [fig. 31], riprende la struttura del dipinto di Raffaello. Lo spazio terreno è occupato dalle figure di quattro sante martiri, che circondano Cecilia, la quale, gli occhi rivolti al cielo, tiene tra le mani un organo portativo rovesciato verso il basso. La parte celeste qui è occupata dalla Vergine col Bambino, assisa su una nuvola e circondata da quattro testine di angioletti. Gli strumenti che giacciono al suolo – anche qui, come in Benvenuto da Garofalo, non rotti – sono tutti raccolti ai piedi della santa, come suoi attributi, al pari della ruota e della corona di santa Caterina e dell'agnello e del libro di sant'Agnese. Come nella tavola di Raffaello, Cecilia tiene l'organo rivolto verso terra; il suo strumento qui però è del tutto fantastico. Ha le canne digradanti alle due estremità, verosimilmente perché il modello a cui si è ispirato il pittore era un grande organo da chiesa, nel quale – come spesso avviene – le canne realmente funzionanti erano nascoste alla vista da una fila di canne ornamentali, disposte per ragioni estetiche nella successione in cui sono state raffigurate da Faustino Moretto. Una simile disposizione delle canne sarebbe del tutto impossibile in un organo portativo, nel quale non troverebbero posto, per ragioni di spazio, delle canne ornamentali, e nel quale l'alimentazione delle canne è direttamente controllata dalle valvole azionate dai tasti, cosicché la loro collocazione fisica è direttamente corrispondente a quella dei tasti ad esse relativi. In un organo portativo dunque le canne non possono che essere decrescenti da destra verso sinistra, dal grave verso l'acuto; lo strumento raffigurato da Faustino Moretto è del tutto inverosimile, poiché produrrebbe, dalle due estremità della tastiera, due scale simmetriche, confluenti nel suono più grave che corrisponderebbe al tasto centrale e alla canna più lunga. Questo organo, peraltro, non è soltanto una figurazione astratta dalla realtà dell'attributo musicale di Cecilia o una copia poco attenta di quello di Raffaello: la sua struttura rende manifesta una interpretazione della tavola di San Giovanni in Monte e una volontà di rappresentazione assai lontane dall'originale. Qui le canne e la tastiera sono complanari, anziché, come normalmente accade, ad angolo retto: ciò probabilmente nel tentativo di rendere possibile l'utilizzazione dello strumento nonostante la posizione rovesciata in cui è raffigurato, passivamente ripresa da Raffaello. L'organo di Cecilia nel dipinto di Faustino Moretto, dunque, è collocato

[14] Benvenuto da Garofalo, *Santa Cecilia*, coll. Edward Habich. Si veda A.P. DE MIRIMONDE, *Sainte-Cécile* cit., p. 92.

[15] Faustino Moretto da Brescia, *La Vergine in gloria e cinque santi*, chiesa di San Giorgio, Verona. Si veda A.P. DE MIRIMONDE, *Sainte-Cécile* cit., p. 93.

**Figura 31.** Faustino Moretto da Brescia, *La Vergine in gloria e cinque santi* (metà del XVII secolo), chiesa di San Giorgio, Verona.

in una posizione simile a quella raffigurata da Raffaello, e chiaramente ad essa ispirata, ma con intenzioni del tutto diverse: la santa qui non abbandona il suo strumento, impotente a imitare la celeste armonia (peraltro assente dalla composizione), ma lo impugna in una posizione che diviene – grazie ad una forzatura operata dal pittore – quella più adatta a suonarlo. In un'altra immagine di Cecilia ad opera dello stesso Faustino Moretto [16] [fig. 32] la santa tiene il proprio organo sotto al braccio sinistro, senza suonarlo: in questo caso dunque la forzatura cui il pittore era ricorso nel primo dipinto non è più necessaria, e lo strumento ha la tastiera in posizione corretta, ad angolo retto rispetto alle canne.

Questa diversa concezione di Cecilia, esecutrice di musica e non soltanto figura di

[16] Faustino Moretto da Brescia, *Santa Cecilia e quattro vergini martiri*, chiesa di San Clemente, Brescia. Si veda A.P. de Mirimonde, *Sainte-Cécile* cit., p. 79.

**Figura 32.** Faustino Moretto da Brescia, *Santa Cecilia e quattro vergini martiri*, chiesa di San Clemente, Brescia.

santa in relazione con la musica celeste, viene ribadita dalla presenza degli strumenti raccolti ai suoi piedi (un liuto, due flauti diritti, una ribeca col suo archetto): non più rotti, né contrapposti ad altri simboli musicali presenti in altre zone del quadro, sono semplicemente attributi di Cecilia, strumenti musicali appartenenti ad una santa musicista.

## *Dagli strumenti infranti al 'laboratorio musicale' di Cecilia*

Già negli anni precedenti la realizzazione della tavola di Raffaello, soprattutto in Europa settentrionale, si trovano alcune raffigurazioni di una Cecilia che, guidata e ispirata dagli angeli, suona lei stessa la musica divina [17]. La notorietà del dipinto di Raffaello e la sua diffusione attraverso copie e incisioni non si contrappongono a

[17] Si veda D. STAITI, *Musica angelica* cit., pp. 39-41, e TH. CONNOLLY, *Mourning into Joy* cit., pp. 226-227.

questa tradizione, ma si intersecano con essa. Le immagini italiane successive alla posa in San Giovanni in Monte dell'*Estasi di santa Cecilia e quattro santi* sono quasi tutte, direttamente o indirettamente, influenzate da Raffaello. Pure, anche la tradizione figurativa che più immediatamente deriva dalla sua opera subisce delle modificazioni sostanziali, che investono più i significati simbolici dell'immagine che la composizione della scena.

Il processo mediante il quale la vicenda delle raffigurazioni di Cecilia è giunta al ribaltamento delle funzioni simboliche evidente nel dipinto di Faustino Moretto inizia assai presto, e si palesa anche in forme più marcate di quanto non appaia nell'opera del pittore bresciano. Questo processo investe peraltro, prima che l'evoluzione dei modelli figurativi, la ricezione dell'immagine di Raffaello, il modo in cui essa viene vista e interpretata da cronisti e artisti già pochi decenni dopo la sua collocazione in San Giovanni in Monte. Giorgio Vasari nel 1550 descrive così il quadro di Raffaello:

> Evvi una Santa Cecilia che da un coro in cielo d'Angeli abbagliata, sta ad udire il suono, tutta data in preda all'armonia: e' si vede nella sua testa quella astrazione che si vede nel vivo di coloro che sono in estasi; oltra che sono sparsi per terra instrumenti musici, che non dipinti, ma vivi e veri si conoscono; e similmente alcuni suoi veli e vestimenti di drappi d'oro e di seta [18]

e ancora, più avanti:

> Raffaello [...] che nel fare la tavola della Santa Cecilia, che è in Bologna, fece fare a Giovanni [19] un organo che ha in mano quella Santa, il quale lo contraffé tanto bene dal vero, che pare di rilievo; ed ancora tutti gli strumenti musicali che sono a' piedi di quella Santa [20].

Degli oggetti spaccati e polverosi dell'*amor ferinus*, a neanche quarant'anni dalla posa del quadro, non viene compresa la funzione simbolica originale: essi, al pari dell'organo, sono, semplicemente, «instrumenti musici, che non dipinti ma vivi e veri si conoscono».

È pur vero che altrove la *Santa Cecilia* di Raffaello viene descritta e analizzata con un'attenzione per le opposizioni simboliche e per le strutture narrative che in Vasari è del tutto assente. Il rapporto gerarchico tra i diversi emblemi musicali viene colto, ad esempio, da G.P. Lomazzo, il quale nel 1584 scrive:

[18] G. VASARI, *Le vite de' più eccellenti Pittori, Scultori e Architettori, scritte da Giorgio Vasari, pittore Aretino*, IV, edizione a cura di G. MILANESI, Sansoni, Firenze 1906, pp. 349-350.

[19] L'allievo di Raffaello Giovanni da Udine, cui secondo il Vasari si deve attribuire la realizzazione degli strumenti illustrati nella *Santa Cecilia*.

[20] G. VASARI, *Le vite* cit., VI, p. 551.

et in altri moti hanno osservato altri pittori i quali sono stati lumi di questa arte; sì come la contemplazione nell'alzar gli occhi al cielo, mirando gli angelici suoni e lasciando tutto a un tempo al basso con le mani gli stromenti con gli altri suoni terrestri alla terra; i quali moti furono espressi nella singolar tavola di Santa Cecilia che con quattro altri santi fu dipinta da Raffaello, la quale si ritrova in Bologna a S. Giovanni in Monte [21].

Ancora, scrive Adriano Banchieri nelle sue *Conclusioni sul suono dell'organo* del 1609:

L'anno salutare 1513 sotto Leone X e l'invittissimo Carlo V Imp. (sì come afferma Giorgio Vasari nel libro delle vite di Pittori illustri P. 3) visse il celebratissimo Raffaello di Urbino, il quale fra le industre pitture ch'egli operò pinse questa gloriosa S. Cecilia, ed essendo maraviglioso nelle invenzioni, posegli un organo in amendue le mani fracassato, e rivolto verso il centro della terra, e sotto gli piedi altri stromenti musicali quasi conculcati, ed ella rivolta alle armonie del cielo con ciglio pietosissimo tutta rapita di santo zelo, par che si dica: Gitene, gitene suoni, canti e con voi tutti mondani piaceri alla gran madre antica, che io altro non bramo solo essere assignata nella santissima Cappella Musicale tra quei Musici, e Organisti eletti vittoriosi gli quali concertano continuamente avanti il mio dolcissimo sposo Jesu santo, santo, santo [22].

Si legge in *Il microcosmo della Pittura* di F. Scannelli, del 1657:

intanto chi brama di vedere [...] l'opera egregia della Santa Cecilia vada in Bologna a ritrovarla nella chiesa dei Padri Lateranensi detta di S. Giovanni in Monte [...]. Ritroverà nel mezo, come oggetto principale dell'opera, la Santa Cecilia, la quale per la contemplazione delle cose celesti, che dalla parte di sopra vengono a rappresentarsi, rapita dall'estasi dimostra con organo in mano rovesciato, ed in sconcerto insieme con gli altri istrumenti musicali, che non si può non disprezzare ogni cosa della terra quando l'anime sante giungono a fruire in qualche parte, con tutto che di riflesso, i godimenti incomparabili del Paradiso [23].

Tuttavia, se parecchi trattatisti e teorici delle arti e della musica colgono appieno, ancora nel XVII secolo, la funzione delle diverse categorie musicali nel dipinto di Raffaello, pure la tradizione figurativa che da esso si origina tende a reinterpretare in maniera assai diversa l'immagine della santa musicista e degli strumenti musicali dai quali è circondata.

Sebastiano Filippi detto il Bastianino dipinse intorno al 1577 una *Santa Cecilia* per la chiesa di Santa Maria in Vado a Ferrara [24]. Cecilia regge con le due mani, in

[21] G.P. LOMAZZO, *Trattato dell'arte della Pittura, Scultura et Architettura*, Milano 1584, citato in R.P. CIARDI (a cura di), *Scritti sulle arti*, II, Firenze 1974, p. 150. Si veda TH. CONNOLLY, *The Cult and Iconography* cit., p. 254.

[22] A. BANCHIERI, *Conclusioni sul suono dell'organo*, Bologna 1609, pp. 4-6. Citato in TH. CONNOLLY, *The Cult and Iconography* cit., p. 254.

[23] F. SCANNELLI, *Il microcosmo della Pittura*, Cesena 1657, pp. 149-150. Citato in TH. CONNOLLY, *The Cult and Iconography* cit., pp. 254-255.

[24] Sebastiano Filippi detto il Bastianino, *Santa Cecilia*, Pinacoteca Nazionale, Ferrara. Si veda TH. CONNOLLY, *The Cult and Iconography* cit., p. 145.

posizione verticale, un grosso organo portativo molto stilizzato, privo di mantice e di somiere. La posizione delle canne è invertita: sono disposte a scalare da destra verso sinistra anziché viceversa. Gli angeli musicanti con un'arpa, un cornetto, un libro di coro formano una stretta nicchia nella quale si inserisce la santa. Qui cielo e terra sono concentrati in uno spazio ridotto; gli strumenti musicali che, assieme ad un libro di musica aperto, stanno ai piedi di Cecilia (una viola da gamba, un cerchietto, un trombone a tiro, un tamburello con bubbole, un liuto) sono collocati sugli scalini che innalzano la santa al livello del concerto celeste. Il liuto, appoggiato verticalmente ad una parete, alla destra di Cecilia, arriva quasi a toccare l'angelo che suona l'arpa, congiungendo il suolo con il cielo. Cecilia, insomma, sembra incastonata in un anello musicale, nel quale strumenti degli angeli e strumenti degli uomini si congiungono e si integrano in due metà differenziate ma non contrapposte.

Denijs Calvaert ha dipinto intorno al 1580 una *Santa Cecilia* [fig. 20] ispirata anch'essa alla pala di Raffaello[25], che il pittore, residente a Bologna, doveva aver visto direttamente e aveva già replicato in una copia fedele[26]. Tuttavia questo dipinto di Calvaert si discosta decisamente dal suo diretto antecedente nell'utilizzazione degli emblemi musicali, che pure sono mutuati dal quadro di Raffaello senza sostanziali modifiche. Il concerto angelico è assiso su una nuvola, all'altezza delle orecchie di Cecilia: come già nella *Santa Cecilia* del Bastianino, lo spazio è compresso, e non vi è uno stacco netto tra musica celeste e oggetti della musica degli uomini. La santa, rapita dalle celesti armonie, preme con le dita della mano sinistra i tasti di un piccolo organo posto su un ripiano. Il 'raddrizzamento' dell'organo rispetto al modello raffaellesco ha consentito al pittore di raffigurare Cecilia nell'atto di suonare senza ricorrere agli improbabili artifici utilizzati dall'Anonimo del disegno degli Uffizi, da Benvenuto da Garofalo, da Faustino Moretto. Alla destra della santa, appoggiati su una sedia, vi sono alcuni strumenti musicali, simili, per tipologia e morfologia, ad alcuni di quelli raffigurati da Raffaello: un violino con un incongruente riccio a forma di virgola, che termina in una testina zoomorfa (ad imitazione del cavigliere della viola da gamba di Raffaello), un flauto diritto, un tamburello sulla cui cornice, come nella tavola di Raffaello, si alternano bubbole e piattini. Questi strumenti, come già nel dipinto del Bastianino e in maniera ancora più evidente che in esso, posti su una sedia e dunque sollevati dal suolo, appartengono, come l'organo, al 'laboratorio musicale' di Cecilia: sono gli oggetti dell'attività musicale di una musicista ispirata dal cielo.

L'atteggiamento di Cecilia nel dipinto di Calvaert, gli occhi rivolti al concerto angelico e la mano poggiata sulla tastiera dell'organo, non è esplicitamente e inequivocabilmente dichiarato. Si può ritenere che stia abbandonando l'attività di

[25] Denijs Calvaert, *Santa Cecilia*, Galleria Nazionale, Parma. Si veda TH. CONNOLLY, *The Cult and Iconography* cit., p. 133.

[26] Denijs Calvaert, *Estasi di santa Cecilia e quattro santi*, da Raffaello, Gemäldegalerie, Dresden.

**Figura 33.** Lelio Orsi, *Il ritorno di Valeriano*, Galleria Borghese, Roma.

esecuzione musicale, impotente a ricreare con mezzi umani la celeste visione musicale. Questa interpretazione, però, non spiega perché Calvaert abbia ritenuto di modificare l'impianto del modello originale, con l'organo in controparte. Si può anche immaginare, al contrario, che la santa stia riproducendo sul proprio strumento la musica del concerto angelico, o che si stia intonando con esso, come suggerisce anche la posizione del viso, che porge l'orecchio, assieme allo sguardo, alla visione celeste. Le immagini di Cecilia organista, dagli anni cinquanta del XVI secolo, presentano spesso questa ambiguità, che in alcuni casi viene sciolta in maniera più esplicita di quanto non accada nel dipinto di Calvaert: la santa diviene inequivocabilmente una musicista raffigurata nell'atto di suonare, a volte in compagnia di angeli o sotto la loro guida.

L'organo, che in Calvaert è di dimensioni piuttosto grandi per un portativo, spesso diventa un positivo (che, al contrario dell'organo portativo, è ancora largamente diffuso nel XVI secolo), davanti al quale è seduta la santa. Lo strumento cessa di essere astratto riferimento alla 'musicalità' di Cecilia per divenire concreto oggetto di un'attività musicale che trova riscontro nella prassi contemporanea e nella morfologia degli organi del XVI e del XVII secolo [27]. Pittori quali Lelio Orsi [28], Orazio Gentileschi [29], Guido Reni [30], Giovan Francesco Romanelli detto 'Raffaellino' [31], nel raffigurare la scena dell'incoronazione di Cecilia e Valeriano da parte dell'angelo hanno collocato nella camera nuziale della santa un organo positivo: viene così tramandata l'immagine – del tutto diversa dalla celeste visione musicale di Raffaello – di una musicista che tiene in casa propria, nella propria camera, lo strumento che suona quotidianamente. Lelio Orsi, in particolare, ha raffigurato Cecilia seduta a un tavolo sul quale è collocato un organo, anch'esso, come già in Raffaello, con le canne in controparte [fig. 33]. La santa, il braccio destro appoggiato al tavolo, è colta dalla celeste apparizione mentre è intenta alla lettura di un libro, simbolo della trasmissione del sapere legato anche alla rappresentazione della verginità [32]. Ai suoi piedi, sotto il tavolo, si intravedono gli strumenti di raffaellesca memoria: una viola da gamba col suo archetto e un flauto diritto, non rotti «ma vivi e veri» [33].

## *Gli strumenti musicali ascendono al paradiso*

L'arte post-tridentina ha illustrato spesso l'ascensione al cielo dei santi, con l'intento di sottolineare, contro le affermazioni dell'eresia luterana, il rapporto privilegiato degli esseri umani eletti con Dio e con le regioni celesti. Così Cecilia viene raffigurata, tra gli altri dal Domenichino, in una posa assai simile a quella adottata dal Ribera per Maria Maddalena sollevata in cielo da una schiera di angeli [34]. Nel disegno preparatorio per uno dei quattro affreschi del Domenichino che illustrano la vita di Cecilia in San Luigi dei Francesi a Roma [fig. 34], gli angeli portano in cielo anche gli emblemi della santa: una spada, una foglia di palma, un organo. Così lo strumento musicale dalla terra segue l'anima eletta nel suo viaggio verso il paradiso. Nel disegno appaiono anche alcuni angeli musicanti, che accompagnano Cecilia nella sua ascesa suonando una viola da gamba e un violino. Nella versione definitiva, affrescata in San Luigi dei Francesi [fig. 35], gli angeli musicanti sono stati sop-

[27] Si veda R. HAMMERSTEIN, *Raffaels Heilige Caecilia. Bemerkungen eines Musikhistorikers*, in K. GÜTLEIN – F. MATSCHE (hrgb. von), *Begegnungen*, Festschrift für Peter Anselm Riedl zum 60. Geburtstag, Wernersche Verlagsgesellschaft, Worms 1993, pp. 69-79, spec. p. 74.

[28] Lelio Orsi, *Il ritorno di Valeriano*, Galleria Borghese, Roma. Si veda A.P. DE MIRIMONDE, *Sainte-Cécile* cit., p. 18.

[29] Orazio Gentileschi, *Incoronazione di Cecilia e Valeriano in presenza di Tiburzio*, Brera, Milano. Si veda A.P. DE MIRIMONDE, *Sainte-Cécile* cit., p. 21.

[30] Guido Reni, *Incoronazione di Cecilia e Valeriano*, basilica di Santa Cecilia in Trastevere, Roma. Si veda TH. CONNOLLY, *The Cult and Iconography* cit., p. 138, e A.P. DE MIRIMONDE, *Sainte-Cécile* cit., p. 20.

[31] Giovan Francesco Romanelli detto Raffaellino, *S. Cecilia*, chiesa di San Nicola da Tolentino, Roma. Si veda G. BRIGANTI, *Pietro da Cortona o della pittura barocca*, Sansoni, Firenze 1962, tav. 142.

[32] Si veda P. PALLOTTINO, *La bella annunziata nel bosco*, «Linea grafica» VI (novembre 1986), p. 40.

[33] G. VASARI, *Le vite* cit., p. 350.

[34] Jusepe Ribera, *Santa Maddalena rapita in estasi*, Accademia di San Fernando, Madrid. Si veda E. MÂLE, *L'arte religiosa* cit., p. 175.

**Figura 34.** Domenico Zampieri detto il Domenichino, *Santa Cecilia ascende al paradiso*, disegno preparatorio per l'affresco nella chiesa di San Luigi dei Francesi, Roma.

pressi, e l'impugnatura della spada è stata ridisegnata in forma di testa di falco, animale che fa parte del più antico apparato di attributi della santa [35]. È stato anche aggiunto alla composizione un angioletto che porta un cerchietto. Il cerchietto e il tamburello sono due degli strumenti che in Raffaello giacciono al suolo fracassati e «quasi conculcati» [36]. Qui uno di essi diventa attributo di Cecilia, degno di accompagnarla in paradiso al pari dell'organo.

Cerchietto e tamburello, scelti da Raffaello per simboleggiare la lussuria e il peccato della danza orgiastica, a partire dalla seconda metà del XVI secolo appaiono sempre più frequentemente tra gli strumenti del 'laboratorio musicale' di Cecilia. Questi oggetti, legati sul piano simbolico come su quello della loro effettiva utiliz-

[35] Si veda TH. CONNOLLY, *The Cult and Iconography* cit., p. 232.

[36] A. BANCHIERI, *Conclusioni* cit., pp. 4-6.

**Figura 35.** Domenico Zampieri detto il Domenichino, *Santa Cecilia ascende al paradiso*, Cappella Polet, chiesa di San Luigi dei Francesi, Roma.

zazione a riti orgiastici femminili e al culto di divinità femminili [37], si direbbe entrino a far parte del corredo di emblemi musicali dell'immagine di Cecilia, dopo Raffaello, proprio in ragione del loro valore simbolico. Nel corso del XVI secolo, col mutare di significato dell'immagine di Cecilia, si assiste anche a uno spostamento delle funzioni degli strumenti musicali raffigurati ai suoi piedi o intorno a lei, sia nella ricezione delle raffigurazioni più antiche che nella produzione di nuove e diverse raffigurazioni. Anche il senso della presenza di tamburello e cerchietto, dunque, viene modificandosi: l'aspetto prevalente del loro significato simbolico diviene, più che quello di strumenti orgiastici, quello di attributi di una divinità femminile: così questi cerchi musicali, figurazioni sonore del ventre femminile [38], accompagnano Cecilia nella sua ascesa al paradiso, o vengono prescelti, tra gli strumenti che la tradizione tardo-cinquecentesca e seicentesca eredita da Raffaello, come attributi identificanti della santa.

### *L'archeologia cristiana, il culto di Cecilia e la nuova funzione sociale del musicista*

Dopo il Concilio di Trento, negli anni settanta del XVI secolo, si sviluppò a Roma un acceso interesse per l'archeologia cristiana. Si cercavano, con l'esplorazione delle catacombe, prove storiche dell'esistenza dei martiri dei primi anni del cristianesimo, che si opponessero all'eresia protestante, secondo la quale il culto dei santi rappresentava soltanto un residuo di superstizione pagana di impronta politeista. Si intendeva pure incrementare così la propaganda missionaria di Gesuiti, Francescani, Domenicani che in quegli anni si spingevano in Oriente e nelle nuove Indie per convertire i selvaggi idolatri, collezionando nuovi martiri cui veniva reso l'onore di paragonarli ai primi cristiani perseguitati e torturati nella Roma antica [39].

[37] Ancora oggi in Italia, come in tutto il bacino del Mediterraneo, nei Balcani e in Medio Oriente, nell'uso popolare il tamburello è strumento utilizzato prevalentemente dalle donne, e suonato in feste dedicate alla Madonna. A Carnevale l'utilizzazione rituale dello strumento da parte di uomini segnala un'inversione sessuale, ed è spesso accompagnata dall'uso di abiti femminili (si vedano F. GUIZZI – D. STAITI, *Le forme dei suoni: l'iconografia del tamburello in Italia*, introduzione di R. Leydi, a cura di D. Staiti, Comunità montana, Borgo San Lorenzo 1989, pp. 33-36; D. STAITI, *Satyrs and Shepherds: Musical Instruments within Mythological and Sylvan Scenes in Italian Art*, «Imago Musicae» VII (1990); F. GUIZZI – D. STAITI, *Mania e musica nella pittura vascolare apula*, «Imago Musicae» IX (1992).

[38] Si veda F. GUIZZI – D. STAITI, *Le forme dei suoni* cit., p. 35. Presso i Rom musulmani di Macedonia, Kossovo e Montenegro e presso le popolazioni albanesi dell'ex Jugoslavia e d'Albania il tamburello viene utilizzato dalle donne soprattutto nei riti nuziali; un tamburello cerimoniale dipinto di rosso e ornato di fronde e fiori, attributo della sposa, vale come emblema della sua verginità. In esso, a matrimonio consumato, si porteranno in corteo le lenzuola macchiate di sangue, segno dell'avvenuta fecondazione della vergine (si veda D. STAITI, *Marriages Ceremonies in a Rom Community*, in T. MAGRINI [a cura di], *Passato e presente: prospettive per l'antropologia della musica mediterranea*, Atti del convegno [Venezia 1-3 giugno], in corso di pubblicazione).

[39] Si veda E. MÂLE, *L'arte religiosa* cit., p. 95. Si veda anche G. SCAVIZZI, *Storia ecclesiastica e arte nel secondo Cinquecento*, «Storia dell'arte» LIX (gennaio-aprile 1987), pp. 29-46.

Nel 1578 uno smottamento del terreno portò alla luce il cimitero di Priscilla, provocando lo stupore e la curiosità di tutta Roma[40]. «Nel 1599 – scrive Emile Mâle – aprendo il feretro in legno prezioso dove papa Pasquale I, nell'821, aveva rinchiuso le reliquie di santa Cecilia per trasportarle dal cimitero di Callisto alla basilica in Trastevere, venne ritrovato il corpo della santa. Esso appariva intatto e la santa pareva dormire [...] Clemente VIII, quando giunse a sua volta da Frascati a contemplare la meraviglia, volle che non fosse toccata e ordinò di rinchiudere l'antica bara in legno di cipresso in un rivestimento d'argento tempestato di stelle»[41]. Lo scultore Stefano Maderno raffigurò il corpo della santa, col capo quasi staccato dal corpo coperto da un drappo, in una celebre statua, che è stata oggetto di numerose copie[42]. Tra queste, si possono ricordare due esempi piuttosto tardi, che testimoniano la duratura fortuna di questa immagine e del culto di Cecilia: il dipinto tardo-settecentesco di Andrea Pozzi[43], nel quale la santa ha un organo alle spalle e un archetto di violoncello accanto alla mano sinistra, e quello ottocentesco di Etienne Gautier[44], nel quale accanto a Cecilia giacciono una lira e una sciabola macchiata di sangue.

Il preteso rinvenimento del corpo di Cecilia contribuì in maniera determinante ad incrementare il culto a lei dedicato e, dunque, la fortuna della sua immagine. Cecilia peraltro divenne così uno dei più efficaci emblemi della propaganda religiosa controriformata: perché figura legata all'idea dell'estasi e alla sua rappresentazione, assai frequentata dall'arte post-tridentina, e perché concreto *trait d'union* tra mito e storia della Chiesa cattolica: il ritrovamento delle spoglie arrivava, in perfetta sincronia con le esigenze ecclesiali, a confermare la veridicità delle fonti letterarie e figurative della più antica cristianità.

Altre ragioni concorrono a determinare la particolare fortuna dell'immagine di Cecilia. Nel XVI secolo iniziano a nascere e svilupparsi in tutta Italia le accademie musicali[45]. Al mutamento di *status* e di funzione sociale della musica e dei musicisti di cui le accademie costituiscono la risultanza va ascritto pure, in misura rilevante, il ribaltamento del ruolo svolto nelle immagini di Cecilia dagli strumenti musicali che nell'affresco del Domenichino – sintetizzati nell'immagine del cerchietto – ascendono al paradiso con la santa. Nel 1556 viene fondata a Roma l'Accademia intitolata a santa Cecilia, il che riflette la visione che i contemporanei avevano della figura di Cecilia – musicista e, in quanto tale, patrona dei musicisti – e, di converso, irrobustisce e

[40] Si veda E. MÂLE, *L'arte religiosa* cit., pp. 115-140.

[41] E. MÂLE, *L'arte religiosa* cit., p. 122. Si veda pure TH. CONNOLLY, *Mourning into Joy* cit., pp. 14 e 278 (nota 15).

[42] Si veda E. MÂLE, *L'arte religiosa* cit., p. 122.

[43] Andrea Pozzi, *Il corpo di santa Cecilia*, Galleria di San Luca, Roma. Si veda A.P. DE MIRIMONDE, *Sainte-Cécile* cit., p. 26.

[44] Etienne Gautier, *Il corpo di santa Cecilia*, Musée du Luxembourg. Si veda A.P. DE MIRIMONDE, *Sainte-Cécile* cit., p. 27.

[45] Si veda S. MARTINOTTI, *s. v. Accademia*, in *Dizionario Enciclopedico Universale della Musica e dei Musicisti*, UTET, Torino 1983.

**Figura 36.** Bernardino Campi, *Santa Cecilia all'organo con santa Caterina* (1556), chiesa di San Sigismondo, Cremona.

amplifica questa nuova immagine della santa. Cecilia adesso, raffigurata come musicista, rende manifesto il carattere nobile e sacro della musica; la sua immagine conferisce nuova dignità alla professione di musico e di strumentista. La santa appare sempre più esplicitamente come una suonatrice, colta dal pittore nell'atto di suonare l'organo o anche uno degli strumenti che, rotti e disordinatamente sparsi al suolo in Raffaello, adesso le appartengono. La viola, i flauti, il tamburello ora – come nelle coeve raffigurazioni profane di musicisti e di concerti strumentali – sono spesso sparpagliati su un ripiano davanti a lei assieme a libri e fogli di musica, come se li avesse appena deposti o si accingesse ad usarli per l'esecuzione di un nuovo brano.

Nello stesso anno in cui a Roma veniva fondata l'Accademia di Santa Cecilia, Bernardino Campi dipingeva una *Santa Cecilia all'organo con santa Caterina* per la chiesa di San Sigismondo a Cremona[46] [fig. 36]. Cecilia è seduta davanti ad un

[46] Bernardino Campi, *Santa Cecilia all'organo con santa Caterina*, chiesa di San Sigismondo, Cremona.

organo positivo, al centro di una stanza. Ha le mani sulla tastiera e il viso rivolto non già verso l'alto, come nelle tradizionali raffigurazioni dell'estasi, ma al di sopra della propria spalla destra, in direzione di chi guarda il dipinto. Santa Caterina d'Alessandria, che ha la ruota spezzata ai suoi piedi, guarda Cecilia, come se ne stesse ascoltando l'esecuzione musicale. Sugli scaffali con i quali terminano verso l'alto i rivestimenti lignei delle pareti dello studiolo in cui si trovano le due sante, sono ammucchiati alcuni libri. Alle pareti sono appesi una lira da braccio col suo archetto, un cerchietto e un liuto. L'ascesa degli strumenti musicali che in Raffaello giacevano a terra ha raggiunto il suo culmine: in questo laboratorio musicale sono collocati in alto, al di sopra della testa delle sante, nello spazio che nell'*Estasi di santa Cecilia e quattro santi* era destinato ai cori degli angeli. Che l'insieme degli strumenti raffigurati da Campi – se non ciascuno di essi – derivi dal dipinto di Raffaello, seppure forse mediatamente, è evidente: se la presenza della lira da braccio e del liuto si potrebbe comunque spiegare in maniera autonoma, in ragione della grande diffusione di questi strumenti nel XVI secolo e della loro fortuna nelle arti figurative, la presenza del cerchietto non può essere giustificata nello stesso modo. Questo non è certo tra gli strumenti più illustrati dalla pittura del Cinquecento e del Seicento, se non nelle raffigurazioni mitologiche, come strumento dei cortei bacchici e delle danze di satiri, ed è, ancora ai nostri giorni, usato nella musica per danza di pastori e contadini[47]. Si può ritenere che sia stato inserito da Raffaello tra gli strumenti gettati ai piedi di Cecilia proprio perché strumento dionisiaco, fortemente connotato come emblema della danza, dell'ebbrezza, della passione ferina, legato all'immagine di satiri irsuti e di grossolane danze contadine. È degno di nota che, tra i molti strumenti raffigurati da Raffaello, proprio il cerchietto e il tamburello (assente dal dipinto di Campi, ma presente in molte immagini di Cecilia) siano tra i più rappresentati dai pittori che hanno continuato ad elaborare la tradizione iconografica inaugurata dall'*Estasi di santa Cecilia e quattro santi*. Tra gli altri Benvenuto da Garofalo, il Bastianino e, si vedrà oltre, Antiveduto Gramatica e Pellegrino Tibaldi hanno raffigurato il cerchietto tra gli strumenti di Cecilia. Il Domenichino lo ha prescelto come emblema dell'attività musicale della santa, che la accompagna nel suo viaggio verso il paradiso; Denijs Calvaert e Sisto Badalocchio hanno introdotto nello strumentario di Cecilia un tamburello direttamente derivato dall'immagine di Raffaello, con bubbole e piattini alternati sulla cornice. Si può ritenere che la funzione di simbolo femminile assolta da tamburello e cerchietto nel loro uso rituale[48] e nelle arti figurative abbia finito per prevalere sul loro significato orgiastico: tamburello e cerchietto insomma, in quanto figurazioni sonore della donna, hanno potuto divenire emblemi di una figura femminile e musicale quando, stemperatasi o annullatasi l'opposizione tra il celeste e l'umano, l'aspetto di essi legato al baccanale orgiastico ha potuto anch'esso passare in secondo piano.

[47] Si veda D. STAITI, *Satyrs and Shepherds* cit.

[48] Si vedano le note 37 e 38.

La progressiva ascesa degli strumenti musicali da oggetti della vita materiale rifiutati da Cecilia ad attrezzi della sua attività di musicista corrisponde ad un profondo mutamento che, più generalmente, interviene nella cultura musicale del XVI secolo. «Il riconoscimento della funzione sociale e artistica dell'esecutore sia vocale che strumentale – osserva Enrico Fubini – si fa strada proprio nel Rinascimento. L'esecutore dopo tanti secoli in cui era stato messo ai margini e agli ultimi gradini della gerarchia della vita sociale – Guido d'Arezzo definiva ancora il cantore come «bestia» in quanto agiva nell'ignoranza – viene ora rivalutato nella sua funzione sino a farlo diventare uno dei personaggi centrali della vita cortigiana delle corti rinascimentali»[49]. La teoria musicale, che fino alle soglie del XVI secolo era del tutto avulsa dalla pratica esecutiva, vi si avvicina nella seconda metà del secolo, superando del tutto il dualismo medievale tra attività speculativa e pratica. Ne sono testimonianza le dispute sulla musica antica e moderna e su polifonia e monodia, le nuove proposte di formalizzazione del materiale modale e gli esperimenti zarliniani sul temperamento, che coinvolgono direttamente anche la progettazione di strumenti musicali che si adattano meglio alle nuove esigenze, e che propongono nuovi modelli pratici di esecuzione o ne riflettono le modificazioni. Durante il XVI secolo fiorisce, in Italia come in tutta Europa, la pubblicazione di trattati sugli strumenti musicali e di metodi che insegnano ad usarli[50].

La nuova attenzione per la morfologia degli strumenti musicali e per le tecniche esecutive corrisponde all'affermarsi di una nuova consapevolezza culturale che investe il mondo musicale. I suonatori non sono più mestieranti semianalfabeti, né vengono considerati figure marginali come un tempo; Bernardo Cles, vescovo di Trento, nella prima metà del Cinquecento ha fatto affrescare nell'atrio del suo palazzo il ritratto del suonatore Giovanni Alemanno[51] in segno della stima e dell'affetto che nutriva per lui e – fatto alquanto insolito – alla sua morte gli ha dedicato una stele funebre a bassorilievo che lo raffigura dritto in piedi, in abito di corte, nell'atto di suonare la sua zampogna[52].

Alla figura del musico professionista si affianca quella dell'aristocratico dilettante, che compone ed esegue personalmente musica. «Il musicista vero e proprio – scrive Fubini – si eleva dall'umile condizione del mestierante a quella del professionista

[49] E. FUBINI, *Musica e pubblico dal Rinascimento al Barocco*, Einaudi, Torino 1984, p. 61.

[50] Tra gli altri S. VIRDUNG, *Musica getutsch und außgezoge*, Basel 1511 (in cui è dedicato ampio spazio agli strumenti musicali, inclusi diversi strumenti popolari, da danza e carnevaleschi, dei quali pur si sottolinea la provenienza plebea e la scarsa importanza relativa); H. GERLE, *Musica teusch, auf die Instrument der grossen und kleinen Geigen, auch lautten*, Nürnberg 1532; S. GANASSI DAL FONTEGO, *Opera intitulata Fontegara*, Venezia 1535 (che «insegna a sonare di flauto»), e ID., *Regola Rubertina*, Venezia 1542-43 («che insegna a sonar de la viola d'archo» e il «violone d'arco da tasti [...], la quale tratta dell'effetto della corda falsa giusta e media et il ponere li tasti con ogni rasone prattica, et ancora lo accordare»); M. AGRICOLA, *Musica instrumentalis deudsch*, Wittenberg 1528.

[51] Si veda E. CHINI – F. DE GRAMATICA (a cura di), *Il «Magno Palazzo» di Bernardo Cles Principe Vescovo di Trento*, Museo Provinciale d'Arte, Trento 1985, pp. 25-26.

[52] Stele funeraria per Giovanni Alemanno, Palazzo Cles, Trento.

[...]; diventa in altre parole un uomo degno di ammirazione, di rispetto e a volte rinomato e famoso ben al di là dell'area geografica in cui opera [...]. Il teorico Pietro Aron nel suo *Lucidario in musica* (1545) fornisce una lunga lista di esecutori professionisti assai apprezzati, ed è singolare che tra essi compaiano numerosi aristocratici, magistrati ed ecclesiastici»[53].

*Cecilia come Dama Musica e le donne musiciste. Amor sacro e Amor profano*

L'immagine della Musica conosce nel corso del XVI secolo un'evoluzione simile a quella dell'immagine di santa Cecilia, che le si sovrappone e, nel XVII secolo, finisce per sostituirla del tutto. La Musica fino ai primi decenni del XVI secolo viene raffigurata come una figura femminile, che ha spesso come attributi l'organo, le campane o l'incudine. L'organo qui ha la stessa funzione cui assolveva in quelle coeve di Cecilia: rappresenta la polifonia e la moltitudine di timbri compendiate in un unico strumento; è, appunto, la musica tutta sintetizzata in un unico oggetto emblematico. Campane e incudine sono simboli del tutto astratti dalla pratica musicale, che non rimandano immediatamente al suono che essi producono, ma ai miti relativi alle origini della musica e ai sistemi teorici di divisione dell'ottava e di ordinamento dei modi. In seguito invece la Musica viene raffigurata come una musicista, che suona generalmente l'organo o il liuto. La sua immagine, come quella di Cecilia, procede dall'astrazione della raffigurazione simbolica verso la caratterizzazione ritrattistica: esprime, in maniera sempre più netta, l'idea di una concreta esecuzione musicale.

L'esercizio della musica vocale e strumentale da parte di colti aristocratici dilettanti, sia uomini che donne, ha introdotto un nuovo modo di raffigurare le donne musicanti, che non sono più inevitabilmente cortigiane che simboleggiano il vizio e la lascivia. I ritratti di fanciulle che suonano strumenti da tasto, ad arco, liuti, riflettono una prassi assai comune, e raffigurano giovani donne di buona famiglia, la cui attività musicale vuole essere il segno di una completa formazione culturale.

Cecilia, nobile fanciulla romana (il suo nome, dimenticata la relazione con la cecità, si credeva derivasse dalla *gens Caecilia*), dagli ultimi decenni del XVI secolo viene spesso raffigurata con alcuni tra gli strumenti musicali usati dalle dame dell'epoca: soprattutto la viola da gamba, la cui fortuna nella tradizione figurativa della santa deriva dalla sua presenza nel dipinto di Raffaello, ma anche il liuto, la spinetta, il virginale, il clavicembalo, il violino: tutti strumenti a corda, che la consuetudine e la tradizione neoplatonica designavano come nobili e spirituali[54], dunque

[53] E. FUBINI, *Musica e pubblico* cit., p. 62.

[54] Si vedano E. WINTERNITZ, *Gli strumenti musicali e il loro simbolismo nell'arte occidentale*, Boringhieri, Torino 1982 (ed. or. *Musical Instruments and their Symbolism in Western Art*, Yale University, New Haven and London 1979), e D. STAITI, *Satyrs and Shepherds* cit., p. 71.

**Figura 37.** Francesco Mazzola detto il Parmigianino, *Santa Cecilia* (1523), organo dell'oratorio di San Giovanni Battista, chiesa di Santa Maria della Steccata, Parma.

particolarmente adatti a donne aristocratiche e di buoni costumi.

Già intorno al 1523 il Parmigianino aveva raffigurato sull'anta destra dell'organo dell'oratorio di San Giovanni Battista presso la chiesa della Steccata di Parma una *Santa Cecilia* (in *pendant* col David dipinto sull'altro sportello [fig. 23]) che, drappeggiata in un'ampia tunica e con un turbante sul capo, impugna con la mano sinistra una viola da gamba e con la mano destra, sollevata in alto, un archetto schiacciato da una prospettiva un po' grossolana [55] [fig. 37]. Un angioletto, che cammina davanti alla santa, le porta, trascinandola con la mano sinistra, una grossa bombarda. Il rapporto tra terra e cielo risulta in qualche modo invertito: Cecilia non è più rapita ascoltatrice di musiche sovrannaturali; brandisce bellicosamente l'archetto della viola mentre l'angelo, non più musico ma aiutante della santa musicista, le regge uno dei suoi strumenti.

Un dipinto di Orazio Riminaldi, databile ai primi decenni del XVII secolo, raffigura la decapitazione di santa Cecilia [56]. La santa, le mani legate, è in ginocchio davanti al carnefice, il quale, presala per i capelli, sta per reciderle il capo con un colpo di spada. Come è consuetudine nelle immagini coeve del supplizio dei santi, un angelo già scende dal cielo per consegnare a Cecilia una corona di fiori e la foglia di palma attributo dei martiri cristiani. Un violino e un libro di musica aperto giacciono a terra davanti alla santa, che sembra averli lasciati cadere a causa dell'aggressione del carnefice.

Due dipinti di Bernardo Cavallino (l'uno dei quali, siglato e datato 1645, si trova ora a Firenze, a Palazzo Vecchio, l'altro a Napoli, a Capodimonte [fig. 38]) [57], assai simili tra loro, raffigurano l'incoronazione di Cecilia da parte di un angelo che scende dal cielo. L'architettura è sostanzialmente quella del quadro di Riminaldi: l'incoronazione di Cecilia, che in Riminaldi era in margine alla scena principale, qui, soppressa la decapitazione, diviene il soggetto dell'immagine. Nel dipinto di Firenze l'angelo tiene nella mano sinistra la foglia di palma, che nel dipinto di Napoli è assente. In ambedue le raffigurazioni un secondo angelo, alla destra di Cecilia, suona un liuto. La santa, sorpresa dalla celeste apparizione, ha posato a terra il suo violino e un libro di musica ed è in atto di alzarsi, facendo forza sulla gamba destra piegata in avanti, con le braccia aperte e lo sguardo alzato verso la corona che

[55] Francesco Mazzola detto il Parmigianino, *Santa Cecilia*, organo dell'oratorio di San Giovanni Battista, chiesa di Santa Maria della Steccata, Parma. Si vedano A.P. DE MIRIMONDE, *Sainte-Cécile* cit., p. 160, e C. BERNARDINI, *Antefatti bolognesi: una traccia*, in *L'Estasi di Santa Cecilia di Raffaello da Urbino nella Pinacoteca Nazionale di Bologna*, Alfa, Bologna 1983, p. 128 s.

[56] Orazio Riminaldi, *Il supplizio di santa Cecilia*, Palazzo Pitti, Firenze. Si veda A.P. DE MIRIMONDE, *Sainte-Cécile* cit., p. 25.

[57] Bernardo Cavallino, *Santa Cecilia incoronata*, Palazzo Vecchio, Firenze; Bernardo Cavallino, *Santa Cecilia incoronata*, Museo e Gallerie Nazionali di Capodimonte, Napoli. Si veda A.P. DE MIRIMONDE, *Sainte-Cécile* cit., pp. 171-172.

**Figura 38.** Bernardo Cavallino, *Santa Cecilia incoronata*, Museo e Gallerie Nazionali di Capodimonte, Napoli.

A sinistra: **Figura 39.** Bernardo Cavallino, *La violinista*, Museum of Fine Arts, Boston.
A destra: **Figura 40.** Bernardo Strozzi, *Suonatrice*, Gemäldegalerie, Dresda.

l'angelo le porrà sul capo.

Lo stesso Cavallino ha ritratto in un dipinto che si trova oggi a Boston[58] una violinista seduta a una spinetta [fig. 39]. I tratti somatici della violinista ricordano da vicino quelli delle due *Santa Cecilia incoronata* dello stesso pittore, il quale probabilmente si è servito della stessa modella per le tre opere. È possibile peraltro che Cavallino anche in questo dipinto abbia inteso effigiare Cecilia, qui raffigurata prima della sua estasi divina, intenta a suonare il violino. Altrimenti, posto che l'impiego di una modella esclude che si tratti di un ritratto, la violinista di Boston è una personificazione della Musica, che viene così ad assumere gli stessi tratti somatici della santa musicista.

Un dipinto di Bernardo Strozzi raffigura una donna in abito scollato[59], con un seno scoperto, il viso bistrato, le sopracciglia assottigliate e ritoccate e una chioma selvatica adorna di fiori [fig. 40]. La donna, che guarda dritto davanti a sé, regge con la mano sinistra una viola da gamba, e appoggia il gomito destro su un mobile a due ripiani, sui quali sono posati un libro di musica e un violino. L'aspetto della donna è quello di una cortigiana non troppo sofisticata. David ed Ellen Rosand hanno ritenuto di identificare la donna qui ritratta in Barbara Strozzi[60], una cantante e

[58] Bernardo Cavallino, *La violinista*, Museum of Fine Arts, Boston.

[59] Bernardo Strozzi, *Suonatrice*, Gemäldegalerie, Dresda.

[60] D. Rosand – E. Rosand, *«Barbara di Santa Sofia» and «Il prete genovese»: On the Identity of a Portrait by*

**Figura 41.** Bernardo Strozzi, *Santa Cecilia*, Musée des Beaux-Arts, Digione.

compositrice veneziana, figlia del letterato Giulio Strozzi, a casa della quale si riunivano accademici e uomini di lettere. Il seno scoperto e i fiori che la donna ha sul capo sarebbero simboli di abbondanza e riferimenti alla figura allegorica di Flora, nella quale la Strozzi voleva identificarsi, seguendo un costume piuttosto in voga tra le belle cortigiane veneziane [61]. Questa allegoria di Flora – o questo ritratto di Barbara Strozzi in veste di Flora –, col viso bistrato e il seno nudo, è di una sensualità assai scoperta, e la presenza degli strumenti musicali, se pur riferita all'esperienza concreta di una cantante e compositrice, vale come riferimento edonistico al piacere dei sensi.

Questa figura presenta una somiglianza sconcertante con alcune immagini di

*Bernardo Strozzi*, «The Art Bulletin» LXIII (giugno 1981).

[61] Si veda J. HALL, *Dizionario dei soggetti e dei simboli nell'arte*, introduzione di K. Clark, Longanesi, Milano 1983, p. 179 (ed. or. *Dictionary of Subjects and Symbols in Art*, Murray, London 1974).

**Figura 42.** Bernardo Strozzi, *Santa Cecilia*, Galleria di Palazzo Bianco, Genova.

segno opposto, nelle quali la presenza della musica vuole significare elevazione spirituale e distacco dal mondo materiale: soprattutto con alcune raffigurazioni di Cecilia (ad esempio l'anta d'organo dipinta dal Parmigianino) e in particolar modo con una immagine della santa ad opera dello stesso Strozzi.

Bernardo Strozzi raffigurò santa Cecilia in numerosi dipinti[62], che replicano però, senza sostanziali modifiche, sei modelli, ciascuno diverso dall'altro. In due di queste opere (l'una delle quali si trova ora a Genova, a Palazzo Bianco, l'altra a Digione, al Musée des Beaux-Arts)[63] Cecilia, raffigurata nell'atto di cantare, gli occhi al cielo e la bocca aperta, regge una viola da gamba. Nel dipinto di Digione [fig. 41] la santa è raffigurata a mezzo busto, tiene una foglia di palma tra le dita della mano sinistra e ha accanto un angioletto che la osserva. La *Santa Cecilia* di Genova [fig. 42],

[62] Circa quindici. Si veda L. MORTARI, *Bernardo Strozzi*, De Luca, Roma 1995.

[63] Bernardo Strozzi, *Santa Cecilia*, Galleria di Palazzo Bianco, Genova; Bernardo Strozzi, *Santa Cecilia*, Musée des Beaux-Arts, Digione. Si veda A.P. DE MIRIMONDE, *Sainte-Cécile* cit., pp. 167 e 161, e L. MORTARI, *Bernardo Strozzi* cit., pp. 142-143.

invece, sembra una copia inversa e speculare della Flora veneziana, dalla quale si distingue – oltre che per gli abiti e l'acconciatura, che sono ovviamente più adatti ad una santa – perché Cecilia, anche qui, ha il viso rivolto al cielo nella posizione dell'estasi. Come Flora, regge con la mano sinistra una viola da gamba, mentre nella destra tiene un libro di musica aperto, che però non guarda, intenta a cantare in comunione col cielo, dal quale riceve direttamente l'ispirazione e al quale volge lo sguardo rapito. Il mobile al quale appoggia il gomito è anch'esso uguale a quello dell'immagine profana, e come in quella vi sono poggiati un violino e dei fogli di musica. È verosimile che le analogie tra le due immagini siano dovute a ragioni puramente economiche: con un unico sforzo compositivo Strozzi ha realizzato due quadri, cambiando solo l'abbigliamento delle due figure, i loro tratti somatici e la posizione delle teste (che è peraltro un metodo utilizzato spessissimo da Strozzi e, con lui, dalla maggior parte dei pittori 'di genere' tra i quali lo si può annoverare). Resta però, anche al di là delle intenzioni consapevoli dello stesso pittore, il dato oggettivo della specularità dei due dipinti. Cecilia, che porta perfino gli stessi braccialetti che adornano le braccia di Flora, è l'immagine rovesciata di questa; le due figure si completano e si negano a vicenda, e la rappresentazione della musica ne sottolinea le simmetrie: Amor sacro e Amor profano sono personificati, nei due quadri di Strozzi, da due figure femminili di segno opposto, che rimandano a due significazioni della musica, anch'esse opposte e complementari. La viola da gamba e il violino, come, si è già detto, il tamburello e il cerchietto, non hanno un significato intrinseco e universale; l'oggetto assume una rilevanza simbolica diversa a seconda del contesto in cui è situato: rotto ai piedi della santa o suonato da una cortigiana vale da riferimento ai piaceri dell'amor profano e ai paradisi profani in cui regna Flora, in mano a Cecilia racconta del divino amore musicale di cui è pervasa la santa.

Numerose immagini di figure femminili – per lo più di sante – prodotte da Bernardo Strozzi a partire dal primo decennio del Seicento e nel corso di tutta la sua attività artistica, si possono ricondurre a pochi modelli stereotipi, fissati presto dal pittore e quindi replicati senza aggiornamenti rilevanti in tutta la sua produzione. I connotati delle donne raffigurate in questi dipinti sono piuttosto decisi: la struttura del viso, la forma del naso, degli occhi, dell'arcata sopracciliare sono fortemente caratterizzati, con tratti che sembrano ripresi dal vero. E questi tratti si ripetono, quasi sempre, simili a se stessi, conferendo a molte di queste immagini un'aria di famiglia, che in alcuni casi è così accentuata da far ritenere che la stessa donna sia stata utilizzata come modello per più dipinti. Una di queste figure femminili, replicata dal pittore più volte in diversi dipinti, è ritratta a figura intera, seduta, con gli occhi rivolti al cielo e la bocca socchiusa, con un violino appoggiato alla spalla e tastato con la mano sinistra, e un archetto nella mano destra. La donna ha le braccia allargate in una posizione di abbandono estatico. In un dipinto che si trova ora a

New York[64] questa violinista ha in capo una corona di fiori che consente di identificarla come santa Cecilia. La sua posizione e l'acconciatura della chioma sono molto simili a quelle di una immagine di santa Caterina d'Alessandria, opera dello stesso Strozzi[65], munita di una profusione di attributi utili alla sua identificazione: la ruota spezzata, la spada, la foglia di palma e, in luogo dei fiori, una corona d'oro che le cinge il capo.

In un altro dipinto[66] la violinista – peraltro del tutto identica a quella del quadro di New York – non ha la corona di fiori né altri attributi utili alla sua identificazione, tranne lo strumento musicale e l'atteggiamento estatico. In queste due immagini, l'una di certo, l'altra di meno certo soggetto, il confine tra sacro e profano, tra rappresentazione di Cecilia e rappresentazione della Musica non è tracciato nitidamente. A differenza di quanto accade nel caso della raffigurazione di Flora – uguale ma opposta a quella di Cecilia – qui le due immagini concordano anche nel segno: le due figure sono equivalenti e il significato della presenza dello strumento musicale è il medesimo. Lo sguardo di Flora corre parallelo al terreno; sia per la Musica che per Cecilia invece il riferimento resta il cielo, al quale entrambe volgono lo sguardo rapito. Si somigliano anche nei tratti somatici; non è facile distinguerle proprio perché sono perfettamente sovrapponibili: Cecilia è ormai per il pittore e per i suoi contemporanei l'immagine della Musica stessa.

Un'altra *Santa Cecilia* di Bernardo Strozzi[67] ha anch'essa lo sguardo rivolto al cielo, e tiene le braccia aperte in una posa che, in questo caso, più esplicitamente è di resa all'amore divino: perché in questo caso non imbraccia il suo strumento (che qui è un liuto), ma lo regge per il manico in posizione verticale, con l'estremità inferiore appoggiata al sedile, alla propria destra. Nella mano sinistra tiene la foglia di palma; a terra, al suo fianco, è appoggiata una viola da gamba, il cui archetto è posto su un libro di musica aperto sul pavimento. Alle spalle di Cecilia un angioletto con le braccia aperte e lo sguardo rivolto verso gli spettatori esorta alla contemplazione dell'estasi divina della santa.

Ancora un'altra immagine di santa Cecilia, anch'essa opera di Bernardo Strozzi[68], è simile alla precedente. Qui però la santa sembra più giovane, composta ed elegante. Somiglia di più alla già menzionata *Santa Caterina d'Alessandria* dello stesso

[64] Bernardo Strozzi, *Santa Cecilia*, collezione Suida Manning, New York. Si veda L. MORTARI, *Bernardo Strozzi* cit., p. 110.

[65] Bernardo Strozzi, *Santa Caterina d'Alessandria*, Wadsworth Atheneum, Hartdorf. Si veda L. MORTARI, *Bernardo Strozzi* cit., p. 108.

[66] Bernardo Strozzi, *La violinista*, Galleria di Palazzo Bianco, Genova. Si veda L. MORTARI, *Bernardo Strozzi* cit., p. 111.

[67] Bernardo Strozzi, *Santa Cecilia con un liuto e la foglia di palma*, collezione Feltrinelli, Milano. Si veda L. MORTARI, *Bernardo Strozzi* cit., p. 111.

[68] Bernardo Strozzi, *Santa Cecilia con un liuto e la foglia di palma*, collezione privata. Si veda A.P. DE MIRIMONDE, *Sainte-Cécile* cit., p. 188, e L. MORTARI, *Bernardo Strozzi* cit., p. 109.

pittore[69]. Ha lo sguardo rivolto non al cielo, ma verso chi guarda; la sua posa, elegante e alquanto affettata, ricorda, più che l'immagine di una santa, il ritratto di una giovane gentildonna che si sia messa in posa per farsi effigiare secondo le consuetudini dell'epoca. Il suo braccio sinistro è mollemente abbandonato verso il basso, e regge distrattamente una ricca stoffa che si avvolge in terra in morbide pieghe; la mano destra regge la foglia di palma e mantiene in equilibrio un liuto che sta in bilico sul fianco, a lato di Cecilia. Alle spalle della santa si intravede un organo positivo; a destra, accanto alla stoffa, sotto due colonne romane giace a terra, in ombra, un violino.

Bernardo Strozzi, infine, ha dipinto una *Santa Cecilia* con un turbante in testa e con monili di foggia orientale, la quale porta su un vassoio le teste del suo sposo Valeriano e di suo fratello Tiburzio, martiri della fede cristiana[70]. Davanti a lei è posto un organo positivo, sul quale è poggiato un foglio di musica. Una figuretta alata con una corona di fiori in capo – che somiglia più all'amorino di una scena bacchica che a un angioletto – solleva dal ripiano dell'organo un trombone. La santa ha lo sguardo rivolto al cielo, in una posa che, sebbene sia ancora quella della tavola di Raffaello, ormai non rimanda più all'estasi musicale: il carattere della scena, macabro ed esotizzante, sembra rifarsi più alle immagini di Giuditta che alla tradizione figurativa di Cecilia.

## *L'immagine 'domestica' di Cecilia*

Verso l'inizio del XVII secolo l'immagine di santa Cecilia, quale era venuta a definirsi nel secolo precedente, sembra smembrarsi e dar vita a un'ampia gamma di modelli diversi tra loro: ciascuno degli elementi semantici presenti nella composizione di Raffaello, estrapolato dal contesto originario e variamente mistificato o sviluppato a fondo per proprio conto, gode ora di vita propria come soggetto autonomo, diverso dagli altri e a volte addirittura in contraddizione con essi. I significati e le funzioni dell'immagine della santa si sono differenziati e moltiplicati in ragione del mutare del ruolo sociale della musica, del nuovo impulso al culto di Cecilia conseguente al (o, se si vuole, presupposto del) ritrovamento miracoloso del suo corpo incorrotto, del nuovo fervore della Chiesa controriformata. Così l'immagine di Cecilia si è sovrapposta a quella della Musica, o ha assunto i caratteri del ritratto di gentildonna o di un concerto strumentale in cui suona assieme agli angeli.

[69] Caterina d'Alessandria, con Cecilia, è una delle figure di sante più frequentemente illustrate da Strozzi. Le due figure, spesso, addirittura si confondono: perciò la *Santa Caterina* del Parmigianino (oratorio di San Giovanni Battista, chiesa della Steccata, Parma) ha una bombarda in mano, attributo che non le compete e che le deriva verosimilmente da una *Cecilia* (collezione Giubilei, Genova) che, gli occhi al cielo, tiene un liuto con la mano sinistra e con la destra impugna una grossa bombarda rovesciata.

[70] Bernardo Strozzi, *Santa Cecilia porta le teste di Valeriano e Tiburzio*, Galleria di Palazzo Bianco, Genova. Si veda A.P. DE MIRIMONDE, *Sainte-Cécile* cit., p. 24, e L. MORTARI, *Bernardo Strozzi* cit., p. 105.

**Figura 43.** Massimo Stanzione, *Santa Cecilia*, Asta Finarte 476, n. 586.

Peraltro la tavola di Raffaello continua (e continuerà, senza soluzione di continuità, fino ai nostri giorni) ad essere replicata in copie dipinte e a stampa più o meno fedeli all'originale.

Una tra le più semplici tra le immagini di Cecilia, sia sul piano simbolico che su quello architettonico, è quella in cui la santa è raffigurata seduta a suonare un organo positivo o un altro strumento a tastiera (cembalo, spinetta, virginale), spesso con lo sguardo rivolto al cielo, e a volte con accanto uno o alcuni tra gli strumenti musicali che le appartengono: per lo più liuti, violini o viole da gamba. Questo modello è uno tra i più diffusi e dei più replicati, in molti dipinti e incisioni, fin dall'inizio del XVII secolo.

Così il napoletano Massimo Stanzione ha raffigurato una manierata *Santa Cecilia*[71] [fig. 43] che, gli occhi al cielo e la bocca aperta, canta accompagnandosi ad una

[71] Massimo Stanzione, *Santa Cecilia*, Asta Finarte 476, n. 586.

Figura 44. Francesco Antonio Meloni da Carlo Cignani, *Santa Cecilia*, incisione.

spinetta (e la posizione delle dita, piegate e contratte sulla tastiera e non rilasciate nell'abbandono, scioglie il dubbio che qui, seguendo la tradizione raffaellesca, la santa abbia smesso di suonare per ascoltare le armonie celesti). Un angioletto, in piedi davanti allo strumento, la mano levata, sembra raccomandare il silenzio agli astanti, lui pure con lo sguardo levato al cielo. La sostituzione dell'organo con la spinetta ribadisce le relazioni dell'immagine di Cecilia con l'arte profana, e in particolare con le raffigurazioni della Musica e con i ritratti di gentildonne musiciste. Il riferimento al contesto cui si ispira questo tipo di immagine di Cecilia e in cui verosimilmente è destinato a collocarsi così diviene più diretto ed esplicito: la spinetta era uno strumento da salotto, utilizzato dalle donne che, in casa propria, si dilettavano di musica.

Tuttavia, se pure spinette, clavicembali, virginali e, più raramente, arpe appaiono

**Figura 45.** Lorenzo Pasinelli, *Santa Cecilia*, Pinacoteca Nazionale, Bologna.

in questo modello figurativo, lo strumento più raffigurato continua ad essere, anche qui, l'organo, strumento sacro per eccellenza, che meglio di ogni altro racconta la destinazione celeste dell'offerta musicale della santa. Così, ad esempio, in un dipinto di Carlo Cignani replicato in un'incisione di Francesco Antonio Meloni [fig. 44] Cecilia suona un organo positivo, con tutte e due le mani arcuate sulla tastiera. La bocca semiaperta, ha gli occhi rivolti verso due testine alate che appaiono nella parte superiore dell'immagine, sintetico riferimento al mondo celeste cui la santa rivolge la propria esecuzione musicale. In un quadro di Lorenzo Pasinelli[72] [fig. 45], di impianto simile al precedente, mancano invece le testine degli angeli. Cecilia, lo sguardo rivolto al cielo, ha la mano sinistra sulla tastiera dell'organo e la mano destra sul cuore, in segno dell'amore divino di cui è pervasa, della devozione con cui dedica al cielo la musica che sta suonando.

Altrove il carattere estatico o ispirato dell'esecuzione musicale di Cecilia è meno evidente, o è assente del tutto. In un dipinto di Leonello Spada[73] [fig. 46] la santa, che suona l'organo e ha accanto a sé un liuto, fissa lo sguardo assente e incantato

[72] Lorenzo Pasinelli, *Santa Cecilia*, Pinacoteca Nazionale, Bologna.

[73] Leonello Spada, *Santa Cecilia*, Museo del Prado, Madrid. Si veda A.P. DE MIRIMONDE, *Sainte-Cécile* cit., p. 45.

**Figura 46.** Leonello Spada, *Santa Cecilia*, Museo del Prado, Madrid.

non in direzione del cielo ma verso chi guarda. E in due quadri simili tra loro, l'uno di Carlo Dolci [74] [fig. 47] l'altro di Benedetto il Gennari [75], Cecilia, intenta a suonare, guarda la tastiera dell'organo.

In questi tre dipinti – di Spada, di Dolci, di Gennari – il carattere sacro dell'immagine di Cecilia è marcato solo dall'aureola che circonda la testa della santa, in sostituzione della corona di fiori o del diadema che a volte ne adorna la chioma. Cecilia ormai è diventata la patrona della musica, e l'ambiente di destinazione e il luogo di collocazione di queste immagini dovevano bastare a garantirne l'identificazione: questo tipo di figurazione si è diffuso verosimilmente soprattutto come

[74] Carlo Dolci, *Santa Cecilia*, Gemäldegalerie, Dresda. Si veda A.P. DE MIRIMONDE, *Sainte-Cécile* cit., p. 45.

[75] Benedetto il Gennari, *Santa Cecilia*, College Picture Gallery, Dulwich. Si veda A.P. DE MIRIMONDE, *Sainte-Cécile* cit., p. 53.

**Figura 47.** Carlo Dolci, *Santa Cecilia*, Gemäldegalerie, Dresda.

ornamento domestico, in piccoli quadri o in incisioni da appendere sulla parete sopra gli organi, le spinette, i clavicembali (e dopo, fino ad oggi, i pianoforti) nelle abitazioni private, nei conventi femminili, nei conservatori. Committenza e ambiente di destinazione devono aver fatto la fortuna di questo modello figurativo, in cui si riflette l'immagine della suonatrice seduta al proprio strumento, di fronte al quadro, che trae esempio e ispirazione dalla figura di santa Cecilia, intenta come lei ad un'attività musicale squisitamente femminile e permeata di puro amore contemplativo, espresso in soavi armonie, per la bellezza divina. Quest'immagine 'domestica' di Cecilia alla tastiera è forse la più diffusa tra le diverse figurazioni della santa, anche se una delle meno frequentate dai pittori più celebri, e in opere di grande rilevanza artistica: proprio perché prodotto di un'arte minore, destinato ad apparire in dipinti di piccole dimensioni esposti solo in luoghi privati.

## *Santa Cecilia e l'angelo: l'immacolata ispirazione*

Si è cercato di dimostrare nelle pagine precedenti come la tradizione figurativa di Cecilia, a partire dagli ultimi anni del XVI secolo, abbia esplorato tutte le direzioni, tutte le possibili interpretazioni del rapporto tra celeste e terreno, tra musica dell'uomo e musica divina, per il tramite della figura emblematica della santa. Gli angeli, in quanto rappresentanti antropomorfi di un amore divino astratto e non rappresentabile, hanno di volta in volta funzione di esecutori della musica celeste o di destinatari dell'offerta musicale di Cecilia. Ancora – ad esempio, già all'inizio del XVI secolo, nelle due tavole del Maestro di San Bartolomeo e, poi, nell'anta d'organo dipinta dal Parmigianino – hanno a volte funzione di assistenti, di collaboratori di Cecilia, a testimoniare l'ispirazione celeste della musica che la santa circolarmente torna a dedicare al cielo.

In un dipinto del Domenichino[76] (poi replicato da Antonio Barbalonga e Alberti[77]) Cecilia, seduta a un tavolo all'aperto su uno sfondo campestre, canta lodi a Dio, con lo sguardo rivolto al cielo e la bocca socchiusa [fig. 48]. Sul tavolo stanno tre angioletti che le reggono un liuto, un violino e un libro di musica aperto. La santa ha la mano sinistra levata, come per battere il tempo; con l'altra mano sostiene il libro di musica assieme all'angioletto che le sta di fronte, il quale ha gli occhi rivolti verso chi guarda il dipinto. Cecilia, che col gesto di sostenere il libro si unisce anche fisicamente al gruppo degli angioletti, lo sguardo levato in alto, restituisce a Dio l'amore che Dio stesso le infonde. Negli strumenti sorretti dagli angeli si rintraccia ancora una volta l'eco della tradizione raffaellesca, qui ulteriormente elaborata. Si è visto come gli oggetti rifiutati della passione bruta diventassero gli strumenti dell'attività musicale di Cecilia. Adesso, sorretti dagli angeli, si inseriscono nel circolo dell'amore divino, che va da Dio agli angeli – rappresentanti antropomorfi del cielo – dagli angeli a Cecilia, e da Cecilia nuovamente a Dio, in una nuova applicazione delle teorie di Ficino all'immagine della santa, filtrate ad un secolo circa di distanza dalla tavola di Raffaello[78]: *amor* è secondo Marsilio Ficino il *circuitus spiritualis* che va da Dio agli uomini e dagli uomini a Dio[79]. E chi guarda il dipinto per mezzo della musica raffigurata può inserirsi in questa circolazione: qui è uno degli angioletti che reggono gli oggetti della concreta attività musicale umana a guardare fuori dal quadro, fungendo da collegamento tra il mondo reale e l'immagine. La musica,

[76] Domenico Zampieri detto il Domenichino, *Santa Cecilia e tre angioletti*, Palazzo Pallavicini Rospigliosi, Roma. Una copia anonima di questo dipinto (collezione Chrysler) in A.P. DE MIRIMONDE, *Sainte-Cécile* cit., p. 133, viene segnalata in vece dell'originale.

[77] Antonio Barbalonga e Alberti, dal Domenichino, *Santa Cecilia e tre angioletti*, Museo Diocesano, Palermo.

[78] A proposito dell'influenza delle teorie ficiniane sul dipinto di Raffaello si vedano W. GURLITT, *«La musica...»* cit., p. 203; D. STAITI, *Musica angelica* cit., pp. 34-37; ID., *L'Estasi di santa Cecilia* cit.

[79] M. FICINO, *Opera et quae hactenus extetere, et quae in lucem nunc primum prodiere omnia...*, Basel 1576, p. 1324 («De amore»). Si veda E. PANOFSKY, *Studi di iconologia*, Einaudi, Torino 1975, p. 195 (ed. or. *Studies in Iconology*, Oxford University, New York 1939).

**Figura 48.** Antonio Barbalonga e Alberti, dal Domenichino, *Santa Cecilia e tre angioletti*, Museo Diocesano, Palermo.

se praticata con intenti elevati, si configura come un'attività spirituale e contemplativa, che permette agli uomini di inserirsi nella «corrente ininterrotta di energia soprannaturale che fluisce dall'alto in basso e ritorna dal basso all'alto» [80], dal cielo alla terra e dalla terra al cielo.

Orazio Gentileschi ha raffigurato una santa Cecilia [81] [fig.49] che, intenta a suonare (sul modello delle immagini 'domestiche' della santa), fissa lo sguardo sulle proprie mani protese sulla tastiera di un organo positivo; un angelo accanto a lei le

[80] E. PANOFSKY, *Studies in Iconology* cit., p. 187.

[81] Orazio Gentileschi, *Santa Cecilia all'organo*, National Gallery of Art, Samuel Kress collection, Washington D.C. Si veda A.P. DE MIRIMONDE, *Sainte-Cécile* cit., p. 44.

**Figura 49.** Orazio Gentileschi, *Santa Cecilia all'organo*, National Gallery of Art, Samuel Kress collection, Washington D.C.

sorregge un foglio di musica e la fissa intensamente in viso, articolando con la sua presenza il flusso circolare dell'amore divino.

Altrove il concetto dell'ispirazione divina, antropomorfizzata nella figura dell'angelo, è meglio esplicitato, e la circolarità del flusso musicale che corre tra cielo e terra è più evidente. Marco Liberi ha raffigurato accanto a Cecilia un angelo che, la bocca aperta, palesemente sta cantando [82] [fig. 50]. La santa e l'angelo si guardano negli occhi e, rimandandosi a vicenda il musicale messaggio celeste, suonano a quattro mani il clavicembalo – visibile solo in parte – al quale entrambi sono seduti.

Varianti del medesimo concetto, variamente illustrato, si possono rintracciare in altre opere databili agli anni tra il 1590 e il 1650. In un dipinto di Sisto Badalocchio [83] Cecilia è seduta davanti a un organo positivo più dettagliatamente descritto di quanto non avvenga generalmente nelle raffigurazioni della santa, con le canne di legno a sezione quadra, digradanti da sinistra verso destra. Accanto a lei un angelo ritto in piedi, di proporzioni umane, tiene in mano un cornetto, anch'esso riprodotto con

[82] Marco Liberi, *Santa Cecilia*, collezione Karl Schönborn-Wiesentheld, Pommersfelden.

[83] Sisto Badalocchio, *Santa Cecilia e l'angelo*, Museo Nazionale, Napoli. Si veda A.P. DE MIRIMONDE, *Sainte-Cécile* cit., p. 107.

**Figura 50.** Marco Liberi, *Santa Cecilia*, collezione Karl Schönborn-Wiesentheld, Pommersfelden.

**Figura 51.** Carlo Saraceni, *Santa Cecilia e l'angelo*, Galleria Nazionale d'Arte Antica, Roma.

molta cura. La santa, che ha nella mano destra un foglio (evidentemente di musica), schiaccia con le dita della sinistra un tasto dell'organo, il viso e il corpo rivolti verso l'angelo. Questi, il capo chino verso Cecilia, sembra ascoltare l'intonazione dello strumento della santa. Ai loro piedi sono sparsi gli strumenti della tradizione raffaellesca: un flauto diritto, un tamburello sulla cui cornice si alternano bubbole e piattini e, ritta in piedi, una inconsueta viola da gamba dalla cassa stretta, le spalle spioventi, e con un grosso foro di risonanza al centro della tavola armonica.

Carlo Saraceni ha posto più esplicitamente l'accento sulla discendenza divina dell'ispirazione musicale di Cecilia: in un suo dipinto [84] [fig. 51] la santa imbraccia un arciliuto di bella fattura, riprodotto molto realisticamente e con grande cura per i particolari. Ha la mano destra poggiata sulle corde, poco al di sotto dell'elaborata rosa dello strumento; con la sinistra stringe tra pollice e indice uno dei piroli del cavigliere supplementare. Il capo voltato, guarda con attenzione un angelo dalle grandi ali spiegate, che sta in piedi alla sua destra, leggermente piegato verso la santa, secondo uno schema mutuato dalle raffigurazioni dell'Annunciazione [85]. L'angelo regge con la mano destra un bel contrabbasso a sei corde, e indica a Cecilia con l'indice puntato della mano sinistra il cavigliere dell'arciliuto, a guidarla, si direbbe, nella corretta accordatura del suo strumento. La funzione dell'angelo sceso in terra – come nell'Annunciazione – è di far discendere sulla figura femminile l'amore divino, oggettivato nella figura del personaggio maschile: l'idea spirituale delle nozze mistiche si concretizza nella rappresentazione di un uomo che si china su una donna, alla sua destra. Nelle Annunciazioni, come in questa immagine di santa Cecilia, di norma la Vergine occupa la parte destra del dipinto, ossia la sede sinistra, «tradizionalmente assegnata a quell'elemento [...] passivo/femminile vs l'attivo/maschile, a cui è assegnata la sede destra» [86]. La redazione armena del «Vangelo dell'infanzia» traduce il concetto (già esposto nel «Protovangelo» di Giacomo [87]) del concepimento di Cristo attraverso la parola dello Spirito Santo («tu concepirai per il suo Verbo») nella forma più concreta della *conceptio per aurem*:

[84] Carlo Saraceni, *Santa Cecilia e l'angelo*, Galleria Nazionale d'Arte Antica, Roma. Si veda A.P. DE MIRIMONDE, *Sainte-Cécile* cit., p. 190.

[85] A proposito dello schema compositivo dell'Annunciazione e dei suoi rapporti con altri temi figurativi si vedano A. MUÑOZ, *Iconografia della Madonna. Studio delle rappresentazioni della Vergine nei monumenti d'Oriente e d'Occidente*, Alfani e Venturi, Firenze 1904; L. RÉAU, *Iconographie de l'art chrétien*, II, «L'Annonciation ou la salutation angélique», Presses Universitaires de France, Paris 1958, pp. 174-175; P. PALLOTTINO, *«La bella annunziata...»* cit.; F. RENNA, *Il tema dell'Annunciazione nelle fiabe della Bella Addormentata*, tesi di laurea, Facoltà di Lettere e Filosofia, corso di laurea in D.A.M.S., Università di Bologna, a.a. 1994-95. Thomas Connolly ha individuato delle relazioni tra l'immagine di Cecilia e l'Annunciazione a proposito degli affreschi sulle volte della cattedrale di Santa Cecilia ad Albi: si veda TH. CONNOLLY, *Mourning into Joy* cit., pp. 229-236.

[86] P. PALLOTTINO, *«La bella annunziata...»* cit., p. 34. Si veda anche F. RENNA, *Il tema dell'Annunciazione* cit., pp. 36-43.

[87] Si veda l'introduzione di Alfonso M. Di Nola ai Vangeli apocrifi in A.M. DI NOLA (a cura di), *Vangeli apocrifi. Natività e infanzia*, Guanda, Parma 1986, pp. 7-14.

Nello stesso istante, mentre la Vergine diceva queste parole e si umiliava, il Verbo di Dio penetrò in lei attraverso l'orecchio, e la natura intima del suo corpo, da esso animata, venne santificata in tutti i suoi organi e i suoi sensi e purificata come oro nel crogiuolo. Ella divenne un tempio sacro, immacolato, dimora della divinità. In quel momento cominciò la gravidanza della santa Vergine [88].

La *conceptio per aurem*, che si ritrova ancora in sant'Agostino («La Vergine veniva ingravidata attraverso l'orecchio») [89], si presta agevolmente ad essere interpretata in termini musicali, e dunque ad essere trasferita alla figura di Cecilia, la cui immagine si sovrappone a quella di Maria. L'amore divino allora, espresso in termini musicali, penetra in Cecilia attraverso l'orecchio. Per il tramite dell'angelo ella raggiunge l'unisono con le sublimi armonie celesti [90]; il suo strumento entra in risonanza simpatica con gli strumenti degli angeli, e per mezzo di esso la santa si congiunge a Dio, diventa angelo tra gli angeli.

Anche in questo dipinto Cecilia e l'angelo sono attorniati da altri strumenti musicali: al centro un violino con il suo archetto e un libro di musica aperto; ai piedi dell'angelo un flauto diritto e una bombarda; accanto a Cecilia un'arpa, collocata all'estrema destra del dipinto: gli strumenti a chiara connotazione maschile stanno ai piedi dell'uomo, mentre l'arpa, strumento femminile, è attribuito a Cecilia. Il flauto a becco e la bombarda da una parte, l'arpa dall'altra in questa prospettiva rappresenterebbero la trasfigurazione, sublimata in forme musicali, degli attributi sessuali maschili e femminili. In questo caso dunque gli strumenti provenienti dalla tradizione raffaellesca vengono rifunzionalizzati in maniera del tutto diversa: gli oggetti rotti che ricordano la rinuncia al mondo compiuta dalla santa il giorno delle proprie nozze terrene divengono gli emblemi della sua unione con Dio. Al centro, a separare gli strumenti musicali maschili e femminili e a filtrarne la relazione, sta un violino seminascosto da un libro di musica aperto. Il libro è uno dei più comuni attributi della verginità, poiché ricorda la relazione tra incorruzione del corpo e

[88] «Vangelo dell'infanzia armeno», in M. CRAVERI (a cura di), *I Vangeli apocrifi*, con un saggio di G. Pampaloni, Einaudi, Torino 1990, pp. 157-158.

[89] Agostino, *Serm.* CXXI, 3, P. L. XXXIX, 1988, citato in A.M. DI NOLA (a cura di), *Vangeli apocrifi* cit., p. 14.

[90] Sulla metaforica della concordanza musicale si veda FR. OHLY, *Geometria e memoria. Lettera e algebra nel Medioevo*, a cura di L. SANTINI, Il Mulino, Bologna 1985, pp. 307-308. L'autore si riferisce qui alla concordanza musicale come metafora del compimento del Vecchio Testamento nel Nuovo Testamento, che introduce il concetto più generale della concordanza musicale e dell'unisono come metafora dell'unione di due universi complementari, del compimento di tipo e antitipo e di cielo e terra. Ohly rimanda per una trattazione specifica dell'argomento a H.J. SPITZ, *Die Metaphorik des geistigen Schriftsinns. Ein Beitrag zur allegorischen Bibelauslegung des ersten christlichen Jahrtausends*, Fink, München 1972, pp. 223-233.

sapienza spirituale; lo si vede spesso, nelle immagini del XV e XVI secolo, in mano o a fianco di san Giovanni, di santa Barbara, di sant'Agnese, e si è visto come già dal XV secolo fosse attributo di Cecilia. Spesso il libro è presente anche nelle Annunciazioni, a ricordare il carattere del tutto spirituale e incorporeo dell'immacolata concezione della Vergine[91].

[91] Si legge in P. PALLOTTINO, «*La bella annunziata...*» cit., p. 40: «Il motivo del libro [nell'*Annunciazione*] deriva dal "Racconto della vita di Maria nel tempio, ove si dedicava all'orazione del mattino sino all'ora terza [...] e dopo la nona continuava le preghiere, meditava la legge di Dio e intonava le cantiche di Davide". Raffigurato nell'*Annunciazione* a partire dalla fine del XIII secolo, quando nei circoli francescani cominciavano a diffondersi le *Meditationes* dello Pseudo Bonaventura, che lo indicano come il simbolo del Profeta Isaia, simbolo di dottrina e vita contemplativa, il libro si presta a molti incroci iconografici. Come attributo femminile, esso è frequentemente accoppiato alla verginità: "Virgo sapientissima", e nell'iconografia cristiana è raffigurato nelle mani di molte sante, segnatamente S. Barbara».

**Figura 52.** Tiziano, *Bacco e Arianna* (1522-1523), National Gallery, Londra.

# 5.

## Viva Bacco: la musica nei festeggiamenti rinascimentali di un dio pagano

Franca Trinchieri Camiz

La festa nel Rinascimento italiano, sia che si svolgesse nelle strade e piazze delle città, sia nei luoghi chiusi dei palazzi, presentava l'occasione ideale per una manifestazione del potere di chi, principe o regnante, la gestiva. Questo si esprimeva non solo attraverso sfarzosi apparati intenti a stupire gli spettatori, ma anche con riferimenti colti ed elitari ai miti dell'antichità. Infatti, il mondo lontano ed idealizzato dell'Olimpo e delle selve dell'Arcadia funse da ispirazione per carri di trionfi, per «intermedi» teatrali come anche per la prima produzione dell'opera a Firenze alla fine del '500, per poi diventare nel '600, secondo Lorenzo Bianconi, «un repertorio simbolico consunto» [1], sempre utile a costruire una immagine di potere, ricchezza e privilegio sociale, ma anche una società in armonia e tranquilla grazie alle abilità di chi la governa. Secondo Machiavelli già Lorenzo il Magnifico, negli ultimi anni della sua vita, riteneva importante che «sempre la patria sia in festa, dove spesso giostre e rappresentazioni di fatti e trionfi antichi si vedevano; e il fine era di tenere la città abbondante, unito il popolo e la nobiltà onorata» [2].

In questo contesto di un generale richiamo del mito, è mia intenzione soffermarmi sull'importanza del ruolo del dio Bacco nei festeggiamenti dell'epoca. Per gli antichi, Bacco o Dioniso era il dio della fertilità, del vino, dei convivi, della ispirazione poetica e pertanto anche legato alla musica.

Platone nelle sue *Leggi* (672c) specifica che la coscienza musicale fu data all'uomo dalle Muse, da Apollo e da Dioniso; per Vincenzo Cartari, Dioniso era come

*Franca Trinchieri Camiz, Trinity College e Temple University Campus, Roma*

[1] L. Bianconi, *Storia della Musica. Il Seicento*, IV, EDT, Torino 1982, p. 264, nel descrivere un banchetto fatto a Firenze il 19 ottobre 1608.

[2] N. Machiavelli, *Istorie*, citato da P. Ventrone, *Note sul Carnevale Fiorentino di età Laurenziana*, in M. Chiabò – F. Doglio (a cura di), *Il Carnevale dalla tradizione arcaica alla tradizione colta del Rinascimento*, Atti del convegno, Viterbo 1989, p. 323.

Apollo «capo e guida delle Muse» [3]. Anche il poeta Giovan Battista Marino, nel descrivere un dipinto di Giovanni Valesio con Apollo che insegna a Dioniso a suonare la lira, associa inestricabilmente i due dei: «Ecco lo Dio vermiglio e lo Dio biondo / che confondon tra loro / con la vite e l'alloro / il tirsio e il plettro e le vendemmia e il canto. / Cantiamo, beviamo intanto» (*La Galleria*, 1619, p. 24). Alcune immagini, come ad esempio l'affresco nella Villa Maser dipinto dal Veronese (1560-1561), attestano l'associazione di Bacco con la fertilità, con l'evasione tramite il vino, ma anche con la musica [fig. 53].

Bacco è anche noto per il suo amore nei confronti di Arianna, abbandonata da Teseo sull'isola di Naxos; il loro matrimonio è collegato con una processione trionfale intensa e movimentata dei suoi seguaci, satiri e menadi [4]. Un tale assetto scenico-musicale ben si addiceva alla festa; in effetti, la scena finale dell'*Orfeo*, fabula satirica di Poliziano rappresentata a Mantova nel 1480, metteva in risalto «un coro di Baccanti in onore di Bacco» con la funzione, come è stato osservato, di momento di passaggio fra il pathos della morte del protagonista (Orfeo) e l'occasione, per l'appunto, di una festa, di una sorta di fusione fra spettacolo teatrale e festeggiamento [5]. Per Nino Pirrotta questo momento era caratterizzato da un autentico «canto carnascialesco» che comprendeva una danza pantomima assai scatenata e pittoresca chiamata «moresca» [6]; si può ipotizzare che le baccanti danzassero anche la «piva», una danza popolare paragonata da Domenico Piacenza ad «un trionfo quando i ferri sono caldi dal calore del dio Bacco» [7]. Anche la danza dell'epoca dunque traeva ispirazione dal mito di Bacco.

L'amore di Bacco per Arianna si configura anche come topos epitalamico nelle celebrazioni di matrimonio forse prendendo ad esempio il forte richiamo sensuale di una pantomima delle loro nozze durante un convivio descritta da Senofonte: «Finalmente, vedendo i convitati che essi [Arianna e Bacco] erano abbracciati insieme, et quasi inviati verso il letto; quanti di loro erano senza moglie, tutti giurarono di maritarsi; ma i maritati, montando a cavallo, se ne andarono a trovar mogli per goderle» (*Simposio* 9, 3-7). Per il matrimonio di Eleonora d'Aragona, figlia del re di Napoli con Ercole d'Este, duca di Ferrara, celebrato nel 1473, ad esempio, fu costruita appositamente in legno una sala davanti alla basilica romana dei Ss. XII Apostoli; qui furono serviti (ed è Eleonora stessa a raccontarcelo in una sua lettera) «piacti cinque grandi de arrusto con piede de vitelle V e III de castrato,

[3] V. CARTARI, *Le imagini de i dei de gli antichi*, terza edizione, 1571, p. 415. Vedi anche A. EMMERLING-SKALA, *Bacchus in der Renaissance*, Georg Olms Verlag, Hildesheim-Zurich 1994.

[4] Vedi anche *s. v. Dionysos*, in *The New Grove Dictionary of Music and Musicians*, V, London 1980, pp. 483-484.

[5] G. ROCCA, *Letture della Fabula di Orfeo*, in M. CHIABÒ – F. DOGLIO (a cura di), *Origini del Dramma Pastorale*, «Centro Studi sul Teatro Medioevale e Rinascimentale», Cesare Vasolo, Viterbo 1985, p. 282.

[6] N. PIRROTTA, *Li due Orfei. Da Poliziano a Monteverdi*, Edizioni Eri, Torino 1969, p. 28.

[7] Domenico da Piacenza, *De arte saltandi et choreas ducendi*, 1420 ca.

**Figura 53.** Paolo Caliari detto il Veronese, *I Lari, Bacco, il Sonno e Tersicore* (1560-1561), Stanza di Bacco, Villa Barbaro, Maser, Asolo.

du capriolo integri, tre porchette integre, quactro caponi, et octo papari per placto». Poi apparirono Bacco ed Arianna cantando in latino il loro elogio della coppia, della gioia del letto nuziale ma anche delle gigantesche bevute della loro festa: «Laetus odoratis properat nunc Bacchus ab Indis / Lustrat et Hercules barbara pomba dapes. / Iamque iubet comites tantis discumbere mensis, / Hic celebrat talamos pulchra Ariadna tuos. / Non cernis vitem, geminataque gaudia sentis? / Grata puer duplica pocula Bacchus adest [...]?». Sappiamo che il tutto fu allietato da «suoni e canti con buffoni variati» benché la musica non ci sia pervenuta[8].

Notiamo anche che la seconda opera di Claudio Monteverdi, l'*Arianna*, su libretto del Rinuccini, era destinata ai festeggiamenti del 28 maggio 1608 per le nozze di Francesco Gonzaga con Margherita di Savoia. Sfortunatamente, solo il famoso lamento di Arianna «Lasciatemi morire» è sopravissuto ad un'opera che ebbe un successo straordinario, «con tanto affetto con sì pietosi modi, che non si trovò

[8] F. CRUCIANI, *Teatro nel Rinascimento. Roma 1450-1550*, Bulzoni, Roma 1983, p. 159

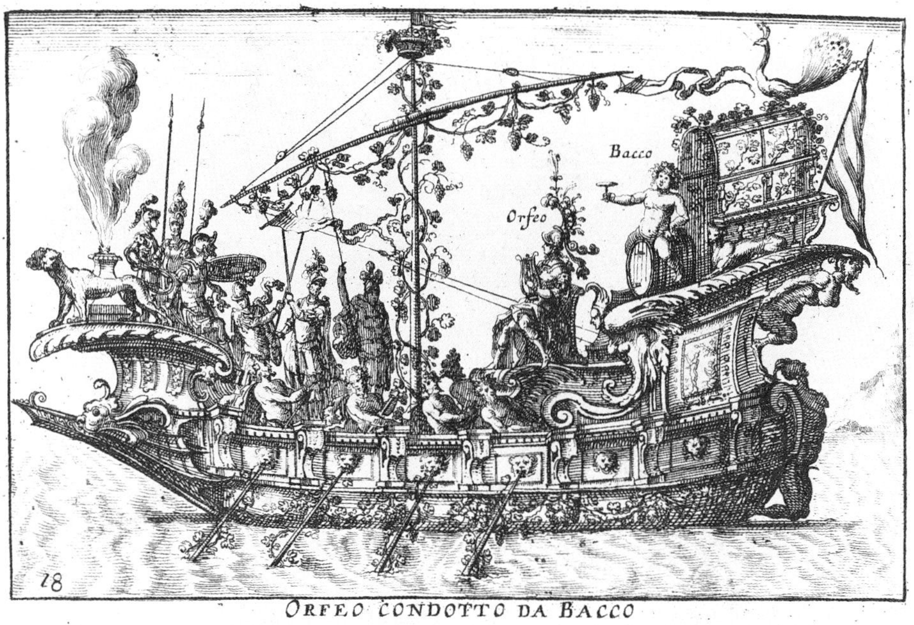


**Figura 54.** Remigio Cantagallina, *Orfeo condotto da Bacco*, incisione da *Le magnifique carousel fait sur le fleuve de l'Arne à Florence pour le mariage du Grand Duc* [...], Parigi 1664 (Istituto Nazionale per la Grafica, Roma, per gentile concessione del Ministero per i Beni e le Attività Culturali).

ascoltante alcuno che non s'intenerisse, né fu pur una Dama che non versasse qualche lagrimetta al suo pianto»[9].

Le nozze di Bacco ed Arianna erano significative anche per feste pubbliche, le liberazioni ludiche che si svolgevano nelle piazze e strade delle città, ed in particolare per i trionfi, o carri processionali con figure allegoriche/mitologiche che traevano ispirazione anche dai noti *Trionfi* del Petrarca. A Firenze, per il Carnevale del 1489, un carro processionale rappresentò un *Trionfo di Bacco e Arianna* per il quale Lorenzo de' Medici compose una canzone assai nota che contempla con melanconia il passare della giovinezza: «Quant'è bella giovinezza, che si fugge [...] / Donne e giovinetti amanti, / viva Bacco e viva Amore! / Ciascun suoni, balli e canti, / arda di dolcezza il core! / Non fatica, non dolore!». La musica per voci con accompagnamento di un liuto è stata pubblicata da Walter Rubsamen il quale mette anche in relazione a questo particolare evento un'incisione a bulino dell'epoca di Maso da Finiguerra[10]; sembrerebbe piuttosto che si tratti di un'immagine legata alla stessa

[9] F. FOLLINO, *Compendio delle sontuose feste fatte l'anno MDCVIII nella città di Mantova,* citato da D. DE' PAOLI, *Monteverdi*, Rusconi, Milano 1979, pp. 221-222.

[10] W. H. RUBSAMEN, *The Music for "Quant'è bella giovinezza" and Other Carnival Songs*, in CH. S. SINGLETON

cultura mitologica da cui dipendeva l'evento festivo dedicato a Bacco[11].

Sempre a Firenze, i festeggiamenti per i matrimoni dei Medici inclusero carri trionfali bacchici come, ad esempio, quelli per le nozze di Francesco de' Medici con Giovanna, sorella di Massimiliano II d'Austria nel 1566, durante i quali sfilavano carri processuali sul tema delle genealogie degli dei ideato da Giorgio Vasari. Il carro di Bacco conteneva una fontana da cui sgorgava vino ed era accompagnato da tre baccanti e tre satiri. Un'incisione di Remigio Cantagallina per le nozze di Cosimo II del 1608 invece fornisce la documentazione di un carro in forma di nave con «tutti li cimbali ed altri strumenti da sonare» ma anche Bacco in compagnia di Orfeo[12], un connubio che rafforza il legame del dio con la musica [fig. 54].

Nel 1634 a Roma, a piazza Navona, per una giostra organizzata a spese del cardinale Antonio Barberini, al calar del sole apparve «un'artificiosa nave splendida al lume di mille torce... era la macchina del Dio Bacco... accompagnato dal Riso, da otto baccanti, quattro satiri e quattro pastori... Alla leggiadria delle inventioni de gli ornamenti, alla coppia de l'oro, et alla moltitudine delle gioie ben presto fu conosciuta ch'era d'una Deità l'opera... Al cominciare d'un soavissimo suono di strumenti cessò ad un tratto ogni susurro nel Theatro... fu il primo a cantare il Dio Bacco, seguitando per il Choro delle Ninfe, e de Pastori; e dal Riso finalmente con gratia soprahumana terminossi la musica, la quale però venne tramezzata da un gentilissimo balleto di Pastori, che secondato da ben concertati stromenti, mentre diletta la vista e lusinga l'udito, insensibilmente a riguardanti rapisce il cuore»[13]. Un'incisione di François Collignon raffigura gli strumenti sulla nave: un'arpa – in questo caso la famosa arpa Barberini del Museo di strumenti antichi a Roma ed il musicista raffigurato doveva dunque essere Marco Marazzoli[14], il suonatore di questo particolare strumento – con il violino ed il liuto – immagine questa [fig. 55], che come la festa stessa, rappresenta un modo di autocelebrarsi da parte di chi l'ha commissionata.

Il pagare l'artista per un documento grafico da includere in un'eventuale pubblicazione dell'evento festivo era anch'esso una dimostrazione di munificenza, in voga a partire dalla seconda metà del '500, a disposizione solo delle grandi famiglie, come i Medici, o i Barberini. Inoltre queste immagini, che sono peraltro assai rare, forniscono solo alcuni dettagli grafici ed abbreviati riguardanti essenzialmente i costu-

(ed. by), *Art, Science, and History in the Renaissance*, John Hopkins Press, Baltimore 1968, pp. 163-184.

[11] [Nota della curatrice] A questo punto la relatrice ha fatto ascoltare una esecuzione del complesso Josquin Ensemble di Vienna della canzone a ballo composta da Lorenzo de' Medici *Quant'è bella giovinezza, che si fugge* [...].

[12] A.M. NAGLER, *Theatre Festivals of the Medici 1539-1637*, Yale University Press, New Haven 1964, pp. 26, 321.

[13] *Festa, fatta in Roma, alli 25 di febraio MDCXXXIV*, Vitale Mascardi, 1635; vedi anche F. HAMMOND, *Music and Spectacle in Baroque Rome Barberini Patronage under Urban VIII*, Yale University Press, New Haven and London 1994, pp. 218-224.

[14] Per il rapporto fra Marazzoli e l'arpa Barberini, vedi F. TRINCHIERI CAMIZ, *Una "Erminia", una "Venere" ed una "Cleopatra" di Giovanni Lanfranco in un documento inedito*, «Bollettino d'arte» LXVII (1991), pp. 165-168.

Figura 55. François Collignon, *Nave con musicista*, incisione da *Festa, fatta in Roma, alli 25 di febbraio MDCXXXIV*, Vitale Mascardi, 1635.

mi, gli apparati e gli strumenti. Si profila così un serio problema iconografico: quello che sappiamo delle feste dell'epoca deriva infatti essenzialmente da descrizioni o fonti letterarie e non visive.

Marcantonio Michiel, per esempio, ci tramanda una descrizione della cena del 2 agosto 1520 per la musica della quale papa Leone X spese 500 ducati: dei cantori con accompagnamento di un lirone, due flauti, un liuto e clavicembalo o di cornetti e tromboni che alternavano canzoni tedesche, spagnole ed inglesi. «Li inglesi cantavano uno tano macharanesco, tutte le parole erano al proposito del primo d'Augusto, et tra una musica et l'altra era un Bacho nudo, et m. o. Andrea Buffone, che era il suo interprete, che lesse una supplicazione per li Thodeschi, et tutti haveano ghirlande di viti, di zipponi di raso, et le calze di panno.» Per Bonnie Blackburn che ha pubblicato questa descrizione, la musica eseguita in onore di Bacco poteva essere stata una villotta di un manoscritto marciano: *Baco, Baco santo idio* che include anche le parole «Baco, Baco, col cantare, festeggiando hoggi s'honori» [15]. Se ci si domanda perché Andrea Buffone doveva supplicare il Papa «per li Thodeschi», rammentiamo che i tedeschi erano reputati grandissimi bevitori che spesso si ubriacavano [16].

Suonatori e bevitori tedeschi erano i protagonisti anche di un *Trionfo di Bacco* organizzato nel 1637 per le strade di Roma dal cardinal Pio di Savoia per celebrare la nascita del secondo figlio dell'imperatore Ferdinando III d'Austria.

Tramite la descrizione di Girolamo Petrignano, sappiamo che su di un carro, sopra un barile di buon vino era seduto un ragazzetto di grande stazza, di nome Pietro da Montefiascone, nudo, con «una panza, come un tamburo, le zinne tanto grosse quanto possa havere qualsiasi balia lattante; le coscie sue, e le gambe erano grosse... e con una ghirlanda d'alloro in capo, a piedi di lui erano Bacchetti vivi ignudi... e ciascuno faceva il suo mestiere... di sporgere alla Plebe il gradito liquore». Avanti al carro, camminavano quattro tedeschi: «due con tamburi, due cifoli che sonavano e bevevano allegramente, a questi seguivano eccellenti Trombotticri» [17].

Anche in questo caso non abbiamo immagini per illustrarci l'evento.

Possiamo tuttavia rivolgerci alla tradizione di grande pittura la quale non offre esclusivamente la rappresentazione di dettagli ma piuttosto interpreta concetti e tematiche utili a capire la festa d'epoca; dopotutto i quadri richiamano il mito attraverso le stesse fonti letterarie degli spettacoli.

Alcuni dipinti, molto noti anche all'epoca, per uno studiolo di Alfonso I d'Este a Ferrara, erano stati concepiti per un piccolo ambiente chiuso, e si rivelavano agli spettatori in una sequenza temporale celebrativa di antichi festeggiamenti in onore di Bacco [18]. Fra queste feste per gli occhi, si dovrebbe notare per primo il dipinto di Giovanni Bellini, *Il festino degli Dei* (1514, ora alla National Gallery di Washington) che raffigura un Bacco giovinetto mentre distribuisce il biondo vino delle colline venete. La presenza dell'alcione, un particolare uccello che appare al solstizio d'inverno, dà la chiave di lettura del quadro con la sua atmosfera calma e trattenuta di stagione pre-primaverile al primo lento risveglio dei sensi [19]. Questi sensi appaiono

[15] B. BLACKBURN, *Music and Festivities at the Court of Leo X: a Venetian View in Early Music History (1992)*, II, pp. 5-14, spec. p. 13. Ringrazio l'autrice per avermi gentilmente segnalato questo studio.

[16] Per le canzoni polifoniche del Cinquecento che prendono di mira l'amore dei tedeschi per la bottiglia, vedi la voce *Todesca* di D. CARDAMONE, per la nuova edizione del *Grove Dictionary of Music.*

[17] *Il Trionfo di Bacco fatto dal Decano de Staffieri del Serenissimo Principe Cardinale di Savoia nell'occasione della nascita del secondogenito della sacra cesarea Maestà di Ferdinando Terzo Imperatore dedicato al serenissimo Principe Card. di Firenze*, Roma 1637. Una copia si trova nella Biblioteca Casanatense di Roma.

[18] La bibliografia sullo studiolo è vasta. Vedi ad esempio C. HOPE, *The "Camerino d'Alabastro" of Alfonso d'Este*, «The Burlington Magazine» CXIII (1971), p. 649 ss.; E. BATTISTI, *Mitologie per Alfonso d'Este*, in *Rinascimento e Barocco*, s. l. 1960, p. 112 ss.

[19] A. CALANTUONO, *Dies Alcyoniae: The invention of Bellini's Feast of the Gods*, «The Art Bulletin» LXXIII, 2, pp. 237-256.

**Figura 56.** Tiziano, *Baccanale* o *Gli Andrii* (1522-1523), Museo del Prado, Madrid.

pienamente scatenati nei due quadri del 1522-23 di Tiziano: il *Baccanale* o *Gli Andrii* (ora al Prado) e *Bacco ed Arianna* (nella National Gallery di Londra). *Gli Andrii* [fig. 56] fa riferimento alla descrizione di Filostrato di un'isola dove il vino, dono di Bacco, scorre liberamente e dove si danza, si canta ma con la mente confusa dal vino; in esso vi è raffigurata anche una musica, un canone a quattro voci con testo francese: «Qui boyt et ne reboyt ne scet que boir soit», su musica di Willaert. Il canone è stato trascritto da E. Lowinsky il quale cita anche Marsilio Ficino per mettere a fuoco lo stretto legame fra Bacco e la musica, il canto, la festa nell'ebbrezza del vino [20].

[20] Il canone è stato trascritto da E. LOWINSKY, *Music in Titian's Bacchanal of the Adrians: Origin and History of the Canon for Tonos*, in D. ROSAND (ed. by), *Titian. His World and His Legacy*, Columbia University Press, New York 1982, pp. 191-282; per Ficino, cfr. p. 217 e n. 62.

Il *Bacco ed Arianna* [fig. 52] si ispira a Catullo [21] il quale descrive i seguaci di Bacco che battono «forte i timpani contro le palme levate, / suscitando dal bronzo lisciato suoni sottili / mentre i molti corni versavano un roco muggito / e flauti ignoti uno stridulo canto selvaggio» e le menadi «volavano [...] scuotendo le membra del dilaniato giovenco / o avvolgendosi il corpo tra spire di serpi» (*Carmina* 64, 254-264).

Colpisce quanto questo quadro ricordi uno degli intermedi (con musica di Francesco Corteccia) del banchetto per le nozze celebrate a Firenze il 9 luglio 1539 tra Cosimo I de' Medici e Eleonora di Toledo, quando «...per non lasciare gli Spettatori addormentati, vennero subito in su la Scena XX Baccanti, che dieci ve n'erano Donne, & Satyri gli altri. Et di tutti questi, otto sonavano, otto cantavano & ballavano nel mezo della Scena, & due da ciascuna parte facevano l'Ebbro... Quelli otto che cantando ballavano furono quattro Satyri, & quattro donne... Le parole che sempre replicando cantavano furono queste BACCO BACCO EUOE', con altissima risa & diversi atti & giuochi...» [22]. La descrizione include anche un elenco dei vari strumenti musicali usati per la festa e questi erano celati dentro sembianze di animali: un corno di capra, una testa di cervo, «uno stinco Humano secco... Uno stinco di Grù» ecc. [23] che mettevano in risalto lo spirito di selvaggia ed animalesca frenesia suggerita dal baccanale descritto da Catullo.

Esiste dunque un'affinità fra lo spettacolo di Firenze ed il dipinto di Tiziano per lo studiolo di Ferrara, essendo sia il momento teatrale che la 'grande pittura' ispirati alla stessa fonte letteraria antica – un caso significativo di come un'immagine, pur non fungendo da illustrazione specifica, possa dar forma alla descrizione scritta di un importante baccanale rinascimentale.

[21] La fonte letteraria di questo dipinto è stata identificata da P. HOLBERTON, *Battista Guarino's Catullus and Titian's Bacchus and Ariadne*, «The Burlington Magazine» CXXVIII (1986), pp. 347-350.

[22] F. GIAMBULLARI, *Apparato et feste nelle nozze del Illustrissimo Signor Duca di Firenze...*, Giunti, Firenze 1539, citato da N. PIRROTTA, *Li due Orfei* cit., p. 198.

[23] N. PIRROTTA, *Li due Orfei* cit., p. 222, nota 70. Vedi anche A.C. MINOR – B. MITCHELL, *A Renaissance Entertainment. Festivities for the Marriage of Cosimo I, Duke of Florence, in 1539*, University of Missouri Press, Columbia Missouri 1968.

**Figura 57.** Tommaso Borgonio, illustrazione per *La Fenice rinovata*, «Balletto dei Popoli d'Arabia, entrata degli Hiermini» (1644), Biblioteca Nazionale (q. V. 63, f. 27), Torino.

# 6.

# Le feste sabaude del Seicento nelle illustrazioni di Tommaso Borgonio

## Cristina Santarelli

Nei primi decenni del Seicento il *balletto melodrammatico* fu rapidamente soppiantato dal cosiddetto *ballet à entrées*, che dalla Francia penetrò in Italia attraverso la corte di Torino: la lezione d'oltralpe venne assimilata presso i Savoia dal conte Filippo San Martino d'Agliè [1], uomo politico, poeta, compositore, strumentista e soprattutto instancabile organizzatore di feste e balletti, il quale seppe abilmente amalgamare il retaggio francese con la tradizione coreutica italiana. A testimonianza dei fastosi spettacoli che ebbero luogo in Piemonte tra il 1640 e il 1681, al tempo cioè delle Madame Reali Cristina di Francia (1606-1663) e Giovanna Battista di Savoia Nemours (m. 1724), sopravvivono le relazioni degli storiografi e dei cronisti, i libretti e in qualche caso le musiche, ma soprattutto i tredici codici scritti e miniati da Tommaso Borgonio e conservati attualmente presso la Biblioteca Reale e la Biblioteca Nazionale di Torino, i quali traducono visivamente la sontuosità degli apparati riproducendo testi, scene, personaggi, costumi e coreografie di altrettanti balletti, caroselli e opere in musica: spettacoli di gusto immaginifico, espressioni di un ambiente intellettualmente raffinatissimo cui prendevano parte, in veste di attori, danzatori e torneanti, i principi e i personaggi della corte e che spesso servivano a illustrare, sotto il velo dell'allegoria, gli indirizzi di politica estera, a stipulare contratti matrimoniali, a ricordare diritti ereditari o giustificare pretese territo-

*Cristina Santarelli, Istituto per i Beni Musicali in Piemonte, Torino*

[1] Distintosi durante l'assedio di Verrua del 1625, Filippo d'Agliè (1604-1667) entrò a Corte nel 1627 quale gentiluomo di camera del principe cardinale Maurizio e ben presto divenne il favorito di Madama Cristina; dopo il 1631 prese parte attiva alla vita politica del ducato e nel 1640 fu arrestato per ordine di Richelieu durante la guerra franco-piemontese contro la Spagna, scontando due anni di prigionia. Quanto alla sua poliedrica attività artistica, egli seguì la strada tracciata dallo zio Ludovico (1578-1646), poeta e librettista, autore di melodrammi, favole pastorali e drammi sacri (*Alvida, La Caccia, La Zalizura, Le Trasformazioni di Millefonti, S. Eustachio*), nonché ideatore della maggior parte dei balletti, tornei, mascherate e caroselli organizzati alla Corte dei Savoia tra il 1585 e il 1619; cfr. a tale proposito il saggio di M.M. McGowan, *Les princes de Savoie et les fêtes au début du XVII.e siècle*, «Revue d'histoire du théâtre» III (1970), p. 205 ss.

riali. Alle smaglianti tavole del Borgonio aggiunge pregio l'opera del lionese Claude-François Ménestrier (1631-1705), figura tipica della cultura erudita del Seicento, maestro di retorica, studioso di araldica ed esperto di problemi di regia, autore di tre monumentali trattati in cui riserva un'entusiastica attenzione alle feste e agli spettacoli allestiti alla corte dei duchi e dei principi di Savoia nel periodo compreso fra il 1346 e il 1669 e dai quali traspare in generale la tendenza a considerare esemplare tutto ciò che viene dall'Italia, «qui a toujours esté la mère de la Politesse, & des beaux Arts», e in particolare dal Piemonte [2]. Le trame dei balletti si ispiravano ad avvenimenti contemporanei, esposti per mezzo di simboli concettosi e di meditate allusioni; ideatori delle scenografie e delle decorazioni furono quegli stessi architetti che proprio allora andavano rinnovando il volto urbano di Torino, principalmente Carlo di Castellamonte e il figlio Amedeo, costruttore del Palazzo Reale, oltre a Carlo Morello, Francesco Lanfranchi e Francesco Baroncelli; così nelle scene sono inseriti, talora anacronisticamente rispetto al contesto drammatico, ambienti e luoghi realmente esistenti, dal Castello del Valentino alla Vigna di Madama Reale, da piazza Castello con la chiesa di San Lorenzo terminata dal Guarini nel 1680 alla Venaria Reale. Quanto agli orientamenti estetici degli spettacoli, essi si rifacevano al pensiero del più celebre letterato e storico piemontese del tempo, Emanuele Tesauro (1591-1675), autore dell'arguto *Cannocchiale aristotelico*, in cui leggiamo che «Feste, Giostre, Balletti e Mascherate [...] altra cosa non sono che Imprese vive e Metafore animate»: una simile convinzione bastava a giustificare la prodigalità dei regnanti sabaudi nell'allestimento di apparati che mobilitavano schiere di artigiani (tappezzieri, stuccatori, minusieri, intagliatori, orafi, armaioli, sarti, giardinieri, ecc.), dando notevole incremento alla vita economica della città.

Nato forse intorno al 1620, il Borgonio risulta essere in servizio presso la corte fin dal 1649; nel 1652 viene nominato segretario di Carlo Emanuele II, nel 1655 aiutante di Camera, nel 1670 consigliere e segretario di Stato, nel 1673 maestro da scrivere del principe di Piemonte Vittorio Amedeo, infine nel 1675 blasonatore. I fregi calligrafici, i disegni a penna e le illustrazioni dei preziosi codici sono riproduzioni eseguite dopo le feste, da cui emergono uno straordinario virtuosismo pittorico e una vertiginosa opulenza ornamentale, intessuta di grottesche manieristiche, di citazioni archeologiche, di viluppi vegetali quasi arcimboldeschi: un universo ridotto «a geroglifici e figure», come insegnava il Tesauro. Sarebbe tuttavia

[2] Gran parte del materiale contenuto nei trattati di C.F. MÉNESTRIER (*Traité des Tournois, Joustes, Carrousels, et autres spectacles publics*, Lyon 1669; *Des représentations en musique anciennes et modernes*, Paris 1681; *Des ballets anciens et modernes selon les règles du Théâtre*, Paris 1682) è stato raccolto da G. PIZZI nel volume *Repertorio di feste alla corte dei Savoia (1346-1669)*, Torino 1973. Sull'argomento segnaliamo inoltre i seguenti studi: G. TANI, *Le comte d'Aglié et le Ballet de Cour en Italie*, in *Les Fêtes de la Renaissance*, I, Paris 1956; M. VIALE FERRERO, *Feste delle Madame Reali di Savoia*, Torino 1965; EAD., *Maurizio di Savoia e Filippo d'Agliè*, «Antichità Viva» IV (1966), pp. 7-22; M.M. MCGOWAN, *Les Fêtes de Cour en Savoie. L'oeuvre de Philippe d'Aglié*, «Revue de la Société d'Histoire du Théâtre» XXII (1970), pp. 181-241; M.-T. BOUQUET, *Storia del Teatro Regio di Torino*, I: *Il Teatro di Corte*, Torino 1976.

inutile cercare nelle figurette stilizzate dei ballerini, animate da un chiaro gusto per la simmetria, la trascrizione fedele dei passi di danza utilizzati nel corso delle rappresentazioni, trattandosi di ricostruzioni documentarie fatte a tavolino, ben lontane dalla spontaneità dell'evento reale. Anche la componente musicale rispondeva a criteri alquanto stereotipati: l'arrivo in scena di una divinità era annunciato da un coro polifonico sostenuto da un insieme strumentale destinato a rinforzarne l'effetto grandioso; analogamente, l'apoteosi finale prevedeva sempre la presenza di macchine, danze maestose e concerti di voci e strumenti. Il fluire della vicenda era scandito ritmicamente da dialoghi, brani solistici in forma di arie, madrigali o duetti e interventi corali, ma ovviamente il successo dello spettacolo riposava in massima parte sull'impatto visivo provocato dalla fantasiosa varietà dei costumi e delle figure di danza, studiate in modo da adattarsi ai personaggi e ai sentimenti espressi dal testo. Dall'analisi dei singoli lavori, si ricava l'impressione che tanto le giostre, i combattimenti a piedi e a cavallo, i balletti burleschi e quelli equestri, quanto le feste sull'acqua e gli intermedi destinati alle *pièces* teatrali e ai banchetti, rispondessero a un'unica formula, vale a dire un seguito di episodi più o meno lunghi e complessi su un argomento conosciuto. Le possibilità drammatiche latenti in questo tipo di rappresentazioni non vennero in ogni caso esplorate dal coreografo piemontese, cui premeva mettere in rilievo altri elementi, ad esempio la potenza militare di un principe o la sua grandezza morale, attraverso la scelta del mito o del personaggio appropriato, nel quale i raffinati e colti spettatori potessero ravvisare senza esitazioni il loro sovrano e riconoscerne la munificenza.

Il più antico tra gli spettacoli di corte riprodotti nei magnifici atlanti torinesi è *Hercole e Amore*, andato in scena nel castello di Chambéry il 10 febbraio 1640 in occasione del genetliaco di Cristina di Francia e da leggersi nel quadro dei reiterati tentativi di riconciliazione tra la prima Madama Reale e i cognati Maurizio e Tommaso, che le contestavano il diritto alla reggenza per il figlio minorenne; citato dal Ménestrier come esempio di balletto *plaisant* «où regne le Ridicule, & dont l'invention est semblable à celle des farces & des plaisanteries» ma al tempo stesso intessuto di riferimenti alla situazione contingente, esso sottintendeva un chiaro appello alla pace e alla concordia, nel rispetto di quei criteri propagandistici che già avevano informato l'intermedio rinascimentale [fig. 58]. L'allusione politica appare trasparente fin dalla scelta dei protagonisti: il personaggio di Amore venne infatti interpretato dal piccolo Carlo Emanuele «con capigliera bionda coronata di fiori, ignudo se non quanto lo copre una rete di lama d'argento», la cui comparsa sulla scena, finalizzata a «rapire col ballo non meno gl'occhi che i cuori», era accompagnata dai seguenti versi: «Il bellissimo viso / il dolcissimo riso / sono elementi d'animate faci / sono fucine d'amorosi baci».

In un clima decisamente più disteso ebbe luogo il balletto successivo, *La Fenice rinovata*, danzato a Fossano il 9 febbraio 1644 poco dopo il ritorno dalla prigionia

**Figura 58.** Tommaso Borgonio, illustrazione per *Hercole e Amore*, «Balletto degli Amori» (1640), Biblioteca Reale (St. p. 952, f. 41), Torino.

di Filippo d'Agliè, allora ministro, in seguito alla morte del cardinale Richelieu. Preso a prestito da un panegirico che il Tesauro aveva dedicato nel 1632 a Madama Reale in occasione della nascita del primo figlio Francesco Giacinto, morto prematuramente nel 1638, l'argomento allude alla duchessa, indicata «quasi nuova Fenice fattasi specchio nel Sole nascente del glorioso Figlio» che «sorgendo dalle ceneri delle discordie e dell'armi [...] apporta nuove felicitadi, et allegrezze al mondo». Encomio discreto e al tempo stesso divagazione galante, la rappresentazione esordisce con le entrate dei tre tempi Passato, Presente e Avvenire, mentre nella seconda parte l'Eternità convoca alla danza i popoli d'Arabia, «la quale [...] nutre fra le odorate selve la Fenice»: abbiamo qui un esempio di quel gusto per l'esotismo di maniera che ritorna come una costante nelle feste di corte secentesche quale fiabesco contraltare alle impegnative allegorie politiche. La quinta entrata del balletto raffigura gli Hiermini, impersonati dal conte d'Agliè e dal marchese Carlo Isnardi di Caraglio: «Conducendo Scimie, Papagalli e altri uccelli, i quali nascono in quelle contrade, vestiti di penne all'Indiana, leggieri nell'habito e nel ballo, quasi imitano il volo della Fenice, con un gran ventaglio pure di penne in mano», mentre il relativo quaternario recita: «Qui dove a tanti rai l'aria s'accende / opportuno il ventaglio habbiam portato / e pur cresce la vampa oltre l'usato / Ah, che forza da l'aure il

**Figura 59.** Tommaso Borgonio, illustrazione per il *Dono del Re del Alpi a' Madama Reale*, «Balletto dei Popoli habitatori» (1645), Biblioteca Nazionale (q. V. 60, f. 38), Torino.

fuoco prende» [fig. 57].

Un chiaro messaggio celebrativo e patriottico si coglie invece nello spettacolo con il quale la corte festeggiò l'anno seguente il natalizio di Madama Reale, il *Dono del Re del Alpi*, svoltosi con grande solennità al Castello di Rivoli. Il balletto che seguiva la cena, articolato in otto momenti, costituisce un vero repertorio di usi, costumi e mestieri popolari delle varie province del ducato nel Seicento: i contadini, le pastorelle, i pescatori e i cacciatori che si alternano sulla scena dichiarando la loro fedeltà a Cristina appartengono infatti alla realtà sociale del tempo, colta con felice immediatezza («[...] le Duc de Savoye fit paroître toutes les provinces de ses Etats conduites par le Devoir, le Respect & l'Amour filial, & chacune d'elles fit son presente à Madame Royale mere du Duc [...] Tous les garçons ensemble de diverses Nations, firent le grand Ballet, par lequel finit cette Fête l'une des plus spirituelles & des mieux entendues que l'on eut encore vûes»[3]). Il momento culminante era costituito dal *Balletto dei Popoli habitatori* [fig. 59], una danza acrobatica forse presa a prestito da qualche tradizione folklorica locale («Ancorché venuti da vari paesi [...] hora uniti insieme con riverenza, e amore fanno insieme un balletto, mostrando la loro allegria con varij salti sù i bastoni, con mutanze straordinarie, in modo che lasceranno sospesi gli animi, se in loro sij maggiore ò il giubilo, ò la maestria»); dopo una carola eseguita dalle donne nei loro variopinti costumi regionali, chiudevano il balletto la sfilata dei duchi di Savoia e l'apparizione di Carlo Emanuele II su un carro d'argento, secondo le linee di quella esaltazione dinastica inaugurata sul versante letterario dalle *Storie* di Filiberto Pingone e dai versi del Marino per il *Balletto delle Muse* e che aveva trovato il suo equivalente figurativo nelle pitture ad affresco della galleria dello Zuccari, in quelle del Morazzone al Castello di Rivoli e nella decorazione del Palazzo Reale di Torino.

Il 20 giugno 1645 l'undicesimo compleanno del duca, rientrato in Piemonte

[3] C.F. MÉNESTRIER, *Des représentations en musique* cit., p. 314.

dopo sei anni di lontananza, venne celebrato con particolare solennità al Castello del Valentino, già residenza di Vittorio Amedeo e Cristina di Francia, con il carosello *L'Oriente Guerriero e Festeggiante*, metafora eroica riconducibile al genere delle feste a cavallo che tanta fortuna ebbero presso la corte sabauda [4]. Il torneo prevedeva lo scontro di quattro squadre, i cui costumi sono descritti e disegnati con la consueta ingegnosità grafica dal Borgonio, quasi si trattasse di emblemi araldici: i Turchi di Hibrain «in habito di color celeste arabescato a gran fiorami d'oro», gli Heroi Subalpini di Rodalpino «di incarnato e bianco [...] guarnito di pizzetti d'argento», gli Arabi di Abdalamiro con «abito giallo arabescato», infine gli eroi Transalpini di Teomindoro «di bianco e guarniture d'argento». In questo come negli altri codici, i nobili che presero parte alla giostra sono stati raffigurati senza alcun tratto distintivo che ne consenta l'identificazione, semplici manichini rivestiti di abiti sfarzosi e irrigiditi in pose convenzionali. A partire da *L'Oriente Guerriero e Festeggiante* l'Agliè tenderà a comporre i suoi spettacoli secondo due generi antinomici, quello «ridicolo» e quello «heroico», ma in ogni caso sempre con un fine didascalico e moraleggiante. Tra i balletti cosiddetti ridicoli va senz'altro annoverato il *Tabacco*, rappresentato nel Carnevale del 1650, in cui l'autore sembra ritrovare la vena parodistica e bizzarra dei balletti composti a suo tempo per il cardinal Maurizio (1593-1657), condita però con commenti sentenziosi. Sulla scena, semplicissima e priva di macchine, si avvicendano le popolazioni indigene dell'Isola del Tabacco (l'odierna Tobago, nelle Antille Meridionali), «vagamente dipinta a scogli, à Palme, e Piante, che nascono in quel clima con vari Pappagalli e uccelli di colorite penne» e dove i sacerdoti, nei loro riti propiziatori, «gettano polvere di tabacco per abbonacciare il mare [...] e lo prendono in fumo con pensiero che muova le estasi e gli entusiasmi e che apporti ogni felicitade». Il motivo della *vanitas*, ampiamente sfruttato nella pittura secentesca e qui rappresentato dal fumo, viene inserito in un contesto farsesco, secondo quel gusto della metamorfosi simbolica così caro al barocco: l'intento principale è quello di divertire, senza dimenticare che, come si legge nel libretto, «tutte le glorie del mondo finiscono in fumo e cenere»; ma non manca neppure in questo caso lo spunto politico, dal momento che le caricature dei due *hidalgos* don Lucas de Matatoros e don Alonzo d'Ovieda offrono al coreografo il destro per lanciare qualche frecciata al nemico di sempre [fig. 60]. Le musiche, opera dello stesso Agliè, non ci sono giunte complete: mancano infatti quelle che si riferiscono al secondo tempo, ovvero le danze di turchi, mori, spagnoli, polacchi. Se ne potrebbe inferire che l'autore abbia fatto ricorso a brani strumentali dell'epoca in possesso di determinate connotazioni etniche, mentre per le danze dei «selvaggi indiani», non esistendo nulla di

[4] Si leggano in proposito i recenti contributi di S. SACCOMANI, *Giostre e tornei alla corte sabauda nella prima metà del XV secolo*, in F. DE CARIA – D. TAVERNA (a cura di), *Anna di Cipro e Ludovico di Savoia e i rapporti con l'Oriente latino in età medievale e tardomedievale*, Atti del convegno (Thonon-les-Bains, 15-17 giugno 1995), Torino 1997, e *Repertorio di feste a cavallo alla corte sabauda dal 1587 al 1674*, in I. DATA (a cura di), «Miscellanea di Studi 4 in onore di Alberto Basso», Torino 1996, pp. 23-44.

**Figura 60.** Tommaso Borgonio, illustrazione per *Il Tabacco*, «Balletto delle Nationi, entrata degli Spagnoli» (1650), Biblioteca Nazionale (q. V. 59, f. 23), Torino.

simile, sia stato obbligato a comporle *ex novo* sotto forma di correnti e sarabande; quest'ultima danza, in particolare, originaria forse proprio dell'America Centrale e importata in Europa attraverso la Spagna, doveva essere già nota in Italia prima del balletto dell'Agliè, se il Marino nell'*Adone* la definisce «barbara usanza» e «gioco empio e profano» e il Doni, menzionandola insieme con le «ciaccone» e i «passacagli», la disapprova apertamente per il suo carattere trasgressivo.

Nel dicembre 1650 ebbero luogo a Torino grandiose feste in onore di Adelaide, sorella minore di Carlo Emanuele II, la quale andava in sposa al principe Ferdinando di Baviera. Nell'attuale piazza Castello si corse il carosello di prammatica *Gli Hercoli domatori de' Mostri et Amore domatore degli Hercoli*, una specie di compendio dell'*ars amandi* secentesca ispirato all'antichità classica («[...] Le sujet estant tiré de la Fable d'Hercule, les Tenans, & les Assaillans prirent les noms des Compagnons, & des Adversaires de ce fameux demy Dieu, & se nommèrent dans leurs Cartels: Osiris, Nestor, Philotète, Thesée, Evandre, Iason, Bellerophon, Créon, Euristhée, Triptolème, Androgée, Castor, Ajax, Oilée, Calais, Pirithoüs, Telamon, Euripile, Diomède, &c.» [5]). Il manoscritto, superbamente miniato dal Borgonio che

[5] C.F. Ménestrier, *Traité des Tournois* cit., p. 107.

**Figura 61.** Tommaso Borgonio, illustrazione per *Gli Hercoli domatori de' Mostri et Amore domatore degli Hercoli*, «I Musici» (1650), Biblioteca Reale (St. p. 949, f. 26), Torino.

fornisce qui una delle prove migliori del suo talento figurativo, contiene alcune raffigurazioni a carattere musicale: ci limiteremo a segnalare quella del f. 12, che ritrae alcuni putti affaccendati attorno a un gigantesco organo a canne, e quella del f. 26, in cui un gruppo di musici e cantori si affaccia da un loggiato, esibendo ogni sorta di tamburi militari, trombe, strumenti ad arco di registro acuto e grave, cornetti e liuti [fig. 61]. I solenni festeggiamenti nuziali si conclusero con il balletto mitologico *L'Educatione d'Achille e delle Nereidi*, idealizzazione allegorica della formazione di un giovin signore nella metà del Seicento: vi si narra del viaggio compiuto da Teti alla volta dell'Isola d'Oro per affidare Achille alle cure pedagogiche del centauro Chirone, mentre Sirene e Tritoni «con amorose voci, e rauco suono di buccine ritorte galleggiando sull'onde seguono le striscie della fortunata nave, augurandole con armonico choro fecondo il vento, felice il corso, e più sicuro il porto». Giunti a destinazione i nostri eroi, ecco farsi loro incontro i Maestri delle Arti preposti all'educazione di Achille e dei suoi illustri compagni: accanto alla Musica e alla Pittura – le sole arti propriamente dette – abbondano i giochi di società come le carte, il volano e il cricket (allora chiamato gioco del maglio) e gli esercizi ginnici e marziali come la scherma, la lotta e il volteggio a cavallo, più congeniali a un principe guerriero degli aridi esercizi intellettuali. L'anonimo ideatore delle sette mutazioni sceniche, movimentate da macchine e da apparizioni celesti, ebbe certamente presenti gli esempi del più ammirato scenografo del momento, Giacomo Torelli: alcune scene dell'*Educatione* ammiccano infatti al *Bellerofonte* (Venezia 1642), mentre altre sembrano rifarsi piuttosto a quelle della *Finta pazza* (Parigi 1645) e dell'*Andromède* (Rouen 1651).

Un'atmosfera di arcano sortilegio sembra emanare dal *Gridelino*, l'unico balletto firmato dall'Agliè, danzato a Torino l'ultimo giorno di Carnevale del 1653. Il titolo deriva dal color *gris de lin*, quello cioè del fiore di lino, a metà strada tra l'azzurro e il viola, colore prediletto dalla duchessa Cristina cui il lavoro è dedicato. Non risponde probabilmente al vero la tradizione secondo la quale avrebbero preso parte allo spettacolo tanto Madama Reale quanto il conte, suo favorito: la prima infatti non aveva più recitato in pubblico dopo la vedovanza e il secondo da tempo non si

**Figura 62.** Tommaso Borgonio, illustrazione per *Il Gridelino*, «Balletto delle Dame. Le Amanti del Gridelino» (1653), Biblioteca Nazionale (q.V. 61, f. 42), Torino.

produceva come danzatore, essendo ormai prossimo alla cinquantina (alla giovinezza perduta sembra alludere il malinconico e galante quaternario: «Manca il fiore che ride in un bel viso / Ch'ogni giardin d'Amor nel verno cade / ma chi coltiva un fior di Paradiso / sprezza i danni del tempo e de l'etade»). Esile la trama dell'omaggio amoroso, perché di questo si tratta e non del semplice tributo di un suddito fedele: Iride, messaggera di Giunone, dispiega i suoi colori dinanzi ad Amore, affinché questi ne scelga uno per simbolo; Amore sceglie appunto il gridelino, colore che significa *Amore senza fine* e che «può dare non meno pomposo ornamento al corpo che eterna felicità all'anime». I pregi della tonalità vengono esaltati in otto successive entrate dai Giardinieri e dalle Giardiniere, dai Custodi delle Colombe e dai Custodi dei Pavoni, dai Venditori di Giacinti e dalle Venditrici di Ametiste, dai Venditori di Bindelli e dalle Venditrici di Stoffe; conclude il tutto il gran balletto degli Amanti e delle Dame del Gridelino, eseguito «con varietà di mirabili passi alternando i salti, le capriole, e le gavote con variate figure, che daranno mirabile trattenimento all'animo ed agli occhi de riguardanti» [fig. 62]. Commenta il Ménestrier: «Il y a de l'esprit dans la conduite de ce dessein, comme il y en a dans l'intrigue d'une Tragedie & d'une Comédie, dont une action est le sujet, & l'in-

**Figura 63.** Tommaso Borgonio, illustrazione per *I Bacchanali antichi e moderni*, «Vigna ò sia il Giardino di Niza» (1655), Biblioteca Reale (St. p. 953, f. 4), Torino.

trigue la conduite du sujet, à que les Anciens ont donné le nom de Fable, se servant d'un mot équivoque pour distinguer ce que la Poésie a de plus essentiel, parce que cette intrigue est comme les anciennes Fables, une Fiction ou une invention de celui qui la conduit»[6].

Così come il *Tabacco* del 1650 e il *Carneval Languente* del 1647, anche *I Bacchanali antichi e moderni*, rappresentato a Torino nel Carnevale del 1655 e ispirato alle *Immagini* di Filostrato, può essere compreso tra quegli spettacoli che l'Agliè denominava «ridicoli». Incentrato sul tema enologico, esso prevedeva due mutazioni sceniche: l'*Officina delle Idee*, che ospitava il balletto dei seguaci del Carnevale, e la *Vigna ò sia il Giardino di Niza* «formata à spalliere, à pergole, à viali, et à pinacoli; vaghissima non men per i folti rami delle viti, e frondi smaltate di porpora, verde, et oro; che per la varietà delle uve, quali luminose, e trasparenti nei loro diversi colori al vivo, fra le richezze dei pampini, de brilli, giacinti e piropi, spiegheranno tutte le dovitie del fecondo Autunno»: il carro di Bacco vi faceva il suo ingresso trionfale scortato da un complesso di «flauti, tromboni, saccabutte, storte, cornetti, calami, cornemuse, dolzaine et altre sorti d'istromenti», dopodiché i seguaci del dio danzavano un balletto di sette entrate [fig. 63]. Vi è forse qui un riferimento alle «vigne»

[6] C.F. Ménestrier, *Des ballets anciens* cit., pp. 56-58.

sabaude, residenze patrizie collinari circondate da campi e vigneti, ove i signori trascorrevano il periodo estivo o si rifugiavano durante le epidemie nel timore di contagi: dimore per merende o casini di caccia, esse si tramutavano all'occorrenza nella cornice ideale per feste, balletti, concerti, melodrammi, egloghe pastorali e favole piscatorie, come testimonia la ricca documentazione in proposito[7].

Nel realizzare le illustrazioni rievocanti *La Primavera trionfante dell'Inverno*, un balletto di argomento geografico-astronomico scritto per festeggiare il compleanno di Madama Reale del 1657, il Borgonio si avvalse in parte dell'aiuto di Carlo Conti, così come era già accaduto per i *Bacchanali antichi e moderni*, mentre le musiche furono composte dal violinista François Farinel, maestro di danza e violinista di corte, capostipite di una dinastia i cui membri figureranno nell'orchestra dei Savoia dal 1620 fino al principio del XVIII secolo; per quanto riguarda invece la parte letteraria, le fonti attestano una collaborazione con il sacerdote don Gabriele Orengiano. L'invenzione dovette incontrare grande successo, dal momento che il Ménestrier, oltre a fornire una descrizione minuziosa nel suo trattato *Des Représentations en musique*, la cita ancora nel *Des Ballets* a proposito dei carri («l'Hyver [...] parut sur un Char d'argent et de Chrystal qui representoient la Neige & la Glace tiré par deux Aigles blancs, comme il s'en voit aux pays Septentrionaux. Apollon y parut sur un autre Char au milieu des nuës, tiré par ses coursiers ardents, & fut celuy qui amena le Printemps») e delle macchine che muovevano gli animali («En celuy du Printemps victorieux de l'Hyver, des Gruës combattoient avec des Pygmées, & ces Gruës dansoient en l'air & enlevoient les Pigmés par le moyen de quelques machines», [fig. 64]). Lo spettacolo prevedeva la partecipazione di figuranti estranei all'ambito cortigiano di cui non vengono indicati i nomi, contrariamente a quanto accadeva per i nobili e i dignitari; la presenza di professionisti era del resto giustificata dal fatto che l'azione coreografica si presentava più complessa del solito: ne fanno fede tanto il *Balletto dei Campioni Settentrionali*, suggellato da «un combatto a piedi a modo di straordinaria moresca», quanto quello di Cesare e Annibale che varcano le Alpi accompagnati dai loro servi, «gli uni con canne d'India in mano, gli altri co' bastoni ferrati, ballando sopra l'istess'aria ma con diversi passi», mentre rispondeva a canoni più tradizionali il *Gran balletto dei Dodici eroi di Flora*, che precedeva l'apparizione finale della Primavera.

Ispirato a un esotismo rutilante e spettacolare, ricco di trovate stravaganti, *L'unione per la peregrina Margherita Reale e Celeste* vide la luce in occasione delle

[7] Cfr. V.E. Gianazzo di Pamparato, *Il Principe Cardinale Maurizio di Savoia mecenate dei letterati e degli artisti*, Torino 1891; L. Randi, *Il Principe Cardinale Maurizio di Savoia*, Firenze 1901; A. Solerti, *Gli albori del melodramma*, Milano-Palermo-Napoli 1904; L. Anglois, *Il teatro alla corte di Carlo Emanuele I di Savoia*, Torino 1930; S. Cordero di Pamparato, *I musici alla corte di Carlo Emanuele I di Savoia*, in *Carlo Emanuele I. Miscellanea*, «Biblioteca della Società Storica Subalpina» CXXI, Torino 1930, pp. 33-142; M. Emanuele, *Commedie in musica, pastorali e piscatorie alla corte dei Savoia 1600-1630*, Lucca 2000.

**Figura 64.** Tommaso Borgonio, illustrazione per *La Primavera trionfante dell'Inverno*, «Balletto dei Popoli Nordici, entrata dei Pigmei e delle Gru» (1657), Biblioteca Nazionale (q. V. 55, f. 15), Torino.

nozze di Margherita di Savoia, sorella di Carlo Emanuele II, con il duca di Parma Ranuccio Farnese nel maggio del 1660. Lo spettacolo (il cui titolo è giocato dottamente sui sinonimi *Perla-Margarita-Unio*) si differenzia nettamente dai precedenti in quanto le parti a carattere melodrammatico vi hanno uno sviluppo pari a quello delle entrate di ballo, sovente precedute da arie. Dopo l'annuncio dei banditori muniti di trombe ritorte, in diciassette quadri sfilano le prede provenienti dai Paesi soggiogati da Ercole, che alla fine compare sulla scena trionfante in compagnia dei suoi seguaci, festeggiato da un concerto di tromboni. Le stupefacenti miniature del Borgonio ci consentono di ammirare in successione Abdullà e Astuaz cacciatori degli struzzi dell'isola di Dargin, Esfendiar e Muhammed abitatori di Calicut e maestri di Papagalli, gli abitatori di Narsinga, condottieri d'un cammello [fig. 65], i condottieri degli elefanti di Cocincina, infine i Mori del Cael che offrono perle al loro re. In questo tipo di rappresentazione, più vicina all'opera che non al balletto vero e proprio, tutto si svolgeva all'insegna del meraviglioso, così come annota il Ménestrier: «les pièces de Théâtre représentées en Musique sont plus faites pour le plaisir et le divertissement que pour l'instruction, on y cherche plus le merveilleux que le vraisemblable. C'est pour cela que les Machines et les Décorations extraordinaires y sont plus propres qu'aux autres actions de Théâtre». Per la medesima cir-

**Figura 65.** Tommaso Borgonio, illustrazione per *L'unione per la peregrina Margherita reale e Celeste*, «Entrata degli Habitatori di Narsinga Condottieri d'un Cammello» (1660), Biblioteca Nazionale (q. V. 53, f. 32), Torino.

costanza l'Agliè compose il carosello *La gloria delle Corone delle Margherite*, avente come soggetto «[...] la Dispute des quatre sorte de Lys, qui portent quatres Familles Souveraines pour Devises, ou pour Blasons. Le lys d'or pour la France, le lys rose pour la Savoye, le lys hyacinthe, ou glayeul, pour la Maison des Farneses, y le lys rouge pour Florence»[8].

Coreografo de *Il Falso Amor bandito, l'Humano ammesso et il Celeste esaltato*, andato in scena a Torino nel febbraio 1667 alla corte di Carlo Emanuele II e Giovanna Maria Battista di Savoia Nemours, non fu il conte, ammalatosi e poi morto nel corso dell'anno, bensì un ignoto successore che si attenne comunque scrupolosamente allo schema compositivo dei balletti pregressi e in particolare della *Perla Peregrina*; autore delle musiche per lo spettacolo, che presenta una divisione in atti presa a prestito dal teatro d'opera, fu Giovanni Carisio detto l'Orbino, mentre l'inventore delle scene di curioso effetto prospettico potrebbe essere lo stesso Amedeo di Castellamonte. Esemplato su modelli risaputi, il balletto ormai languisce e sempre più di frequente, alle soglie degli anni settanta, si incontrano spettacoli di

[8] C.F. MÉNESTRIER, *Traité des Tournois* cit., p. 75.

**Figura 66.** Tommaso Borgonio, illustrazione per il *Lisimaco*, atto II, scena 1: «Sala Regia» (1681), Biblioteca Nazionale (q.V. 49, f. 41), Torino.

altra natura. Continua la fortuna dei caroselli, accanto ai quali vengono allestiti trattenimenti boscherecci e *zapatos*[9], ma soprattutto si sta avvicinando la grande stagione del melodramma, su cui a poco a poco si concentrerà tutto l'interesse dei Savoia: l'ultimo codice del Borgonio contiene infatti il dramma per musica *Lisimaco*, composto da Giovanni Pagliardi su libretto di Cristoforo Ivanovich e andato in scena a Torino durante il Carnevale del 1681 nella nuova sede stabile per gli spettacoli di corte inaugurata l'anno prima[10]. È proprio il manoscritto del *Lisimaco* a fornirci l'unica testimonianza visibile dell'edificio oggi scomparso ma sicuramente ubicato presso il Duomo, così come indica il nome «Palazzo di San Giovanni»; privo di facciata, esso presentava un interno ad alveare formato da quattro ordini di palchetti alti e muniti di parapetto, decorati con pitture e separati da partizioni con semplici fregi, mentre il proscenio era delimitato da un arcone sor-

[9] Si trattava di spettacoli a sorpresa destinati alla festività di San Nicola e durante i quali venivano scambiati doni, secondo un'usanza introdotta alla corte sabauda dalla moglie di Carlo Emanuele I, l'infanta Caterina, figlia di Filippo II di Spagna. Gli allestimenti di queste rappresentazioni, affini al *ballet de cour* e che si avvalevano di sontuose messe in scena e di grandiosi e complicati macchinari, furono affidati, tra gli altri, a Filippo d'Agliè, a Amedeo di Castellamonte e a Emanuele Tesauro; tra i più noti vi furono *I Corrieri* (1634), *I Mercanti* (1665), *Le Parnasse en Feste* (1667) e *Gli doni degli Dei* (1669), ricordati dal Ménestrier nel *Des Représentations en musique* cit.

[10] Cfr. M. VIALE FERRERO, *Filippo Juvarra scenografo e architetto teatrale*, Torino 1970, pp. 80-81; L. TAMBURINI,

retto da colonne binate alternate a statue [fig. 66]. Rifatto da Filippo Juvarra nel 1722, l'organismo funzionò dal 1723 al 1740, anno dell'apertura del nuovo Teatro Regio eretto da Benedetto Alfieri, finché il 9 ottobre 1 745 venne divorato da un furioso incendio. Rispetto alla 'prima' veneziana del 1673 [11], nella replica torinese vennero aggiunti un *Prologo* col balletto di Apolline e nove entrate di danza ispirate all'intreccio dell'opera, destinata a celebrare il fidanzamento del giovanissimo duca Vittorio Amedeo II con l'infanta Isabella Maria di Portogallo. Non più frenato dal balletto, il melodramma, che aveva fatto la sua apparizione fra il 1612 e il 1620 con la *Zalizura* e con la *Caccia* di Sigismondo d'India ed era ritornato in auge fra il 1645 e il 1650 con *Le fortune di Rodope e Damira* di Pier Antonio Ziani e con l'*Orontea* e la *Dori* di Marcantonio Cesti, si affermava così definitivamente presso la corte sabauda e nei decenni successivi avrebbe trasformato Torino in uno dei luoghi privilegiati del teatro musicale italiano.

*Il primo Teatro Regio in Palazzo San Giovanni, 1681-1745*, «Studi Piemontesi» XXV, 2 (novembre 1996), pp. 281-294.

[11] Le musiche del *Lisimaco* si conservano presso la Biblioteca Marciana di Venezia.

**Figura 67.** František Kupka, *Tasti di pianoforte/Lago* (1909), Národní galerie, Praga.

7.

# Dagli strumenti musicali all'astrazione geometrica: due esempi in Kupka e Gris

Jolanda Nigro Covre

Le analogie pittorico-musicali, come una delle fonti delle prime ricerche non-oggettive nell'ambito della prime avanguardie storiche, sono state oggetto di numerosi studi, che le hanno collegate a idee diffuse nel Romanticismo e a tendenze già presenti nella cultura simbolista[1]. Meno indagata è l'ipotesi di una suggestione diretta, in alcuni artisti, dello strumento musicale, della sua forma e delle stratificazioni simboliche nella sua rappresentazione visiva, ipotesi che vorrei avanzare almeno per alcune opere di Kupka e di Gris.

I primi dipinti astratto-geometrici connessi con una tematica musicale sono in tutta probabilità di Kupka, che, dopo una prima formazione a Praga e a Vienna, si è stabilito a Parigi nel 1896, e nascono tra il 1911 e il 1912. Essi svolgono il doppio tema degli elementi verticali rettilinei e ritmici, nella serie *Schieramento sulle Verticali*, e di quelli curvilinei, che in *Amorpha, Fuga a due colori* trovano una nuova espressione, condotta alla estrema sintesi e riduzione dei mezzi. *Amorpha, Fuga a due colori* e *Amorpha, Cromatica calda*, esposti a Parigi al Salon d'Automne nel 1912, colpiscono Apollinaire, che sembra abbia caldeggiato una presenza dell'artista alla mostra della Section d'Or dello stesso mese di ottobre (presenza a tutt'oggi non accertata) e che abbia comunque pensato anche a questi dipinti, oltre a quelli del beniamino Delaunay e dei cubisti dissidenti, creando il termine «orfismo».

La trasposizione del linguaggio musicale in una tematica rettilinea nasce con *Tasti di pianoforte / Lago*, dipinto nel 1909 [fig. 67]. Il filo che lega questo dipinto, attraverso *Notturno* (1911), alla serie dei tre *Piani Verticali* (fine del 1912 e 1913) è stato

*Jolanda Nigro Covre, Università degli studi di Padova*

[1] Tralasciando i numerosi contributi monografici, ci limitiamo a ricordare i saggi, che costituiscono a tutt'oggi lo strumento informativo e critico più completo sull'argomento, in K. VON MAUR (hrgb. von), *Vom Klang der Bilder. Die Musik in der Kunst des 20. Jahrhunderts*, catalogo della mostra, Stuttgart 1985. Alcuni temi erano già stati affrontati in H. SZEEMANN (hrgb. von), *Der Hang zum Gesamtkunstwerk. Europäische Utopien seit 1800*, catalogo della mostra, Zürich 1983.

A sinistra: **Figura 68.** František Kupka, *Notturno* (1911), Museum des 20. Jahrhunderts, Vienna.
A destra: **Figura 69.** František Kupka, *Piani Verticali I* (1909), Musée National d'Art Moderne, Centre Pompidou, Parigi.

oggetto di numerosi studi anche recenti[2]. Nel primo quadro, da una tastiera visibile nella parte inferiore, insieme alla mano di un pianista che intona un accordo (la, do diesis, mi), si innalza una serie di tasselli colorati; questi, nella parte superiore, si trasformano negli elementi di un paesaggio lacustre. Il *Notturno* [fig. 68] sembra isolare la parte centrale del quadro precedente, di cui riprende anche i toni fondamentali bianco, nero e verde-azzurro, con tocchi di azzurro-violetto, ed è già un dipinto totalmente astratto. Gli stessi ritmi e gli stessi toni compaiono nei *Piani Verticali* [fig. 69] in forme rigorosamente geometriche, ottenute attraverso un processo di semplificazione parallelo a quello riscontrabile in *Amorpha, Fuga a due colori*, di poco precedente.

Tra le premesse dell'intreccio di immagini e suoni va ricordata una fonte importante: si tratta di un'idea, corredata da due tavole illustrative, presente in *Thought-*

[2] Si veda, da ultimo, G. BAUER – E. WINKLER, *František Kupka "Nocturne", 1911*, in *Wille zur Form. Ungegenständliche Kunst 1910-1938 in Österreich, Polen, Tschechoslowakei und Ungarn*, Wien 1993, p. 140 ss.; KAREL SRP, *Die andere Natur bei František Kupka*, in H. SEEMANN – V. LOERS (hrgb. von), *Okkultismus und Avantgarde 1900-1915*, catalogo della mostra, Frankfurt 1995, pp. 325-326. Restano tuttavia preziosi i numerosi contributi e le schede del catalogo della mostra *František Kupka 1871-1957, ou l'invention d'une abstraction*, Paris 1989-1990. Esistono tre versioni, oltre a numerosi studi, di *Piani Verticali*: la prima è quella del Centre Pompidou, la seconda è attualmente dispersa, la terza, per lo più datata al 1912-1913 (ma da qualcuno ritenuta più tarda), è quella della Národní galerie di Praga.

**Figura 70.** *I Maestri Cantori di R. Wagner*, illustrazione in A. Besant – Ch. W. Leadbeater, *Thought-Forms*, 1905.

*Forms* di Annie Besant e Charles W. Leadbeater, pubblicato nel 1905: nel testo dei due teosofi, che sembra abbia influenzato anche Kandinsky, l'individuo particolarmente dotato è in grado di tradurre in immagini precise, quindi di 'vedere', non solo stati d'animo in generale, ma anche emozioni suscitate dalla musica. Le due tavole presentano forme assolutamente astratte, evocate, rispettivamente, dai *Maestri Cantori* di Wagner [fig. 70] e dal *Faust* di Gounod, che si intuiscono eseguiti negli edifici posti nella parte inferiore dell'illustrazione. È bene tener presente questo riferimento per comprendere come dai tasti di piano di Kupka, la cui presenza è indicata anche nei dipinti astratti della fine del 1912, non si sviluppa un paesaggio, ma una forma astratta[3] che, nel primo dipinto, si concretizza in paesaggio e nei successivi si sviluppa in modo autosufficiente.

[3] Non si tratta, dunque, di una cancellazione progressiva dell'elemento naturalistico, come sembra suggerire nel suo saggio, peraltro validissimo, R. WELSH, *Sacred Geometry: French Symbolism and Early Abstraction*, in *The Spiritual in Art. Abstract Painting 1890-1985*, Los Angeles (Chicago-The Hague) 1986, per Kupka pp. 78-82.

Non è stata ancora sufficientemente illuminata, credo, la funzione e la motivazione della scelta del pianoforte, nella sua qualità di elemento generatore dell'immagine, che ancora 'risuona' nelle opere astratte. Il fascino per la tastiera ricorda fortemente quello individuabile in una pagina del *Diario* di Delacroix, in cui è riportato un estratto dallo *Chopin* di Liszt[4]. Delacroix interpreta, come è noto, la musica di Chopin, al quale è legato da profonda amicizia, in chiave antiletteraria e anticontenutistica; e fa propria l'interpretazione di Liszt, con cui collimano numerosissime sue note su Chopin. In questa pagina si legge: «Forse un altro, in possesso di così alte facoltà melodiche e armoniche, avrebbe resistito difficilmente alle tentazioni che offrono i canti dell'archetto, le languidezze del flauto, gli assordamenti della tromba, che ci ostiniamo ancora a credere sola messaggera della vecchia dea di cui sollecitiamo gli improvvisi favori. Che meditata convinzione dev'essergli stata necessaria per limitarsi a un campo in apparenza più arido e per farvi sbocciare con il proprio genio ciò che sembrava non potesse fiorire in simile terreno! Che perspicacia d'intuizione rivela tale scelta intransigente, che, strappando i diversi effetti degli strumenti dal loro solito regno, in cui tutta la spuma del rumore sarebbe venuta a rompersi ai loro piedi, li ha trasportati in una sfera più limitata, ma più idealizzata! Quale senso fiducioso della futura potenza del proprio strumento ha dovuto presiedere alla volontaria rinuncia a un empirismo talmente diffuso, che probabilmente altri avrebbe considerato come un controsenso il sottrarre pensieri così grandi ai loro soliti interpreti! Come dobbiamo ammirare sinceramente quest'unica preoccupazione del bello fine a se stesso, che da un lato ha trattenuto il suo ingegno dal cedere alla propensione generale di dividere ogni pezzetto di melodia fra un centinaio di leggii, e dall'altro gli ha fatto accrescere le risorse dell'arte, insegnando a concentrarle nel minimo spazio!». Va qui sottolineato il rilievo dato alla «potenza del proprio strumento» e l'idea del «bello fine a se stesso», vicina al formalismo kantiano di Eduard Hanslick, autore di *Il bello musicale*, pubblicato nel 1853; e inoltre il rifiuto del «rumore» e l'idea della limitazione e concentrazione dei mezzi espressivi, che trovano riscontro nella svolta avvenuta nella pittura di Kupka alla fine del 1912.

A questo punto appare l'osservazione più interessante per il nostro discorso: «Ben lungi dall'aspirare al fracasso dell'orchestra, Chopin si contentò di veder riprodotto integralmente il suo pensiero sull'avorio della tastiera». Il fascino di questa 'immagine', avvertita da un 'pianista' (pianistica è una larga parte della produzione e dell'attività di Liszt) che sta scrivendo sulla musica di un altro pianista, è rafforzato dalle altre note eminentemente 'visive' che seguono: Chopin «non aspirò mai agli effetti d'assieme e al grosso pennello dello scenografo. Non abbiamo meditato abbastanza

[4] E. DELACROIX, *Diario*, I, Torino 1954, pp. 403-408, qui pp. 404-405. Il brano è datato 28 febbraio 1851; lo scritto di Liszt fu pubblicato a puntate settimanali nella «France musicale» dal 6 febbraio al 17 agosto dello stesso anno e stampato come libro all'inizio dell'anno successivo.

seriamente e attentamente sul valore dei disegni di quel pennello delicato [...]».

Varie considerazioni autorizzano a ipotizzare una relazione, indiretta o forse anche diretta, tra il fascino per la tastiera in Kupka e in Delacroix-Chopin. La più ovvia, ma anche scarsamente probante, è che il titolo *Nocturne* fa pensare a un pezzo di Chopin (ma, se vogliamo, anche di Debussy). Conviene, piuttosto, spostare per un momento il discorso su Kandinsky, ricordando che l'artista cèco e l'artista russo presentano, nei loro scritti, numerose tangenze di ordine teorico[5]. Pensiamo dunque che Delacroix è citato da Kandinsky nell'almanacco *Der Blaue Reiter* (1912), e precisamente nel saggio *Sulla composizione scenica*, dove teorizza la sintesi delle varie arti[6]; e pensiamo che Kandinsky, altrettanto e forse ancor più interessato alle analogie tra suoni e colori, intitola *Improvvisazione II-Marcia funebre*, con probabile riferimento alla composizione di Chopin, un dipinto del 1909 e pone un pianoforte in *Impressione III (Concerto)*, il quadro dipinto nel 1911 dopo la profonda suggestione del primo concerto di Schönberg eseguito a Monaco. Va sottolineato che questi sono praticamente gli unici due dipinti in cui Kandinsky fa un riferimento diretto ad un musicista. Infine, Adolf Hoelzel, un teorico dell'astrazione nell'ambito delle arti applicate, sulla cui probabile influenza su Kandinsky alcuni studi hanno di recente particolarmente insistito (ed anche Kupka è in rapporto con le arti applicate), parla di Chopin e di Delacroix proprio per motivare un'arte senza oggetti[7].

Va premesso che ci troviamo nel clima della riscoperta della polifonia e della musica di Bach, iniziata nei primi anni del secolo, preannunciata dall'esecuzione della *Passione secondo san Matteo* di Mendelssohn nel 1829; riscoperta che rappresenta un'inversione di tendenza rispetto all'entusiasmo dei simbolisti per la musica di Wagner. Un brano di Hoelzel inizia con l'affermazione: «Si dovrebbero leggere di più i *Diari* di Delacroix, ad esempio i suoi colloqui con Chopin». Spinto dalla suggestione di questa fonte, continua: «Dominare la fuga non significa nient'altro che conoscere nella musica l'elemento della ragione e della consequenzialità». E ancora: «L'arte non è quello che il popolo ritiene, cioè una specie di ispirazione che non so

[5] Il rapporto con Kandinsky, che si spiegherebbe con il comune contatto con Arthur Roessler e le teorie sull'ornamento astratto, è stato rilevato da M. NANNI, *Frank Kupka et le symbolisme viennois*, «Cahiers du Musée National d'Art Moderne» V (1980), pp. 378-397. Sul rapporto tra i due artisti si veda anche V. SPATE, *Orphism*, Oxford 1979, *passim*, e K. PASSUTH, *Kupka et la naissance de l'abstraction*, nel catalogo della mostra *František Kupka 1871-1957* cit., in part. pp. 3-5.

[6] Si veda, nella trad. it., *Il Cavaliere Azzurro*, Bari 1967, p. 180, nota 1.

[7] P. WEISS, *Kandinsky and Munich: The Formative Jugendstil Years*, Princeton 1979, e, per il rapporto di Kupka con Roessler, M. NANNI, *Le symbolisme* cit. Le note di Hoelzel sono riportate in K. VON MAUR (hrgb. von), *Vom Klang* cit., p. 32. Si noti la prossimità delle date: il primo saggio teorico di Hoelzel, *Über Formen und Masserverteilung im Bilde*, è pubblicato in «Ver Sacrum» nel 1901; sulla stessa rivista, nel 1903, *Das abstrakte Ornament mit gleichzeitiger Verwendung simultaner Farbencontraste* di Roessler; un saggio fondamentale di Hoelzel, *Künstlerische Ausdrucksmittel und deren Verhältnis zu Natur und Bild*, è pubblicato in «Kunst für Alle» nel 1904; i suoi *Aforismi* sono più tardi e di data incerta. Altre citazioni e importanti note critiche sull'autore sono in W. HESS, *Zur Lehre Hölzels*, in *A. Hölzel*, catalogo della mostra, Hannover 1982, pp. 109-135. Per uniformarci alla firma dell'artista, così come appare nei dipinti, abbiamo preferito usare, nel testo, la grafia Hoelzel.

da dove proviene, che si dissolve nel blu e che rappresenta soltanto l'aspetto pittorico delle cose. L'arte è la ragione stessa che prosegue su una via predeterminata manifestandosi attraverso il genio e che trova i propri confini attraverso il dominio di leggi superiori». Quest'ultima osservazione è praticamente una citazione letterale di un passo del *Diario* di Delacroix, scritto in data 7 aprile 1849, prima, dunque, del libro di Liszt; il passo è riferito a Chopin ed è preceduto dal racconto di una giornata trascorsa con il musicista: «Gli ho domandato in che cosa consistesse la logica in musica. M'ha fatto intendere che cosa sono l'armonia e il contrappunto; come la fuga sia in musica logica pura, e come l'esser sapiente nella fuga voglia dir conoscere l'elemento basilare della musica» [8]. E proprio dalle riflessioni di Delacroix e Chopin Hoelzel trae una conclusione importante per la pittura: «L'oggetto nell'opera d'arte non è l'elemento che forma l'armonia. L'oggetto non è assolutamente necessario per il quadro inteso in senso musicale, quel quadro che nasce solo dalla esecuzione e dalla elaborazione di elementi fondamentali e autonomi e che possiede il più alto valore come opera d'arte assoluta».

Si è accennato al rifiuto del «rumore» di Chopin: ad esso può corrispondere il tema del «silenzio» di Kupka. I tasti del pianoforte si possono ancora riconoscere nelle due forme quadrangolari allungate, una bianca e una nera, al centro della composizione nella serie *Piani verticali.* In *Piani Verticali I,* del Centre Pompidou [fig. 69], una pennellata bianca in rilievo, contrastante con la stesura fluida dell'intero dipinto, sembra attrarre l'attenzione dello spettatore su quella zona di non-colore. Una pagina scritta dall'artista, databile ad un momento molto vicino a quello dei tre dipinti della serie, sembra confermare l'importanza di quel bianco e, nello stesso tempo, fornire la possibilità di interpretare il raggelamento bidimensionale della geometria delle opere di Kupka verso la fine del 1912 anche in termini di rifiuto tanto della 'quarta dimensione' dei cubisti quanto del 'rumore' dei futuristi. Dopo la premessa che «noi ci rappresentiamo lo spazio o come una distesa definita da limiti materiali, o come una distesa illimitata, astratta, analoga all'idea che ci facciamo del vuoto... e del silenzio», Kupka prosegue: «Non molto tempo fa si praticavano molto le pause in musica. Erano dei bianchi, degli intervalli, delle lacune volute, investite di una funzione precisa. Esse erano considerate come fattori attivi, corresponsabili della struttura sonora, allo stesso titolo delle note come tali. Soluzioni di continuità, esse contrastavano con i suoni la cui successione frazionava il tempo. Si è tentata del resto un'esperienza simile a teatro, dove la scena nuda, abbandonata dagli attori alla fine di un quadro, produce un'impressione di tesa aspettativa, di silenzio straziante, come di un vuoto pesante di angoscia e di terrori» [9].

L'elemento della tastiera del pianoforte appare in altri dipinti subito dopo la data

[8] E. DELACROIX, *Diario* cit., pp. 290-291.

[9] F. KUPKA, *La Création dans les arts plastiques*, con introd. di Ph. Dagen, Paris 1989, pp. 156-157. Il testo, scritto in francese tra il 1911 e il 1913, è tratto da un manoscritto conservato da K. Flinker.

A sinistra: **Figura 71.** Georges Braque, *Pianoforte e mandola* (1909-1910), The Solomon R. Guggenheim Museum, New York.
A destra: **Figura 72.** Luigi Russolo, *La musica* (1911), collezione Estorick, Londra.

di *Tasti di piano/Lago*, in una accezione diversa, ma in una similarità compositiva che ne conferma il fascino di 'oggetto'; ricordiamo due esempi significativi: *Pianoforte e mandola* di Braque, del 1909-1910 [fig. 71], e *La musica* di Russolo [fig. 72], probabilmente del 1911. Il dipinto di Braque appartiene alla fase del cubismo 'analitico', contestato dagli artisti della Section d'Or per la sua concezione ancora aderente alla realtà, per la staticità e l'assenza del colore; quello di Russolo alla sua esperienza futurista, sebbene sia fortemente segnato da un'esperienza simbolista, evidente nelle espressioni dei volti suscitate dalle emozioni della musica, ma interpretabili, come in realtà è stato fatto, secondo una simbologia dei colori di matrice, anch'essa, esoterica. Il quadro cubista non prescinde dalla fisicità degli strumenti musicali come oggetti di una natura morta; quello di Russolo presenta la figura del pianista vista frontalmente, in accordo con l'intenzionalità di risucchiare lo spettatore «al centro del quadro». Ma in entrambi i casi la tastiera è posta in basso e da essa si dirama il ritmo ascensionale della composizione, che spiega anche l'insolito formato allungato, soprattutto nel dipinto di Braque, e corrisponde simbolicamente, in quello di Russolo, alla forma spiralica. Il formato del quadro di Kupka, dove il ritmo ascensionale è tutto risolto all'interno dell'immagine, è invece quadrato; ma verticale e notevolmente allungato è quello della serie *Piani Verticali*. Va ancora osservato che questo dipinto di Braque è uno di quelli in cui gli strumenti musicali appaiono più smaterializzati nella loro estrema trasparenza, tanto che è possibile riconoscervi chiaramente solo la tastiera del pianoforte; e che anche Braque, come vedremo, a partire da questa data appare interessato a Bach. In ogni caso, in tutti questi dipinti la tastiera, con i suoi tasselli rettangolari allungati, appare chiaramente come elemento generatore del ritmo compositivo.

In chiave 'polifonica' sarà interpretata anche la pittura di Gris dal mercante d'arte, nonché teorico e storico del cubismo, suo protettore e amico, Daniel-Henri Kahnweiler. Forse suggestionato dalle riflessioni di Klee, che pure ama in modo particolare, Kahnweiler designa con il termine «polifonia» la struttura delle opere di Gris e, osservando le sue «architetture», ritiene di potervi riconoscere «voci indipendenti», che ricordano «le grandiose architetture musicali di Bach» [10]; accenna, inoltre, anche ad un parallelo con la musica di Schönberg, la cui «logica», indipendente da ogni contenuto letterario e sentimentale, è stata più volte rapportata al clima della riscoperta di Bach. Ma il caso di Gris è più complesso e il suo rapporto con lo strumento come 'oggetto' è diverso, in quanto decisamente legato alle stratificazioni simboliche della sua rappresentazione visiva; e d'altra parte Gris non giunge propriamente ad una pittura non-oggettiva astratto-geometrica. Tuttavia, il percorso che dallo strumento musicale lo conduce comunque ad enfatizzare una struttura geometrica, e precisamente quella della scacchiera, intesa come pura essenza degli oggetti, si comprende meglio se si tiene presente la vicinanza di Gris a Kupka (e non solo a Braque e soprattutto a Picasso, su cui in genere tanto si insiste), insieme al quale espone nelle mostre pubbliche parigine dal 1911, mentre gli altri due, come è noto, dal 1909 espongono solo da Kahnweiler. L'affinità appare evidente se si confronta la struttura a bande verticali delle opere del pittore spagnolo, dipinte tra il 1913 e il 1914, con le bande verticali trasparenti, che ricorrono in molti dipinti di Kupka dal 1910: ad esempio, *Il libro* di Gris, del 1913, con *Piani attraverso colori*, del 1910-1911, entrambi al Centre Pompidou.

Prima di affrontare il caso di Gris è tuttavia opportuno ricordare anche l'evidente rapporto con la musica della pittura di Braque e di Picasso, in cui appaiono molto spesso, tra il 1908 e il 1913, strumenti musicali, spartiti, brani di pentagramma con note e chiavi di violino e di basso. Per quanto riguarda Picasso, che sul tema degli

[10] D.-H. KAHNWEILER, *Juan Gris*, Paris 1946, Stuttgart 1968, p. 148.

strumenti musicali costruisce anche numerose sculture di carta, è fuorviante la sua affermazione di «non capir nulla di musica»; e ancor più l'associazione, avanzata da alcuni storici dell'arte, tra la forma del violino, della chitarra, del mandolino ed il corpo femminile, che ha portato ad interpretazioni del tema anche in chiave psicologica. Più illuminante è la posizione di Braque. Nella sua autobiografia del 1954 l'artista ricorda che dipingeva molti strumenti perché ne aveva molti intorno a sé: sappiamo che era un appassionato di musica, ma questa può essere anche un'allusione alla ricerca parallela di pittori e musicisti nelle serate alla Closerie des Lilas. Braque prosegue con altre due motivazioni, una di ordine formale, l'altra di ordine concettuale. La prima, secondo la quale le sagome e i volumi entro una natura morta si adatterebbero alla sua concezione del quadro, è piuttosto debole e, comunque, può riferirsi alle opere fino al 1910 circa; nell'*Omaggio a Bach* (1912), ad esempio, il soggetto si riconosce solamente attraverso simboli, e non sagome, musicali; in *Aria di Bach* (1913-1914) solo dalla scritta sullo spartito. Più interessante, anche per gli sviluppi che ne possiamo rintracciare nel percorso di Gris, è la seconda motivazione, in cui Braque nota come, proprio mentre è alla ricerca di uno spazio «tattile», lo strumento musicale lo colpisce in quanto ha la particolarità di essere messo in vita dal tatto. Inoltre, ancora nell'autobiografia, l'artista vuole definire il rapporto pittura-musica in senso opposto a quanto viene inteso come «sinfonico»: mentre nella sinfonia il tema è sviluppato verso l'«infinito», egli tende, al contrario, alla «concentrazione»; mentre in senso sinfonico può interpretarsi il simbolismo di un Bonnard, citato espressamente, che tende alla dissoluzione della luce, egli cerca «un punto di forza al centro del quadro» [11].

Tra il 1913 e il 1914 gli elementi ricorrenti più di frequente nelle nature morte di Gris sono gli strumenti musicali, in genere strumenti a corda, spesso associati allo spartito aperto, e il motivo della scacchiera, che risulta da una tovaglia su cui posano gli oggetti. La presenza di questi due pattern non direbbe molto, se non li trovassimo associati in una *Natura morta con scacchiera* di Lubin Baugin [fig. 75], collocabile intorno alla metà del XVII secolo, e di nuovo associati, nella produzione di Gris ormai uscita dalla prima fase cubista e di transizione tra il ritorno all'ordine e il secondo cubismo, nell'*Arlecchino con chitarra* del 1917 [fig. 76]. Ricordiamo ancora che uno dei numerosi disegni del 1913, conservato presso la Graphische Sammlung della Staatsgalerie di Stoccarda, presenta una *Chitarra* e, sul verso, una *Natura morta con bicchiere e scacchiera* [12].

Nonostante l'affinità con l'iconografia degli strumenti musicali in Picasso e Braque, la concezione di Gris è alquanto diversa e appare più vicina alla problematica avviata da Kupka con *Tasti di piano/Lago*. Egli tende, infatti, a presentare ben

[11] K. VON MAUR, *Braque und die Musik im Umkreis des Kubismus*, in ID. (hrgb. von), *Vom Klang* cit., pp. 374-379. Per le note di Braque si veda D. VALLIER, *Braque, la peinture et nous*, «Cahiers d'art» (1954).

[12] Il doppio disegno è riprodotto in CHR. GREEN (ed. by), *Juan Gris*, catalogo della mostra, London 1992, p. 194.

netta, anche se troncata da un taglio geometrico, la sagoma dello strumento, inquadrata in una scansione di piani quadrangolari, mentre dal tema dello spartito tende ad estrarre non gli elementi della scrittura, ma la sagoma integra del 'libro' aperto, che ritroveremo, dopo la fine della prima guerra mondiale, nei dipinti 'puristi' di Ozenfant e Le Corbusier. È più determinante, insomma, la suggestione dell'essenzialità geometrica degli oggetti; considerazione che si può estendere a tutto il processo astrattivo di Gris, e che egli riassumerà nel postulato «Cézanne da una bottiglia fa un cilindro; io, da un cilindro faccio una bottiglia, una certa bottiglia» [13].

Tanto in Picasso e in Braque, quanto in Gris, il tema degli strumenti musicali è stato giustamente messo in rapporto con la ripresa di nature morte del XVII secolo, nell'ambito di un recupero del 'classico' che investe anche altri aspetti del cubismo. La presenza degli strumenti musicali, inoltre, è collegabile all'idea di 'quarta dimensione' e all'analisi del rapporto spazio-tempo, centrale nella poetica cubista. Infine, essa è da porre in relazione con la sollecitazione ad un intervento dello spettatore nel quadro: muto e inerte, lo strumento può produrre vibrazioni se entra in gioco un processo, che parallelamente scopre anche rapporti numerici e armonici tra gli oggetti colti in una visione tutta mentale, dove i piani si intersecano e si sovrappongono secondo leggi interne al quadro, in una innegabile analogia con la struttura musicale del contrappunto. Nella pittura di Gris quest'ultimo aspetto è senz'altro dominante; mentre in Picasso e in Braque la presenza dello spartito, insieme alla dislocazione in vari punti del dipinto di simboli della scrittura musicale, rinvia piuttosto ad uno scambio tra il leggere, il vedere, l'udire, tra la parola scritta, l'immagine, il suono.

Questa specifica accezione degli strumenti musicali di Gris, del loro valore 'tattile', non sempre compresa in una intenzionale diversificazione dall'arte di Braque e di Picasso e, talvolta, addirittura fraintesa come una semplificazione delle loro problematiche, sollecita alcuni confronti puntuali con temi tradizionali: Maur, partendo in realtà dallo studio di Braque, ha proposto un confronto con una *Natura morta con strumenti musicali* di Bartolomeo Bettera del 1670 circa, dove troviamo vari elementi che ricorrono sia in Gris che negli altri pittori cubisti, come la tenda e i violini sul pianoforte [14]. Più calzante e specifico mi sembra il confronto tra *Le tre carte* (1913) [fig. 73] e *Natura morta* (*Fruttiera e caraffa*) (1914) [fig. 74] di Gris e *Natura morta con scacchiera* di Lubin Baugin [fig. 75], in cui sono presenti praticamente tutti gli elementi iconografici che ritroveremo nelle nature morte di Gris [15]. Accanto allo strumento e allo spartito musicale c'è il bicchiere scanalato, poi assun-

[13] La frase è in una nota firmata con lo pseudonimo Vauvrecy (Ozenfant), ma redatta da Gris, in «L'Esprit Nouveau» V (1921).

[14] K. von Maur, *Vom Klang* cit., p. 374; Id., *Music and Theater in the Work of Juan Gris*, in Chr. Green (ed. by), *Juan Gris* cit., pp. 268-282, dove riproduce (p. 273) una *Vanitas* di B. Bettera datata intorno al 1670.

[15] Ho suggerito questo rapporto, senza commentarlo, avendolo scoperto quando il libro era già in corso di stampa, in M.G. Messina – J. Nigro Covre, *Il cubismo dei cubisti*, Roma 1986, fig. 170.

A sinistra: **Figura 73.** Juan Gris, *Le tre carte* (1913), Kunstmuseum, Berna.
A destra: **Figura 74.** Juan Gris, *Natura morta (Fruttiera e caraffa)* (1914), Rijksmuseum Kröller-Müller, Otterlo, Olanda.

to da Gris e dai puristi come una sorta di modulo classico; c'è il mazzo di carte, squadernato in modo tale da lasciarne intravedere tre. Accanto alla scacchiera c'è il vaso con la sagoma del bacino perfettamente rotonda; appeso al muro, un piatto di rame potrebbe forse far pensare a quel frammento di specchio vero, che Gris pone nella parte centrale del *Lavabo*, esposto nel 1912 alla Section d'Or. Nel contesto della sperimentazione cubista gli strumenti musicali non hanno più l'originario significato, legato al *memento mori*, ma ne conservano tuttavia il ricordo nell'allusione all'immobilità contrapposta alla sollecitazione dello strumento; in definitiva, lo strumento, lo spartito aperto, le carte (che contemporaneamente pure troviamo in Picasso), possono interpretarsi come metafora delle molteplici combinazioni linguistiche e costruzioni mentali insite nella pittura. Ma in Gris compare anche la scacchiera.

Il tema del gioco degli scacchi, a fianco dell'abito stampato a *daumier* e dell'Arlecchino, trovano numerosi esempi nell'area simbolista e fauve: pensiamo all'*Arlecchino* di Cézanne (1988-1990), seguito dalle numerose versioni di Picasso; agli abiti quadrettati e non prospetticamente deformati, a loro volta derivati da certe *Madame Cézanne*, dell'area *Nabis*; una scacchiera appare in *Il gioco di scacchi* di Dufy

**Figura 75.** Lubin Baugin (1610-1663), *Natura morta con scacchiera*, Museo del Louvre, Parigi.

**Figura 76.** Juan Gris, *Arlecchino con chitarra* (1917), Alex Hillman Family Foundation, New York.

del 1906, nella serie di quadri dell'*Atelier rue Séguier con finestra*; *I giocatori di scacchi* di Duchamp sono del 1911; una scacchiera è in *Natura morta e paesaggio* del 1912 di Derain; accompagnata dal tema delle tre carte, nella *Natura morta con la scacchiera* di Marcoussis, un dipinto del tardo 1912 che sembra fortemente influenzato da Gris; nitidissima in una composizione abbastanza tradizionale, *I giocatori di scacchi* del 1913, di Henri Hayden, un artista più tardi pure interessato al tema della maschera e dei musicanti (*I tre musici* del 1920). In tutti questi esempi, si alterna o si intreccia il tema ludico con quello spaziale, l'allusione al gioco e al caso con il rigore della rappresentazione bidimensionale, dove la soppressione della terza dimensione consente, nella scia purovisibilista e neokantiana, di rendere l'essenza dell'oggetto. Ebbene, in Gris è presente l'una e l'altra istanza ed entrambe si associano all'emblema dello strumento musicale, che ancora giganteggia, protagonista non nominato, insieme allo spartito e al bicchiere scanalato, in *La scacchiera* del 1924, un quadro già appartenuto alla Galerie Simon.

Nell'arco di quattro anni, in conclusione, Gris sperimenta la reiterazione degli strumenti musicali, inquadrati in una griglia geometrica, la reiterazione di una struttura a scacchiera e, infine, sembra riproporne la sintesi nel tema dell'Arlecchino. La sollecitazione di un'esperienza tattile, proveniente dalla vista degli strumenti, procede parallela alla ricerca di una essenza geometrica degli oggetti come realtà primaria della pittura, finché la realtà sensibile e quella concettuale non trovano la loro sintesi negli squarci di azzurro di una stupenda serie di opere, avviate dalla *Natura morta in un paesaggio (Place Ravignan)* del 1915; e nei musici e negli Arlecchini. La scacchiera e lo strumento musicale, in questo percorso, possono considerarsi entrambi metafora di una pittura 'polifonica', dove la sensibilità è inglobata nella visione tutta mentale degli oggetti, il coro dei sentimenti nella pura essenzialità geometrica.

**Figura 77.** Man Ray, *Object to be destroyed,* 1923.

8.

# Rivisitazione e reinvenzione dello strumento musicale negli artisti della visualità

Mirella Bentivoglio

Nel 1994, durante il primo Seminario di iconografia musicale, nella mia relazione sulle trasposizioni grafiche da sonoro a visivo, accennai alla vasta produzione, tra gli artisti della visualità, di strumenti musicali reinventati e di pseudostrumenti inagibili, e ne illustrai rapidamente alcuni. Auspicai allora che si potesse dare spazio in futuro anche a questo particolare argomento. L'occasione si presenta ora con il secondo Seminario; ed anche in questo caso la ricerca viene effettuata unicamente tra gli artisti della visualità, con esclusione delle sperimentazioni visuali di operatori appartenenti alla sfera musicale.

È superfluo qui ricordare quale posto centrale occupò la rappresentazione dello strumento musicale nell'arte figurativa di ogni tempo. Questa conversazione è dedicata solo alla rivisitazione trasgressiva, alla reinvenzione celebrativa. Ed è ciò che troviamo quasi solo nel nostro secolo. Gli artisti del passato, nel loro rispetto di una realtà che ritenevano investita della grazia divina e di una cultura che non ponevano sotto accusa, non hanno costruito né rappresentato 'pseudostrumenti' musicali; si sono invece limitati a raffigurare strumenti realmente esistenti. Non avvenivano trasgressioni alla realtà nemmeno sotto il segno della religione. Gli angeli musicanti usavano strumenti costruiti dall'uomo e in un certo senso li consacravano, così come i santi che reggevano le sacre scritture celebravano il libro, questo segno del rapporto tra esseri umani.

Questi due veicoli di comunicazione, libro e strumento musicale, nel passato spesso rappresentati insieme (per esempio negli intarsi lignei che ornavano gli studioli rinascimentali) solo nel nostro secolo sono stati riconosciuti, al di fuori di ogni agibilità e ritualità, come simboli della creatività e relazionalità espressiva dell'uomo, e sono stati perciò decontestualizzati, sottratti per ragioni poetiche al loro ruolo, ossia alla loro musica e ai loro testi. Sono nati così il libro-oggetto e lo pseudostrumento musicale.

*Mirella Bentivoglio, artista, Roma*

Se vogliamo trovare uno strumento atipico nel passato non dobbiamo guardare agli artisti, ma ad uno scienziato. Benjamin Franklin costruì un organo a coppe di vetro, fondato sul principio stesso del dito umido sull'orlo del bicchiere. Uno dei pochi esemplari esistenti è conservato nel Museo degli strumenti musicali a Roma. Le vibrazioni sonore emesse da questo organo (*Glasharmonika*) sono talmente penetranti, che non sono ammessi alle audizioni spettatori con disturbi nervosi o donne gravide. Non si tratta di suoni stridenti, anzi essi sono stati definiti «celestiali»; il malessere che può derivare dal suono di questo organo è di ordine strettamente fisico, non psicologico. Aggiungerò che Mozart ha scritto una *Sonata per Glasharmonika*.

Nei secoli passati si sono costruiti, se non oggetti musicali reinventati, alcuni strumenti di conversione da sonoro a visivo, in genere non per opera di un artista. Il Clavessin di Padre Castel, del Settecento, fu un clavicembalo con cinquecento lampade e sessanta pezzi di vetro colorato, di cui non ci restano immagini. Lo scrittore americano Bainbridge Bishop nel 1890 costruì tre organi a colori. E nel 1893 Wallace Rimington ideò a sua volta una sorta di organo che rivelava strisce di luce colorata; con esso fu eseguito un concerto alla St. James Hall di Londra nel 1895.

Troviamo l'artista della visualità in un oggetto conservato nel Museo Chiossone di Genova. Si tratta di un *kogo*, una scatola laccata giapponese del secolo scorso, a forma di liuto, destinata a contenere incenso. Una metafora che suggerisce il coinvolgimento di tre sensi: vista, udito, odorato; un cortocircuito poetico sulla fragranza come musica, sul suono come evaporazione della materia, sull'oggetto come testimonianza semiologica. L'anonimo artista è dunque in un certo senso un precursore di Scriabine, che concepì un organo capace di emettere colori, odori, e musica.

Le sperimentazioni più coordinate, degli artisti sullo strumento, iniziano con la grande avventura futurista. Non mi riferisco tanto al *Ciak ciak* di Giacomo Balla del 1915 (ligneo, policromo, che insieme al progetto grafico di un altro oggetto sonoro dello stesso artista è conservato nel Museo romano degli strumenti musicali) quanto alle sperimentazioni di Luigi Russolo, che, in partenza pittore, figurò tra i firmatari del primo manifesto della pittura futurista del 1910. Nel 1914 Russolo tenne al Teatro Dal Verme di Milano il suo primo concerto di «intonarumori» [fig. 78] con diciotto strumenti da lui costruiti: gorgogliatori, crepitatori, rombatori, scoppiatori, stropicciatori, scrosciatori.

Si trattava di scatole in cartone con coni terminali per la diffusione del suono. I meccanismi, fondati sul principio della rotazione e dello sfregamento, si trovavano all'interno delle scatole ed erano azionabili tramite la manovella fuoriuscente. Gli intonarumori avevano ampi registri, e il loro suono poteva risultare più acuto o più basso in dipendenza della velocità di rotazione della manovella. Alla costruzione di macchine per l'imitazione e la sintesi dei suoni urbani si è oggi ovviamente sostituito

**Figura 78.** Luigi Russolo e gli «intonarumori», 1916.

il prelievo diretto dei suoni tramite registrazione ed elaborazione elettronica; ma Russolo, con i suoi patetici macchinari, fu uno dei più geniali anticipatori. Ricorderò che il suo ultimo strumento, il Rumorarmonium, oggi purtroppo perduto, fu presentato nel 1927 da Marinetti al Théâtre de la Madeleine di Parigi.

Sempre in seno all'avanguardia futurista, abbiamo negli anni Venti uno sperimentatore russo, naturalizzato francese, il pittore Vladimir Baranoff-Rossigné. Nel 1924 egli presentò al teatro Bolscioi di Mosca il suo piano optofonico: un disco rotante policromo, con prismi, specchi, e luci. L'artista seguiva nei suoi dipinti i suggerimenti che gli venivano dai ritmi serpentini di questo suo strumento interattivo.

Con la caduta del dogma della rappresentazione, lo strumento musicale viene sezionato nelle opere astratte dei cubisti e dell'avanguardia russa. La presenza dei suoi frammenti assume un valore simbolico: l'astrattismo è musica da vedere. Il terreno è ormai sgombro per ulteriori e più arditi esperimenti.

Il dadaista Man Ray sembra codificare nel 1923 l'avvenuto passaggio da ritmo udibile a ritmo visibile. Egli aggiunge in modo dichiaratamente precario, con un fermaglio per carte, l'immagine fotografica di un occhio ad un normale metronomo [fig. 77]. È un vero e proprio manifesto del ritmo visivo, ma la critica, fino ad oggi, puntando sull'espressività dell'inquietante assemblaggio, sembra non avvedersene (esso infatti arieggia la bara, la piramide, la condanna del tempo, la precarietà del nostro momentaneo affacciarci sul mondo). Quest'opera è il primo utensile della sfera musicale sottratto al suo ruolo, portato violentemente nel territorio linguistico per assumervi una funzione esclusivamente e dichiaratamente simbolica.

La guerra e il dopoguerra sembrano arrestare questi primi passi compiuti verso la reinvenzione visivo-artistica dello strumento musicale. Lo incontriamo tuttavia nell'architettura: Schöffer erige nel 1955 a Liegi la sua *Tour spatio-dynamique-sonore* e nel 1960 inventa il *musiscope*, una gigantesca macchina da scrivere musicale-pittorica.

Nei fertilissimi anni Sessanta, Arman, artista spagnolo naturalizzato francese il cui vero nome è Armand Pierre Fernandez, fa a pezzi violini e violoncelli e li imbalsama nel plexiglas o ne trae calchi bronzei, così come vuota tubetti di colore cristallizzando questo suo gesto nella trasparenza delle resine industriali. Egli conduce la nostra attenzione sull'inadeguatezza dei linguaggi dell'arte a formulare l'attuale tensione umana; e le sue destrutturazioni finiscono per essere in realtà l'emblema di una creatività comunque vincente.

Con lo stesso spirito, Giuseppe Chiari in quegli anni si accanisce contro il pianoforte. Lo capovolge, portandolo ad assomigliare a un passivo divano, quasi a contestare le tarde convenzioni della musica da salotto. Fa ritrarre fotograficamente le sue mani l'una sull'altra, immobili sulla tastiera. Assai più tardi, con un ludismo incontrollato, legherà con funi il pianoforte e lo imbratterà, in una crescente violenza distruttiva priva del riscatto dell'ironia.

Un altro artista del movimento internazionale Fluxus largamente coinvolto nella sfera dell'iconografia musicale-oggettuale è l'inglese Joe Jones. Le sue bizzarre e oggi imitatissime costruzioni degli anni Sessanta con ombrelli terminali, con scatole e gabbie contenenti piccoli strumenti, si ispirano al mondo candido e originale dei suonatori ambulanti, che furono ovunque i veri antesignani dello strumento reinventato.

Esponente del Nouveau Réalisme, lo scultore svizzero Jean Tinguely realizza in quel periodo selvagge e piumatissime macchine-sculture messe in moto da motori, arricchite da sincopati effetti sonori. Si esce dunque dal ricorso allo strumento noto: non sarà più solo l'oggetto musicale a divenire scultura, ma sarà la scultura, nelle sue stesse valenze plastiche, a rendersi capace di suono. Un ribaltamento di funzione, in aggiunta al ruolo estetico-visuale dell'opera.

Tra i primi ad operare in questo senso è Michelangelo Conte, che nel 1962 costruisce una scultura suonabile con fasci di legni trattenuti da ferri rugginosi, un'opera senza tempo, d'intensa forza. A loro volta le rigorose strutture specchianti di Attilio Pierelli, suonabili dal vento o da percussioni, conservano il loro aspetto di sculture minimaliste, ed è impossibile indovinare in esse un ruolo di arpe eolie. Con la collaborazione dei musicisti Bussotti e Gelmetti questo artista tiene nel 1966 a Roma un concerto di «musica Inox»: musica inossidabile. Il *Monumento a Sibelius*

**Figura 79.** Eila Hiltunen, *Monumento a Sibelius* (1967), Helsinki.

di Eila Hiltunen (1967) situato nel parco di Helsinki [fig. 79] è una mole di trenta tonnellate; alta più di otto metri, sgrana per oltre dieci metri i suoi cilindri in acciaio lucente, resistente agli acidi atmosferici. È insieme un organo e una cattedrale, che permette all'interno della struttura visioni prospettiche quasi di guglie gotiche. Una perfetta conversione del suono in luminosità: uno strumento musicale per suonare la luce.

Alexander Calder a sua volta crea un 'mobile' suonabile: *Chef d'orchestre-Calder Piece*. Nel 1967, in una memorabile serata al Théâtre de l'Atelier a Parigi, quattro percussionisti si accaniscono sulle lamelle metalliche della semovente scultura, in tutto simile alle celebri opere dell'artista americano, fuorché nelle misure, calcolate sull'altezza dell'uomo.

In quel decennio, le più ardite performance visivo-sonore si tengono negli Stati Uniti. Charlotte Moorman suona nel 1964 come un violoncello il corpo del com-

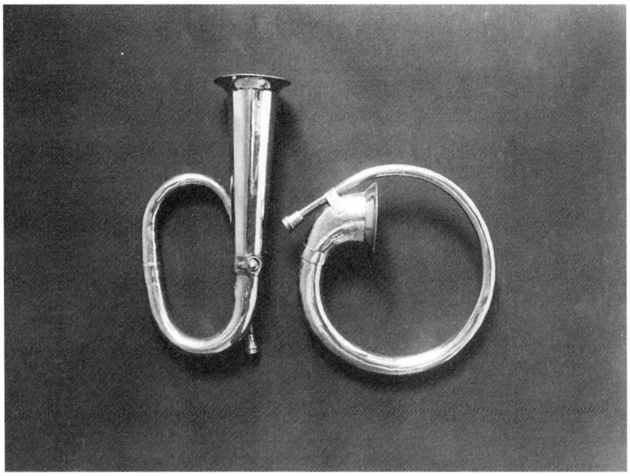

**Figura 80.** Mirella Bentivoglio, *"Do" (la nota del poeta)*, 1977.

pagno Nam June Paik, un artista oggi attivo nel mondo dei videomedia. Implicitamente femminista, questa operazione sembra voler voltare di genere la celebre immagine di Man Ray che trasforma un'odalisca in un violoncello. Attivissima, la Moorman dipinge violini in azzurro e ne ripete i contorni circondandoli di tubi luminosi; e quando sta per morire condannata da un tumore, si fa issare con funi nello spazio per suonarvi il violino, quasi a dichiarare che il suono ci dilata nel cosmo, collegandoci col mondo extraterrestre.

Gli anni Settanta sono più che mai ricchi di operazioni coinvolgenti ambiente e azione. Le sculture di Rosanna Lancia costruite con quadrelle di ferro, lasciate libere e svettanti, oscillano ad ogni tocco ed emettono suoni. Questi sono in più casi diventati musica sotto le mani sapienti di Domenico Guaccero. Dal 1971 Luca Patella – in Italia e in Inghilterra – gioca ironicamente le sue installazioni sonore sul rapporto tra natura e artificio. Muri suonanti, alberi suonanti, per l'ascolto dei quali occorre accostare l'orecchio al tronco.

Attilio Antibo, artista ligure della ceramica, realizza strumenti sonori in terracotta, con campanelli e corde vibranti. Il suo formicaio suonabile è ispirato al mito africano Dogon della creazione del mondo e, con formiche vere, accompagna molte sue performance.

Bruno Munari realizza a Tokyo nel 1974, e più tardi a Villa Reale a Milano, una installazione sonora. Una vasca circolare contenente acqua, con fondo di sabbia, raccoglie cinque gocce che da altezze diverse cadono da serbatoi collocati sul soffitto. Nello spessore del bordo della vasca sono collocati microfoni che amplificano il suono delle gocce, mentre l'effetto dei cerchi, di diversa estensione secondo l'altezza del punto di caduta, è proiettato sulle pareti e sul soffitto. L'efficacia e minimalità di questa operazione l'apparenta ai giardini zen di ghiaia; aggiungerò che «Munari» in giapponese significa «fare con poco».

Durante il festival musicale del 1979 a Como, l'artista romano Ettore Consolazione applica grandi maniche a vento in tela alle finestre di Villa Olmo. Il vento le gonfia ed emette suoni. Poco dopo l'artista ripete l'operazione in una spaccatura naturale tra due rupi, in Sardegna, ad Ulassai, ponendo nella fenditura una struttura tessile a imbuto, in cui il vento s'imbottiglia rumoreggiando ritmicamente. Titolo *Inter/vento.*

Il poeta visivo Emilio Isgrò, cancellatore di parole, mette in scena nel 1979 alla Rotonda della Besana di Milano quindici pianoforti muti, con partiture immacolate, illuminate dai riflettori. Una cancellazione spaziale – parallela alle desemantizzazioni grafiche dell'artista – fondata sull'espressività autonoma dello strumento reso inagibile. Mentre John Cage, nella sua celebre performance *4 minuti 23 secondi* con il suo silenzio aveva inteso invitare all'ascolto del mondo circostante, Isgrò per questa vasta immagine inquietante delega la sorpresa alla vista.

Suonabili sono invece, paradossalmente, le tele di Alba Savoi, del 1979, munite di corde di chitarra e violino [fig. 81]. Una testimonianza dello spostamento d'interesse dall'immagine al suono, e dell'equivalenza di immagine e suono, mediata dal supporto tradizionalmente tessile della pittura. Ciò che è messo a tacere, qui, non è lo strumento ma la pittura.

Lo strumento musicale come 'segno' imperversa felicemente negli anni Ottanta. Gli *assemblages* vegetali dell'italo-svizzera Elisabetta Gut, dell'inizio del decennio, conservano, oltre al titolo, alcuni riconoscibili elementi, come i fili verticali paralleli, e i distanziatori – delegati a gusci e semi – per suscitare la memoria di strumenti noti. Queste opere sono vibranti dichiarazioni della nostra appartenenza ai ritmi della natura, e sono ovviamente mute: reinventato, il veicolo del suono si dichiara veicolo di ascolto della musicalità diffusa nel cosmo.

Inagibili sono anche gli strumenti a fiato attorno a cui si avvolge il cartiglio di scritture asemantiche del 1984 di Anna Torelli (*Per due*): lo pseudo-rigo musicale si è sposato con flauti che hanno mera funzione di memento, quasi a rafforzare il riconoscimento del ricorso alla sfera musicale, divenuta virtuale, interiorizzata [fig. 82].

A buon diritto, e con ironia, Susan Sontag ha scritto che l'arte del nostro tempo 'risuona' di appelli al silenzio. Ciò calza anche per l'orchestra filiforme di Franca Sonnino. La sua installazione di pseudoleggii vuoti, ottenuti con fil di ferro avvolto strettamente in filo di cotone nero – veri disegni tridimensionali, animati da ombre – si risolve in una sottile orchestrazione del silenzio, fondata su ritmi geometrici in prevalenza triangolari.

Gli anni Ottanta vedono anche nascere – tra gli artisti della visualità – nuovi rapporti tra libro e suono, in questo caso udibile. Nella mia azione del 1982 al Centro Georges Pompidou di Parigi, *Jouer la page* («suonare la pagina»), mi sono limitata a dare un ritmo al gesto dello sfogliare, amplificando il suono delle pagine del libro futurista di latta del 1934 (di Tullio d'Albisola) e arricchendolo di effetti speciali con

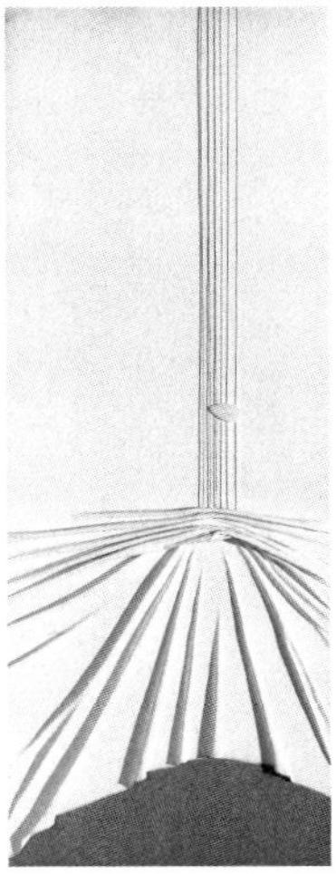

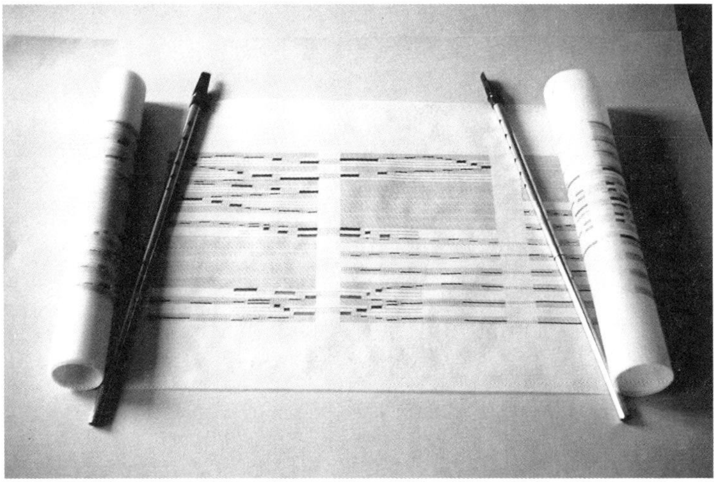

A sinistra: **Figura 81.** Alba Savoi, *Chitarra,* 1979.
A destra: **Figura 82.** Anna Torelli, *Per due,* 1984.

tramiti tecnologici. Il dorso tubolare del celebre volume si è rivelato una perfetta camera di risonanza. Divenuto strumento di suono, l'oggetto-libro ha potuto comunicare la voce della sua materia, in luogo delle parole dell'autore.

Anton Roca, spagnolo, col suo libro-oggetto *Walkirian Horse* del 1987, propone il suono del galoppo di un cavallo con la manipolazione del suono di una macchina da cucire mentre essa percorre lo spartito della wagneriana *Cavalcata delle Valchirie.* L'umile utensile si sostituisce polemicamente all'epica cavalcatura e forse un poco nella forma le assomiglia.

In *Running Sounds* dello stesso artista, le scosse di un treno, durante un viaggio Bologna-Barcellona, testimoniato da un biglietto ferroviario accluso, determinano una scrittura musicale. La linea spezzata che ne risulta verrà ritrascritta in partitura; le note verranno assegnate in accordo con la posizione di volta in volta occupata dalla linea sul pentagramma. Non si tratta dunque di un'imitazione dei rumori delle ruote sui binari, bensì della conversione musicale di una sismografia ferroviaria; il treno si è fatto strumento: di scrittura, se non di esecuzione.

Ovviamente si affacciano sugli anni Ottanta anche vari interventi sonori sul territorio, come la *Macchina Fabulante* di Gaetano Pinna, del 1981; una struttura a elementi tubolari, il cui profilo segue quello della montagna sul cui orizzonte si staglia. Si trova in Sardegna, a Villasimius; si offre alle percussioni dei passanti, ma sono soprattutto i bambini a improvvisarvi concerti.

Impossibile passare in rassegna i numerosissimi strumenti degli anni Ottanta e Novanta prodotti a livello internazionale in seno alla scultura. Ricorderò l'artista

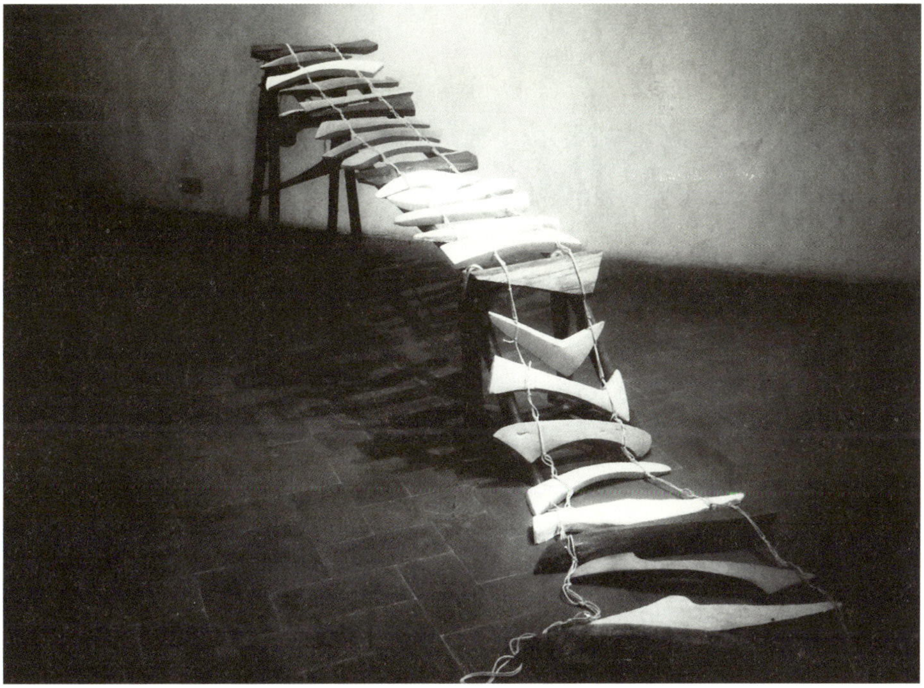

**Figura 83.** Immacolata Datti, *Xilofono*, 1990.

romana Gloria Persiani, che nel decennio scorso ha creato sculture suonabili sia con bacchette, sia per autopercussione mediante il movimento dell'aria; portano nella sfera artistica consuetudini domestiche come quelle dei campanelli pensili agli ingressi.

Protagonista centrale della scultura musicale è Immacolata Datti, attiva fin dal 1971, inizialmente con oggetti sonori azionati dall'elettricità. Oggi i suoi gong hanno la misura di installazioni e sono di pietra, e i suoi xilofoni, con stecche di terre di diversi colori morbidamente tenute da corde, raggiungono i quattro metri e mezzo di lunghezza [fig. 83]. Nascono da un processo antichissimo che implica l'uso dell'acqua, della terra, del fuoco, e rende l'uomo tramite della segreta voce dei materiali.

Ricchi di valenze antropologiche – quasi un ritorno da fine millennio alle origini – sono anche i pendoli litici dell'ungherese Sandor Szombati. Ci sono stati rivelati durante i festival musicali di Montepulciano nel 1984 e nel 1991. Sono pietre ovali che, appese a corde, sfiorano lastre di pietra spezzate collocate a terra, munite di sensori. Le corde sono accordate secondo una scala pentatonica: una forma arcaica e aperta di tonalità. Una volta posto in moto dall'osservatore, il pendolo continua da solo il movimento, regalando alla nostra sorpresa il suono tenue, duro e musicalissimo del sasso, fino ad arrestarsi e tacere. Infine, ricordiamo il gruppo

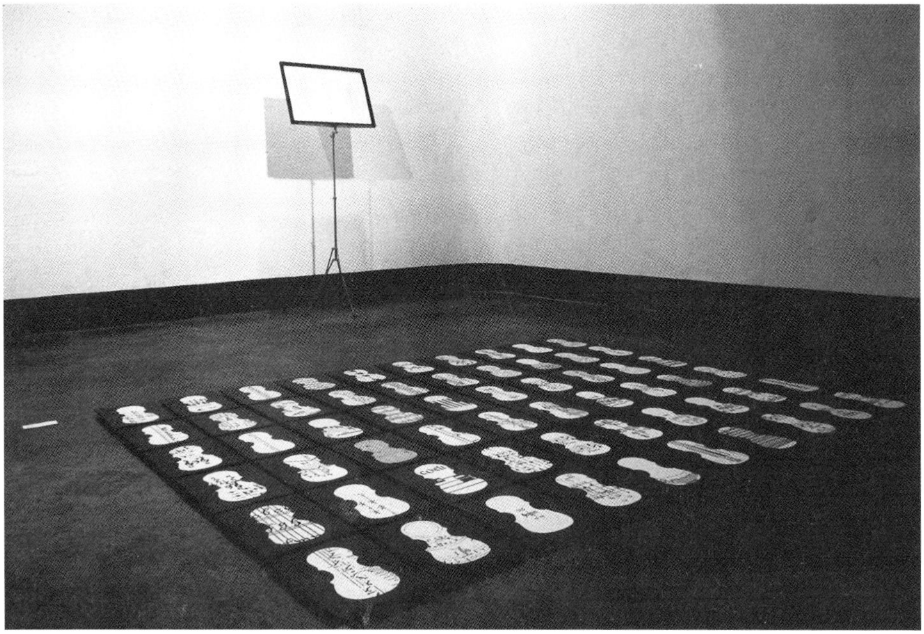

Figura 84. Fernando Andolcetti, *60 violini*, 1995.

Stomp, che include artisti della visualità. Suona bidoni della spazzatura, manici di scopa, cerchi di ruote di automobili, in una rivisitazione acustico-visuale – presentata in vari teatri italiani nel 1996 – dell'*objet trouvé* dadaista.

In questo nostro decennio terminale, la produzione di oggetti sonori o di strumenti unicamente evocativi si dirama in tutte le direzioni. Le installazioni di Fernando Andolcetti invadono l'ambiente con la «ripetizione differente» di immagini di violini ricavati da scritture musicali schermate [fig. 84]. Il belga Jan Vercruysse, presente nella penultima Biennale veneziana, mette a tacere bianchi pianoforti collocandoli bassissimi al di sopra di grandi stecche di differenti colori che sembrano sgorgare dall'interno dello strumento. Il ligure Sergio Pavone produce opere fluorescenti corredate di sensori coordinati col suono: i suoi stendardi e i suoi oggetti (memorabile una serata con musiche di John Cage nei giardini del Castello di Portofino, trasmessa in eurovisione la notte di Capodanno 1990-91) pulsano magicamente in accordo con la musica. Altri due liguri – Piergiorgio Colombara e Mauro Manfredi – costruiscono strumenti silenziosi: in metalli diversi Colombara, elegantissimi e sempre derivati da una progettualità concettuale; in materiali industriali trasparenti Manfredi, che con i suoi Fluxoria serpentiformi immagina di far assorbire il suono dalla parete. Non mancano esempi nell'Italia del Sud: a Taranto Rina La Gioia costruisce in ferro leggii per musica, inadempienti perché alti oltre quattro metri; le partiture vi restano illeggibili; un invito all'elevazione e al silenzio.

Lo strumento musicale è stato 'rivisitato' anche dall'iperrealismo. Il pittore Giorgio Albertini mima la fotografia; l'immagine del movimento si fissa in scia, così inserendo bergsonianamente nella categoria spaziale del quadro un'allusione alla categoria temporale, in accordo col mondo dell'esecuzione musicale che vi è insistentemente rappresentato.

Non mancano performance legate ai nuovi media. Uno dei più noti protagonisti in questo ambito è il toscano Marco Cardini. Un computer elabora il segnale proveniente da una telecamera, relativo al movimento della mano dell'artista rivestita da un guanto particolare che la rende capace di generare sia suoni che, contemporaneamente, immagini pittorico-gestuali di vivace cromatismo. Questa esecuzione visivo-musicale a distanza, che sfrutta in modo spettacolare le risorse della tecnologia, si è tenuta con successo nel 1996 alla New York University.

Mi sia concesso un ultimo riferimento a una scultura. È del 1996, in gesso dipinto, con bacchette in legno, di Mino Trafeli, un artista di Volterra che si è spesso dedicato all'invenzione di strumenti di suono. Questo s'intitola *Nottamente, per piccolissime percussioni.* Rappresenta, in misura fuori scala, un seno femminile.

Il collegamento di suono, seno e oscurità non è casuale. Il seno copre il battito del cuore, e la prima esperienza acustica umana è quella della pulsazione cardiaca percepita in era prenatale all'interno del grembo. Noi nasciamo ciechi ma udenti, e si direbbe che gli artisti della visualità, con il loro coinvolgimento nel mondo musicale, vogliano risalire alla radice prima di ogni esperienza percettiva, quella appunto del suono. Anche quando viene rovesciata, e in un certo senso confermata, in espressioni concrete del silenzio.

**Figura 85.** Alfonso Parigi, incisione per *La Regina Sant'Orsola* (tav. 4), atto V, scena 5: «Qui per l'orrenda bestemmia [...]», 1625.

# 9.

# Fantasmi e ombre della memoria di spettacoli *maravigliosi*. Le incisioni delle scenografie teatrali nei libretti per musica del Seicento conservati nella Biblioteca Casanatense*

Anna Alberati

La Biblioteca Casanatense di Roma conserva tra i suoi fondi librari una collezione teatrale assai notevole, sia per la rarità che per la quantità, nella quale figurano molti libretti a stampa di drammi per musica del secolo XVIII.

Questa Biblioteca fu aperta nell'anno 1701 per la precisa volontà testamentaria di un importante principe della Chiesa romana del tempo, il cardinale Girolamo Casanate, che lasciò i Padri Domenicani della Minerva eredi della sua biblioteca privata, la sua «nobile, ampia e copiosissima libreria», circa 25.000 volumi che costituivano un panorama di tutto il sapere dell'epoca: larga parte della sezione teatrale risale sicuramente a questo nucleo originale, che il cardinale, uomo coltissimo e in contatto con due figure fondamentali del teatro romano del primo Seicento, la regina Cristina di Svezia e Giulio Rospigliosi (poi papa Clemente IX), realizzò incrementando l'antica collezione paterna.

La sottintesa e pur evidente simpatia del Casanate nei confronti dell'arte teatrale è una ulteriore testimonianza della solida posizione che il teatro e soprattutto il teatro per musica occupava nel mondo culturale (e anche non culturale) della Roma del Seicento, quando lo spettacolo teatrale barocco nelle sue diverse forme scandiva il tempo della vita collettiva, sia aristocratica che popolare, e lasciava i suoi segni e le sue tracce fin nella scultura e nell'architettura (le opere di Gian Lorenzo Bernini sono tutte qui a conferma di questa osservazione).

Nei libretti a stampa di drammi per musica, in verità in un numero piuttosto ridotto di essi, è possibile trovare una serie di tavole calcografiche, incisioni su rame che illustrano le scene teatrali inventate da registi e scenografi per lo spettacolo a cui il libretto si riferisce.

Le incisioni presentano sempre la stessa fisionomia di tavole fuori testo (ovvero

*Anna Alberati, Biblioteca Casanatense, Roma*

* Per la riproduzione dei testi si è seguita la trascrizione semipaleografica

senza la numerazione progressiva del testo letterario), sono sempre di formato più ampio delle pagine che compongono il volume e sono quindi ripiegate in vari modi (condizione che non ne ha favorito nel tempo la migliore conservazione possibile), non sempre corrispondono a tutti i mutamenti di scena indicati nel libretto, e non sempre recano le didascalie, ovvero le note che indicano e descrivono il momento drammaturgico del loro aprirsi come scena sul palcoscenico.

Tutti i libretti della Casanatense corredati di tavole con le incisioni delle scene, pur essendo stati stampati in città diverse e in momenti diversi nell'arco di tempo che va dal 1625 al 1690, hanno una caratteristica in comune (caratteristica che vale anche per tutti i libretti dell'epoca con tavole incise): sono libretti che stampano i testi di vari generi di teatro musicale (balletti, feste e soprattutto drammi per musica), stampati però per eventi teatrali *eccezionali*, per spettacoli allestiti da potenti famiglie principesche nei loro teatri di corte, nei loro sontuosi palazzi o nelle loro splendide residenze di campagna, in occasioni speciali di feste per nozze, nascite, compleanni, visite di illustri personaggi, davanti a un pubblico aristocratico, di corte, come la corte medicea a Firenze, la corte cardinalizia della famiglia Barberini a Roma, la corte reale francese a Parigi, la corte ducale a Monaco di Baviera, la corte del nobile Contarini Procuratore di San Marco a Piazzola sul Brenta, la corte dei Farnese a Parma.

Infatti non risulta nessun libretto con tavole incise che riporti le scene realizzate per i numerosissimi drammi per musica rappresentati nei teatri pubblici a pagamento che si moltiplicarono dappertutto, in tutte le città d'Italia ma soprattutto a Venezia, a partire dal 1637, anno che vide l'*Andromeda*, tre atti di Benedetto Ferrari con le musiche di Francesco Mannelli e con le scene di Alfredo Chenda, rappresentata per inaugurare il veneziano Teatro San Cassian davanti a un pubblico pagante, il primo teatro pubblico nella storia del teatro.

Le fonti iconografiche costituite da tavole incise di scene teatrali sono di una importanza fondamentale per lo studio del teatro per musica barocco, che, considerato nella sua integrità, è composto da tre elementi legati insieme strettamente, tanto strettamente che una analisi corretta del teatro barocco non può prescindere da nessuno di essi. I tre elementi sono: la poesia, la musica, la scenografia.

La scenografia, che, come è stato detto, «potrebbe sembrare puro elemento decorativo, gioca invece un ruolo decisivo per quanto riguarda la segmentazione del testo drammatico», ovvero la struttura stessa della narrazione teatrale come anche la struttura della musica sono dipendenti dalle diverse mutazioni delle scene e dalle sorprese suscitate dall'arrivo delle mirabolanti macchine sceniche e si modellano in un reciproco, armonioso, amoroso rispetto.

Inoltre è assai riduttivo per la comprensione del dramma per musica barocco trascurare la potenza espressiva, l'impatto della seduzione operata dalla bellezza della scena, dalle magie e dalle meraviglie di quella 'scatola magica' che è il palcoscenico barocco, «percorso dall'irrequieto gioco d'immagini, forme, luci e colori, che continuano a muoversi e a trasformarsi accompagnate dal canto e dalla musica» (Elena Povoledo).

Osservando le incisioni, immagini in bianco e nero, spesso di notevole qualità artistica e splendida bellezza grafica, talvolta invece di una ingenua semplicità, non è facile riuscire a rievocare con la mente tutta la magia e la sontuosità dello spettacolo musicale barocco: è per questo che a fianco delle tavole occorre mettere, o leggere, sottovoce, le didascalie che compaiono sovente nel libretto, sparse, oppure attingere a tutta quella serie di *Ragguagli, Relazioni, Descrizioni* stampate in contemporanea, quasi sempre commissionate dagli stessi principi mecenati ai letterati di corte per diffondere e propagandare la propria magnificenza e il proprio potere, con l'obiettivo di rafforzare e sublimare il proprio prestigio politico. In questi opuscoli testimoni oculari e appassionati descrivono minutamente lo spettacolo teatrale a cui hanno assistito, raccontando tutti i colori dei costumi, la leggerezza dei tessuti, lo scintillio delle gemme profuse, la sorpresa dei mutamenti di scena a vista, l'incanto delle prospettive dipinte, lo stordimento piacevolissimo causato dagli artifici e dagli *ingegni* straordinari, la molteplicità delle emozioni generate dalla musica, dal canto e dalle immagini, che colpivano l'orecchio, l'occhio, il cuore, la fantasia.

Nelle tavole incise, di grande fascino evocativo, è possibile comunque anche analizzare l'impianto prospettico a fuoco centrale generato dai telari dipinti (ovvero le quinte) che erano disposti simmetricamente in doppia fila fino a giungere al fondale, sul quale spesso compariva dipinta una fuga prospettica che portava l'illusione dell'infinito. Inoltre è possibile vedere, se non il movimento, almeno un accenno dell'effetto che era stato nello spettacolo dal disegno delle macchine sceniche, delle nuvole, dei personaggi fermati in posizioni di danza, dei carri trionfali che scivolano sull'acqua, delle divinità sospese nel cielo.

Nella campionatura di incisioni di scenografie che qui si descrive sono presenti esempi di scenografie nelle quali è facile seguire un percorso che, anche se non fu tutto lineare, mostra una evoluzione che va dalla preponderanza delle macchinerie di carattere mitologico a un uso sempre più diffuso della scena d'interno (la sala regia), dagli spettacoli allestiti nelle forme spettacolari che si possono far risalire agli intermedi del Buontalenti e di Giulio Parigi, alle scenografie 'alla veneziana' passando per il grande Giacomo Torelli, per Ferdinando Tacca e Jacopo Chiavistelli fino ai Bibiena.

Gli architetti scenografi sono peraltro i più famosi del tempo: Giulio Parigi, Alfonso Parigi (figlio del precedente) e Ferdinando Tacca, architetti e ingegneri di corte, in momenti successivi responsabili degli apparati festivi e scenici a Firenze presso la corte dei Medici; Gian Lorenzo Bernini, la cui passione per il teatro e lo spettacolo è confluita manifestamente nelle sue creazioni architettoniche; Giacomo Torelli da Fano, il più grande di tutti per la genialità dei congegni scenici da lui inventati e per la realizzazione degli straordinari effetti scenici ottenuti con le mutazioni a vista di originalissima tecnica costruttiva, che lavorò a Venezia e a Parigi soprattutto, dove lasciò una traccia incancellabile e una serie di temi iconografici che costituirono l'ambiente tradizionale del melodramma e della tragedia francesi; Francesco Santurini, un veneziano che operò a Monaco di Baviera fra il 1662 e il 1669 dove portò la sua competenza scenografica; Jacopo Chiavistelli, pittore e decoratore fiorentino, attivo come scenografo presso il principe Ferdinando III de' Medici nella villa di Pratolino; infine il più famoso di tutti gli architetti scenografi italiani, Ferdinando Galli Bibiena, che applicò alla scena la sua originalissima «veduta per angolo», ovvero sostituì agli schemi compositivi precedenti, che usavano un sistema prospettico su un asse longitudinale con punto di vista centrale, la fuga prospettica in diagonale, capace di dilatare lo spazio in modo completamente diverso e nuovo.

Artisti importanti sono anche gli autori delle tavole incise: Alfonso Parigi, François Collignon, Stefano Della Bella, Nicolas Cochin, Israël Silvestre, Giovanni Battista Galestruzzi, Arnold van Westerhout.

Nonostante siano inevitabilmente infedeli e approssimative nei confronti delle scene reali, le tavole incise sono, insieme ai disegni, l'unica testimonianza iconografica, visiva del fenomeno del dramma per musica barocco, e assicurano «la permanenza dell'effimero fissandone una memoria e una immagine», e, infine, con la loro realtà in bianco e nero sembra che siano riuscite a materializzare, per sempre, il ricordo di un sogno.

*1. La Regina Sant'Orsola*

Fiorenza, per Pietro Cecconcelli, 1625
Frontespizio (con scena) e 5 tavole

Prologo, 5 Atti
Libretto: Andrea Salvadori
Musica: Marco da Gagliano
Scene e Macchine: Giulio Parigi
Balli e Abbattimenti: Agnolo Ricci
Incisione: Alfonso Parigi

Prima rappresentazione a Firenze, nel teatro mediceo agli Uffizi, in occasione della venuta dell'arciduca Carlo d'Austria, 6 ottobre 1624.

Seconda rappresentazione a Firenze, Teatro di Palazzo Pitti, in occasione della venuta del principe Ladislao Sigismondo di Polonia, 28 gennaio 1625.

Tav. 4 (mm 130 x 147) – Atto V, scena 5: *Qui per l'orrenda bestemmia cade vn fulmine sopra il Re, e la terra l'inghiotte, cade ancora fulminato il Tempio di Marte, e l'Idolo va in pezzi* [fig. 85].

**Figura 86.** Alfonso Parigi, incisione per *La liberazione di Ruggiero dall'isola d'Alcina* (tav. 4): «Isola d'Alcina [...]», 1625.

2. *La liberazione di Ruggiero dall'isola d'Alcina.* Balletto

[Firenze], per Pietro Cecconcelli, 1625
5 tavole

Libretto: Ferdinando Saracinelli
Musica: Francesca Caccini
Scene: Giulio Parigi
Balli: Agnolo Ricci
Incisione: Alfonso Parigi

Prima rappresentazione nella villa medicea di Poggio Imperiale (Firenze), in occasione della venuta del principe di Polonia Ladislao Sigismondo, 2 febbraio 1625.

Tav. 4 (mm 185 x 240): *Isola d'Alcina ardente terza muta delle scene. Qui si trasforma la scena, & il mare in fuoco, & Alcina viene sopra vna mostruosa barca contesta di ossi di balena, con vn coro di Mostri* [fig. 86].

Figura 87. François Collignon, incisione per *Il S. Alessio* (tav. 8), atto III, scena 5: «Comparisce dalla casa del Santo [...]», 1634.

*3. Il S. Alessio.* Dramma musicale

In Roma, appresso Paolo Masotti, 1634
8 tavole

Prologo, 3 Atti
Libretto: Giulio Rospigliosi (papa Clemente IX)
Musica: Stefano Landi
Scene e Macchine: Gian Lorenzo Bernini (?)
Incisione: François Collignon

Prima rappresentazione a Roma, nel teatro del Palazzo Barberini ai Giubbonari, 1631.
Quarta rappresentazione a Roma, nel teatro del Palazzo Barberini alle Quattro Fontane, in onore del principe Alessandro Carlo di Polonia, 1634.

Tav. 8 (mm 265 x 415) – Atto III, scena 5: *Comparisce dalla casa del Santo la Religione; e seco viene un Choro di Virtù figurate per l'otto Beatitudini, quali furono mezzi ad Alessio per ottenere la Gloria; e nel salire al Cielo l'anima di esso, rimangono in terra* [...] *Partesi poi la Religione* [...] *e mentre da gli Angeli si continuano i canti, festeggiano le Virtù con i balli* [fig. 87].

**Figura 88.** Stefano Della Bella, incisione per *Le nozze degli Dei* (tav. 5), atto V, scena 3: «Finito il ballo [...]», 1637.

*4. Le nozze degli Dei.* Fauola

In Firenze, nella nuova Stamperia del Massi e' Landi, 1637
Frontespizio inc., 7 tavole

Prologo, 5 Atti
Libretto: Giovan Carlo Coppola
Musica: 5 compositori fiorentini coordinati da Ferdinando Saracinelli
Scene e Macchine: Alfonso Parigi
Balli: Agnolo Ricci
Incisione: Stefano Della Bella su disegno di Alfonso Parigi

Prima rappresentazione a Firenze, nel cortile di Palazzo Pitti, in occasione delle nozze di Ferdinando II de' Medici granduca di Toscana e Vittoria della Rovere principessa d'Urbino, 8 luglio 1637.

Tav. 5 (mm 209 x 287) – Atto V, scena 3: *Finito il ballo del mare si spalancano le porte dell'Inferno, oue si vede il Palazzo di Plutone* [...] *dopo otto centauri ballano alla foggia infernale, i quali* [...] *produssero nell'animo degli spettatori diletto, e merauiglia* [...] [fig. 88].

**Figura 89.** Stefano Della Bella, incisione per *Le nozze degli Dei* (tav. 6), atto V, scena 6: «Finito questo ballo [...]», 1637.

Tav. 6 (mm 209 x 285) – Atto V, scena 6: *Finito questo ballo non meno ingegnoso, che piaceuole, il quale dall'orrore fece nascere il diletto, quando gli spettatori pensauano che la merauiglia fusse arriuata al sommo, in vn subito si apre il Cielo in tre luoghi, e la scena riempiendosi di nuuole diviene anch'essa Cielo, le quali come se ferite da i raggi del sole lumeggiate tutte d'oro, e risplendenti, quasi che abbagliauano gli occhi degli spettatori;* [...] *si vidde Pallade con le noue Muse, le quali cominciando a cantare furono seguitate da' cori degli Dei, che stauano assisi per tutte le parti del cielo;* [...] *comparue Apollo dalla mano destra con li dodici segni dello zodiaco, e dalla man sinistra Diana con dodici Ninfe vestite a guisa di stelle* [...] *Tutti brillando di gioia cominciarono a ballare, e a cantare* [...]; *cominciarono a danzare* [...] *ventiquattro caualieri, che rassembrauano altre tante stelle* [...]; *nell'istesso tempo si vide nella parte più alta del cielo vn ballo di caualli veri* [...] *mentre che si ballaua le noue Muse cantarono* [...]; *da vna parte l'occhio rimaneua abbagliato dalla bellezza delle scene* [...] *e dalla pompa degli abiti* [...] *dall'altra l'vdito restaua incantato dalla melodia, e soauità delle voci* [...] [fig. 89].

**Figura 90.** Alfonso Parigi, incisione per *La sincerità trionfante overo L'erculeo ardire* (tav. 3), atto V, scena 14: «[...] si scopre la città di Parigi [...]», 1639.

*5. La sincerità trionfante ouero L'erculeo ardire.* Fauola boscareccia

In Ronciglione, per Francesco Mercurij, 1639
3 tavole

Antiprologo, Prologo, 5 Atti
Libretto: Ottaviano Castelli
Musica: Angelo Cecchini
Scene e Macchine: Alfonso Parigi
Incisione: Alfonso Parigi

Prima rappresentazione a Roma, Palazzo Farnese, in occasione della nascita del Delfino di Francia, 23 novembre 1638.

Tav. 3 (mm 230 x 320) – Atto V, scena 14: [...] *si scopre la città di Parigi, piena di fuochi d'allegrezza, et dopo* [...] *si fa una sarabanda ballata da un mastro francese a marauiglia bella* [fig. 90].

Figura 91. Nicolas Cochin, incisione per *Feste theatrali per la Finta Pazza* (tav. 4), azione II, scena 8: «[...] questa mostrava una gran piazza [...]», 1645.

*6. Feste theatrali per la Finta Pazza.* Drama

[Parigi, R. Ballard (?), 1645]
5 tavole

Prologo, 1 Atto, 2 Azioni
Libretto: Giulio Strozzi
Musica: Francesco Sacrati
Scene e Macchine: Giacomo Torelli
Balli e Costumi: Giovan Battista Balbi
Incisioni: Nicolas Cochin

Prima rappresentazione a Venezia, Teatro Novissimo, 1641.

Seconda rappresentazione a Parigi, nella sala del Palais du Petit-Bourbon, 23 febbraio (o 14 dicembre) 1645.

Figura 92. Nicolas Cochin, incisione per *Feste theatrali per la Finta Pazza* (tav. 5), azione III, scena 4: «La scena della piazza antecedente fu trasformata [...]», 1645.

Tav. 4 (mm 405 x 480) – Azione II, scena 8: [...] *questa mostraua una gran piazza della città con diuerse strade;* [...] *la parte orizontale fu veduta in vn momento alsarsi, e le nubi* [...] *fur vedute misteriosamente dilatarsi, & con vn ordine pur casuale suelare le richezze e i lumi, e le glorie d'vn Paradiso* [...] [fig. 91].

Tav. 5 (mm 405 x 480) – Azione III, scena 4: *La scena della piazza antecedente fu trasformata, con incredibile celerità in vn superbo, & delitioso giardino della Regia Corte. Quiui nella parte anteriore della scena si scorgeua un soffitto di verdure* [...] *siepi di rose, &* [...] *verdeggianti di mirto;* [...] *in faccia più lontano era situata vn altra loggia* [...] *& continuando* [...] *vaghe siepi di busso, e di rose* [...] *erano interrotte da vn arco vastissimo di rustico lauoro, per il quale passaua ad vn più immenso giardino variamente composto, in mezzo di questi sorgea un volto d'incorotta verdura* [...] *per il foro del quale la vista si portaua fra vn viale di gentilissimi aranci ad vna fonte, oue vagaua a suo diletto e senza termine la licenza d'ogn'occhio* [fig. 92].

**Figura 93.** Israël Silvestre, incisione per *Scene e machine preparate alle Nozze di Teti* (tav. 10), atto III, scena 2: «Ercole in fine con Prometheo liberato [...]», 1654.

*7. Scene e machine preparate alle Nozze di Teti.* Balletto reale
*Decorations et machines aprestées aux Nopces de Tetis,* Ballet royal

[Parigi, R. Ballard, 1654]
10 tavole

Prologo, 3 Atti
Libretto: Francesco Buti
Musica: Carlo Caproli (detto Carlo del Violino)
Scene e Macchine: Giacomo Torelli
Incisione: Israël Silvestre su disegni di François Francart

Prima rappresentazione a Parigi, nella sala del Palais du Petit-Bourbon, 26 marzo (o 14 aprile) 1654.

Tav. 10 (mm 408 x 480) – Atto III, scena 2: *Ercole in fine con Prometheo liberato conducono le Arti liberali sue figliuole, che danzano mentre che dal cielo cominciano à scendere sei nuuole da' fianchi con diciotto persone sopra, coprendo in parte l'architetture del Palazzo; cangiasi intanto il prospetto della fabrica in nuuole, et apparisce di sotto vn grandissimo fondo pur di nuuole con molte Deità. Di sopra si vede vn'altra apertura, doue siedono dalle parti diciotto persone, che sono le Intelligenze celesti, che con gratissima melodia componendo i loro suoni, attendono Giunone, e Imeneo. Queste due Deità discese dal cielo nel grembo delle nuuole, vengono sopra vna delle più grandi auanzandosi fino nel mezzo delle sudette Intelligenze, di doue tutti calano a terra, e scendendo le sei per parte si vengono dolcemente ad accostare alla machina di Giunone. Squarciandosi lentamente intanto le altre nuuole nel fondo scuoprono vn Palaggio tutto d'oro, e di cristalli di più colori fabricato. Alla quale prodigiosa vista si aggiunge, che danzando a terra Giunone, et Imeneo, esce dauanti il sudetto Palazzo fra le nuuole vn coro di Amori, che componendo sopra di quelle leggiadrissimo ballo, vengono a dar fine a sì regia, e maestosa rappresentatione* [fig. 93].

**Figura 94.** Giovanni Battista Galestruzzi, incisione per *La vita humana overo Il Trionfo della Pietà* (tav. 5), atto III, scena 5: «Innocenza [...]», 1658.

*8. La vita humana ouero Il Trionfo della Pietà.* Dramma musicale

In Roma, per il Mascardi, 1658
5 tavole

Prologo, 3 Atti
Libretto: Giulio Rospigliosi (papa Clemente IX)
Musica: Marco Marazzoli
Scene: Giovanni Francesco Grimaldi
Incisione: Giovanni Battista Galestruzzi

Prima rappresentazione a Roma, nel teatro di Palazzo Barberini, in onore della Regina Cristina di Svezia, 30 (o 31) gennaio 1656.

Tav. 5 (mm 310 x 388) – Atto III, scena 5: *Innocenza: «Ma per dar gratie a chi di gratie è fonte, pria che tutto nel mar declini il Sole, con voci festeggianti andiam di Pietro a venerar la mole, e celebriam della pietade i vanti»* [fig. 94].

**Figura 95.** M. Bellon, incisione per *L'Ipermestra* (tav. 3), prologo, scena 2: «[...] qui si mutò velocemente la scena [...]», 1658.

*9. L'Ipermestra.* Festa teatrale

In: Giovanni Andrea Moniglia, *Delle poesie drammatiche*
In Firenze, per Vincenzo Vangelisti, 1689
12 tavole

Prologo, 3 Atti
Libretto: Giovanni Andrea Moniglia
Musica: Francesco Cavalli
Scene e Macchine: Ferdinando Tacca
Soprintendente alla festa: Tommaso Guidoni
Costumi: Vincenzo Giraldi, Annibale Dovara, Giovanni Rucellai, Carlo Taddei
Balli: Tommaso Guidoni, Carlo Ventura del Nero
Abbattimento: Tommaso Guidoni
Incisione: M. Bellon

Prima rappresentazione a Firenze, nel Teatro dell'Accademia degli Immobili in via della Pergola, per celebrare il giorno natalizio del Real Principe di Spagna Filippo, 18 (o 12) giugno 1658.

Tav. 3 (mm 182 x 240) – Prologo, scena 2: [...] *qui si mutò velocemente la scena. Questa ci si dimostrò adombrata* [...] *slargandosi con l'ampiezza del mare, che si distendea quasi fino all'orchestra, doue formaua vn seno di scogli, sulla cui sponda scorgeuasi con non più veduta maniera l'andare, e 'l ritornare dell'onde marine, e 'l frangersi al lido, et vdiuasene il vero fragore, veggendosene albeggiare con impareggiabile somiglianza la spuma: mirauasi poscia dall'orizzonte con lento, & inuisibil moto spuntare il sole, e sì crescendo la luce, e lampeggiandone il mare alla medesima proporzione a poco a poco si venne illuminando la scena* [...] *Notauano le Nereidi con bizzarre note cantando, e varij Tritoni e Mostri marini tutti d'alga, e di scogli in diuersi modi attorniati* [...] *all'apparir che feo Citerea soura un gruppo grande di nubi* [...] *Fra tanto Teti ondeggiando soura ricca conchiglia di madreperla tutta foderata d'argento passeggiaua i liquidi, e tranquilli sentieri sopra il dorso di due delfini* [...] [fig. 95].

*10. Ercole in Tebe.* Festa teatrale. Seconda impressione

In Fiorenza, nella nuova Stamperia all'Insegna della Stella [Giuseppe Cocchini], 1661
13 tavole

Prologo, 5 Atti
Libretto: Giovanni Andrea Moniglia
Musica: Jacopo Melani
Scene e Macchine: Ferdinando Tacca (e Jacopo Chiavistelli?)
Regia: Leonardo Martellini
Direttori d'orchestra: Filippo Franceschi, Piero Strozzi
Costumi: Annibale Dovara, Carlo Taddei, Giovanni Rucellai, Vincenzo Giraldi
Balli: Silvio Alli, Alessandro Carducci, Carlo Ventura del Nero
Abbattimento: Silvio Alli
Incisioni: Valerio Spada

Prima rappresentazione a Firenze, nel Teatro dell'Accademia degli Immobili in via della Pergola, in occasione delle nozze di Cosimo III de' Medici principe di Toscana e di Margherita Luisa principessa d'Orleans, 1661.

**Figura 96.** Valerio Spada, incisione per *Ercole in Tebe* (tav. 4), scene 12-14: «[...] ed una ricchissima scena succedette [...]», 1661.

**Figura 97.** Valerio Spada, incisione per *Ercole in Tebe* (tav. 5), atto II, scena 1: «Già le prospettive cangiandosi [...]», 1661.

Tav. 4 (mm 219 x 294) – Scene 12-14: [...] *ed vna ricchissima scena succedette, oue molte colonne di lapislazzero* [...] *reggeano membri d'ordine corintio, che capitelli, fregi, modiglioni, e cornici aveano di finissimo oro composti* [...] *Elleno in due schiere si bipartiro, l'vna delle quali componean le Ninfe, l'altra dalle donzelle formauasi, e* [...] *sciolsero il piede ad vn aggiustatissimo ballo, accompagnando alla Spagnuola l'ordine de' passi col suono delle castagnette* [...] [fig. 96].

Tav. 5 (204 x 280 mm) – Atto II, scena 1: *Già le prospettiue cangiandosi auean mostrato nouella scena, ed era questa vn ampio salone del reale appartamento, la cui ricca soffitta appoggiauasi sopra diuersi pilastri, e sopra molte colonne, il vano delle quali rispondea per ogni parte, in altre stanze adornate di vaghe pitture, e di ricchi lauori, due delle colonne per corrispondere a quelle dell'altre bande con capricciosa inuenzione su la fronte del medesimo proscenio situate erano, in forma però, che aggiungeano di vaghezza, senza toglier della veduta* [...] [fig. 97].

**Figura 98.** Mathäus Küsel, incisione per *Fedra incoronata* (tav. 6), atto I, scena 12: «Reggia di Nettunno [...]», 1662.

*11. Fedra incoronata.* Drama regio musicale

In Monaco, appresso Gioann Iekelino, 1662
12 tavole

Prologo, 3 Atti
Libretto: Pietro Paolo Bissari
Musica: Johann Kaspar Kerll
Scenografia e Regia: Francesco Santurini
Incisione: Mathäus Küsel su disegno di Gaspar am Ort

Prima rappresentazione a Monaco di Baviera, nel teatro appositamente costruito, tra le feste allestite in occasione della nascita di Massimiliano Emanuele, primogenito dei duchi di Baviera Ferdinando Maria ed Enrichetta Maria Adelaide (di Savoia), 24 settembre 1662.

Tav. 6 (mm 257 x 342) – Atto I, scena 12: *Reggia di Nettunno in fondo al mare* [...] *Si fa vedere gran pesce, che dal mezo di gran corona vibra vn'alta fiamma, e sorsi d'acqua dalle nari; dalla cui bocca escono mostri maritimi, che cadono per man di Teseo* [...] *saranno in tanto uscite le Nereidi sopra vari, e strani pesci, da quali smontano al ballo comandato* [...] [fig. 98].

**Figura 99.** Domenico Rossetti, incisione per *Berenice vendicativa* (tav. 1), atto I, scena 1: «Pianura vastissima con due archi [...]», 1680.

*12. Berenice vendicatiua.* Drama per musica

In Padova, per Pietro Maria Frambotto, [1680]
12 tavole

3 Atti
Libretto: Giorgio Maria Rapparini
Musica: Domenico Freschi
Scenografia e Regia: Francesco Santurini
Incisione: Domenico Rossetti

Prima rappresentazione a Piazzola sul Brenta (Padova), nel teatro di Villa Contarini, 8 novembre 1680.

Tav. 1 (mm 200 x 188) – Atto I, scena 1: *Pianura vastissima con due archi trionfali a vista di Trabisonda. Esercito schierato di caualleria, e fanteria. Berenice con corteggio di cento damigelle. Farnace circondato da molti con spada alla mano* [fig. 99].

**Figura 100.** Arnold van Westerhout, incisione per *Il Greco in Troia* (tav. 1), atto I, scena 1: «Campagna, [...]», 1688.

*13. Il Greco in Troia.* Festa teatrale

In Firenze, nella Stamperia di S.A.S., 1688
17 tavole

3 Atti
Libretto: Matteo Noris
Musica: Giovanni Maria Pagliardi
Scene e Macchine: Jacopo Chiavistelli
Incisioni: Arnold van Westerhout

Prima rappresentazione a Firenze, nel Teatro dell'Accademia degli Immobili in via della Pergola, in occasione delle nozze di Ferdinando III de' Medici principe di Toscana e Violante Beatrice principessa di Baviera, 29 gennaio 1689.

Tav. 1 (mm 232 x 315) – Atto I, scena 1: *Campagna, dove stava attendato l'esercito greco. Nel mezzo vi è il cavallo* [fig. 100].

**Figura 101.** Arnold van Westerhout, incisione per *Il Greco in Troia* (tav. 6), atto II, scena 1: «Mare con machina, [...]», 1688.

Tav. 6 (mm 235 x 320) – Atto II, scena 1: *Mare con machina, che figura la città di Troia, e serue di carro trionfale, tirata sull'acqua da Nettuno, Deità marine, e varij mostri. Suonano Glauchi, e Tritoni trombe ritorte. Le Nereidi, et altre Ninfe* [...] *Suonano le trombe in concerto per sino, che la machina viene avanti, et ai Soldati Greci intrecciano un ballo con giuochi di picche, e bandiere* [fig. 101].

**Figura 102.** Ugolinus, incisione per *L'idea di tutte le perfezioni* (tav. 4): «Venere in mare assisa su la conchiglia [...]», 1690.

*14. L'Idea di tutte le perfezioni.* Introduzione al Balletto

Piacenza, nella Stampa Ducale del Bazachi, 1690
6 tavole

Libretto: Lotto Lotti
Musica: Giuseppe Felice Tosi
Macchine: Stefano Lolli
Scene: Ferdinando e Francesco Galli Bibiena
Balli: Giacomo Duridò
Incisione: Ugolinus

Prima rappresentazione a Parma, nel teatrino di corte, in occasione delle nozze fra il principe Odoardo e la principessa Dorotea Sofia di Neuburg, 5 maggio 1690.

Tav. 4 (mm 310 x 390): *Venere in mare assisa su la conchiglia, e mostri marini* [...] *Si ferma con la conchiglia in vista d'vna nube, che calata a mezz'aria scuopre Amore, e Marte* [...] *Amore gli leua l'asta* [...] [fig. 102].

Figura 103. Alessandro Specchi (?) – Pietro Paolo Petrucci, incisione per *La caduta del Regno dell'Amazzoni* (tav. 1), prologo: «Spiaggia amena di mare [...]», 1690.

*15. La caduta del Regno dell'Amazzoni.* Festa teatrale

In Roma, nella Stamperia della Reverenda Camera Apostolica, 1690
6 tavole

Prologo, 3 Atti, 2 Intermezzi
Libretto: Giuseppe Domenico de Totis
Musica: Bernardo Pasquini
Scene: Girolamo Fontana
Incisioni: Alessandro Specchi (?) e Pietro Paolo Petrucci
su disegno di Girolamo Fontana

Prima rappresentazione a Roma, Palazzo Colonna, in occasione delle nozze fra re Carlo II di Spagna e la principessa Marianna di Pfalz-Neuburg, gennaio 1690.

Tav. 1 (mm 250 x 334) – Prologo: *Spiaggia amena di mare con Atlante caduto sotto il peso del mondo* [...] *l'istesso Globo del mondo si cangia nelle sue quattro parti, Europa, Asia, Africa, e America* [fig. 103].

**Figura 104.** Alessandro Specchi (?) – Pietro Paolo Petrucci, incisione per *La caduta del Regno dell'Amazzoni* (tav. 6), atto III, scena 14: «Campagna con padiglioni con soldati Sarmati [...]», 1690.

Tav. 6 (mm 237 x 333) – Atto III, scena 14: *Campagna con padiglioni con soldati Sarmati* [...] *Apparisce la Fama con Imeneo sopra carro lumeggiato d'oro tirato dal cavallo Pegaseo* [...] *Segue il ballo di Amazzoni, e soldati Sarmati, e si dà fine all'opera* [fig. 104].

BIBLIOGRAFIA

C.F. MÉNESTRIER, *Des représentations en musique anciennes et modernes*, Guignard, Paris 1681.

E. POVOLEDO, *Scenografia*, in *Enciclopedia dello Spettacolo*, VIII, Le Maschere, Roma 1961.

C. MOLINARI, *Le nozze degli dèi*, Bulzoni, Roma 1968.

F. MANCINI – M.T. MURARO – E. POVOLEDO (a cura di), *Illusione e pratica teatrale*, catalogo della mostra, Neri Pozza, Venezia 1975.

M. FAGIOLO DELL'ARCO – S. CARANDINI, *L'effimero barocco. Strutture della festa nella Roma del '600*, Bulzoni, Roma 1977.

L. ZORZI, *Il teatro e la città*, Einaudi, Torino 1977.

L. CAIRO – P. QUILICI, *Biblioteca teatrale dal '500 al '700. La raccolta della Biblioteca Casanatense*, Bulzoni, Roma 1981.

L. BIANCONI – G. PESTELLI (a cura di), *Storia dell'opera italiana*, V, *La spettacolarità*, E.D.T., Torino 1988.

S. CARANDINI, *Teatro e spettacolo nel Seicento*, Laterza, Roma-Bari 1990.

A. BASSO (dir.), *Musica in scena. Storia dello spettacolo musicale*, I, *Il teatro musicale dalle origini al primo Settecento*, U.T.E.T., Torino 1995.

**Figura 105.** Luigi Vanvitelli, scenografia per la *Statira*, atto III, scena 1: «Sotterranea di Palazzo Reale», FDRC n. 1702r (già 297r).

# 10.

# I disegni di scenografia di Luigi Vanvitelli *

Pier Luigi Ciapparelli

La produzione scenografica di Luigi Vanvitelli attende ancora una puntuale storicizzazione e costituisce uno dei nodi non completamente chiariti della multiforme attività dell'architetto napoletano. Segnalati per primi da Chierici [1] e da Fichera [2], gli studi scenografici vanvitelliani, pur se non paragonabili, nella consistenza, alla produzione grafica specificamente architettonica, costituiscono un fondo di notevole interesse oggi suddiviso, per la maggior parte, tra le collezioni della Reggia di Caserta, del Museo Nazionale di San Martino a Napoli e del Metropolitan Museum di New York [3].

Risolti quasi del tutto i problemi di attribuzione da quanti se ne sono occupati nel-

*Pier Luigi Ciapparelli, Accademia di Belle Arti, Napoli*

* *Questo contributo è stato redatto in occasione del convegno del 1996. Nel lungo tempo intercorso tra la stesura e la pubblicazione, la bibliografia vanvitelliana è notevolmente accresciuta. Ho pertanto ritenuto di aggiornare le note lasciando, invece, sostanzialmente integro il testo.*

[1] Cfr. G. CHIERICI, *Disegni della raccolta vanvitelliana nella Reggia di Caserta*, «Rassegna di architettura» VIII, XIV (1936), p. 169.

[2] Cfr. F. FICHERA, *Luigi Vanvitelli*, Roma 1937, pp. 5-7 e p. 11.

[3] A questi vanno aggiunti l'esemplare posseduto dalla collezione Gourary di New York segnalato da Garms (J. GARMS, *Notizie intorno al corpus dei disegni vanvitelliani*, «Napoli Nobilissima» XVI, 2 [1977], p. 58, fig. 24) e due bozzetti di una collezione napoletana su cui si discuterà più avanti nel testo. La Viale Ferrero riconduce alla mano di Vanvitelli (M. VIALE FERRERO, *Filippo Juvarra scenografo e architetto teatrale*, Torino 1970, p. 385) anche due disegni conservati presso il Museo Teatrale alla Scala a Milano (inv. 3784 e 3958/17), già attribuiti da Rava a Juvarra (C.E. RAVA, *La scenografia*, in *Il Museo Teatrale alla Scala 1913-1963*, Milano 1964, pp. 236-340, figg. 20-21). Monteverdi, in seguito, ha riproposto la paternità juvarriana asserendo che un riferimento a Vanvitelli è «plausibile solo in funzione dei residui juvarriani che possiamo riconoscere nella sua produzione disegnativa» (cfr. M. MONTEVERDI, *Scenografia e costumi*, in *Museo Teatrale alla Scala*, III, Milano 1975, pp. 631-632, schede 2641-2642, figg. 1178-1179). A mio parere la paternità di Luigi per i due fogli è comunque da escludere dal momento che sia la grafia che le soluzioni adottate sono lontane dal suo linguaggio.

l'ambito della catalogazione generale del *corpus* dei disegni vanvitelliani [4], restano ancora da chiarire questioni relative alla datazione dei singoli esemplari e soprattutto alla loro finalità, ovvero se bozzetti destinati alla messinscena o se esercitazioni di studio. Ma al di là di queste precisazioni di natura filologica, restano anche da approfondire i caratteri del linguaggio scenografico di Luigi e il suo apporto alla scenografia italiana della prima metà del Settecento, individuandone i modelli di riferimento.

L'argomento è tanto più interessante se si considera la possibilità di tracciare un parallelo tra la produzione per la scena e quella architettonica del maestro, rintracciando nei bozzetti le premesse per opere architettoniche successive.

Gli studi di scenografia sono stati generalmente assegnati dalla storiografia alla fase giovanile di Luigi, negli anni del soggiorno romano [5], quando l'artista rivolge la propria attenzione anche verso la pittura. Garms, in particolare, li colloca nell'arco

[4] Fatta eccezione per i contributi di Franco Mancini che per primo ha proposto una lettura critica della sua produzione scenografica. Per una bibliografia su Vanvitelli scenografo si veda R.C. SMITH, *Some Drawings by the Architect Luigi Vanvitelli*, «The Art Quarterly» II, 4 (1939), pp. 331-353; F. NOACK, *s. v. Vanvitelli, Luigi*, in U. THIEME – F. BECKER, *Allgemeines Lexicon der bildenden Künstler von der Antike bis zur Gegenwart*, XXXIV (1940), Leipzig 1907-42, pp. 103-105; R. CAUSA, *Rassegna mensile dei disegni delle raccolte del Museo di S. Martino*, catalogo della mostra, Napoli 1953, fasc. n. 9-10, scheda 77 e fig. 10; M. VIALE FERRERO, *I disegni scenografici della raccolta Fatio*, «La critica d'arte» XXIII (settembre-ottobre 1957), pp. 374 e 385-386; R. CAUSA, *Luigi Vanvitelli "uomo nuovo" nella Napoli dei tempi di Carlo III*, «Roma» 6 giugno 1958, p. 3; ID., *Luigi Vanvitelli inedito*, «Roma» 11 giugno 1958; F. MANCINI, *Scenografia napoletana dell'età barocca*, Napoli 1964, pp. 167-168 e figg. 74-89; ID., *Scenografia italiana. Dal Rinascimento all'età romantica*, Milano 1966, pp. 105-106, p. 38 schede 34-35 e pp. 82-83 figg. 34-35; W. VITZTHUM – R. CAUSA (a cura di), *Disegni napoletani del Sei e del Settecento*, catalogo della mostra, Roma 1969, pp. 29-30, scheda 75 di R. CAUSA e tav. 51; J. BEAN – F. STAMPFLE, *Drawings from New York Collections. III. The Eighteenth Century in Italy*, catalogo della mostra, New York 1971, p. 73, scheda 172; J. GARMS, *Disegni di Luigi Vanvitelli nelle collezioni pubbliche di Napoli e Caserta*, catalogo della mostra, Napoli 1973, pp. 31-38, schede 9-26; D. OENSLAGER, *Four Centuries of Scenic Invention. Drawings from the Collection of Donald Oenslager*, New York 1974-75, pp. 54-55, schede 29-29a; F. MANCINI – M.T. MURARO – E. POVOLEDO (a cura di), *Illusione e pratica teatrale. Proposte per una lettura dello spazio scenico dagli Intermedi fiorentini all'Opera comica veneziana*, catalogo della mostra, Venezia 1975, pp. 97-101; M.L. MYERS, *Architectural and Ornament Drawings: Juvarra, Vanvitelli, the Bibiena Family, and Other Italian Draughtsmen*, catalogo della mostra, New York 1975, pp. 48-49, scheda 73; L. VANVITELLI JR., *Vita di Luigi Vanvitelli*, a cura di M. ROTILI, Napoli 1975, pp. 65-67; C. DE SETA, *Disegni di Luigi Vanvitelli architetto e scenografo*, in *Luigi Vanvitelli*, Napoli 1973, pp. 279-282, schede 1-26; J. GARMS, *Notizie intorno al corpus dei disegni vanvitelliani* cit., pp. 56-58; A. PAMPALONE, *Inediti e nuove precisazioni sul fondo dei disegni di Luigi Vanvitelli a Caserta*, in E. DEBENEDETTI (a cura di), *Carlo Marchionni, architettura, decorazione e scenografia contemporanea*, Roma 1988, pp. 321-333, spec. pp. 323-324; A. PAMPALONE, *Catalogo*, in C. MARINELLI (a cura di), *L'esercizio del disegno. I Vanvitelli. Catalogo generale del fondo dei disegni della Reggia di Caserta*, catalogo della mostra, Roma 1991, pp. 84-90, schede 167-185; F. MANCINI, *s. v. Vanvitelli, Luigi*, in S. SADIE (ed. by), *The New Grove Dictionary of Opera*, IV, London 1992, p. 898; P.L. CIAPPARELLI, *Luigi Vanvitelli e il teatro di corte di Caserta*, Napoli 1995, p. 20; C. DE SETA, *Luigi Vanvitelli*, Napoli 1998, pp. 187-202, schede 21-46 di C. DE SETA e P.C. VERDE; C. DE SETA (a cura di), *Luigi Vanvitelli e la sua cerchia*, catalogo della mostra, Napoli 2000, pp. 233-240, schede 37-52.

[5] Fatta eccezione per la «Scena di porto» conservata al Museo Nazionale di San Martino a Napoli (n. 20897) assegnata da Causa, e di seguito da Mancini, De Seta e Rotili, alla fase matura. Cfr. R. CAUSA, *Luigi Vanvitelli inedito* cit. Tale datazione è tuttavia contestata da Garms che ritiene l'esemplare collocabile nel periodo romano antecedente al 1740. Cfr. J. GARMS, *Disegni di Luigi Vanvitelli* cit., p. 36, scheda 21.

degli anni venti[6], ovvero immediatamente prima dell'esordio professionale nell'architettura a Urbino. Si tratta certamente del periodo più difficile da ricostruire della sua vita soprattutto per quanto attiene alla formazione di architetto e al rapporto con Filippo Juvarra. Singolare è che le biografie 'storiche', da Pascoli[7], a Poleni[8], a Milizia[9], a Luigi Jr.[10], a Sasso[11] e allo stesso Vanvitelli, nella nota autografa pubblicata da Minieri Riccio[12], non facciano riferimento alla sua attività come scenografo. La sua produzione negli anni della maturità dimostra, inoltre, che se impegnato in opere nel settore teatrale affiderà sempre ad altri la realizzazione delle scene, come nel caso emblematico del Teatro di Corte della Reggia di Caserta, inaugurato nel 1769, dove verrà affiancato da Antonio Joli per l'intera dotazione scenica[13].

Tuttavia è più che documentato il suo interesse per il teatro, segnatamente musicale, forse influenzato dalle inclinazioni culturali del nonno materno, l''ottonaro' Giovanni Andrea Lorenzani, che gli lascia in eredità «originali dell'opere dramme, rappresentazioni, Commedie, intermedij»[14]. Il noto carteggio con il fratello Urbano restituisce, peraltro, accurati rendiconti degli spettacoli ai quali frequentemente assiste al San Carlo e al Teatro dei Fiorentini[15] e l'aneddoto della messinscena della *Merope* di Apostolo Zeno nella propria residenza con la partecipazione dei figli e di Francesco Collecini, suo assistente nel cantiere di Caserta[16]. Né può essere trascurato il suo impegno nell'architettura teatrale che conta, oltre all'episodio casertano, un progetto oggi perduto per la Scala[17] e il restauro del San Carlo, non ancora documentato, attribuitogli dal nipote Luigi Jr.[18].

[6] *Ibid.*, p. 33, scheda 1.

[7] Autore, nella sua *Vita degli artisti viventi* (1738) conservata manoscritta presso la Biblioteca Augusta di Perugia (ms. 1383), del primo profilo biografico su Luigi, reso noto da E. BATTISTI, *Lione Pascoli, Luigi Vanvitelli e l'urbanistica italiana del Settecento*, in G. CHIERICI (a cura di), «Atti dell'VIII convegno nazionale di Storia dell'architettura» (Caserta, 12-15 ottobre 1953), Roma 1956, pp. 51-53.

[8] Nelle numerose annotazioni sull'artista riferite in G. POLENI, *Memorie Istoriche della Gran Cupola del Tempio Vaticano, e de' ristoramenti loro*, Padova 1748.

[9] F. MILIZIA, *Memorie degli Architetti antichi e moderni*, Parma 1781, pp. 348-360.

[10] L. VANVITELLI JR., *Vita dell'architetto Luigi Vanvitelli*, Napoli 1823.

[11] C.N. SASSO, *Storia dei monumenti di Napoli e degli architetti che li edificavano per l'architetto Camillo Sasso*, II, Napoli 1856, pp. 431-486.

[12] C. MINIERI RICCIO, recensione a D. SALAZARO, *Poche parole dette sul sepolcro di Luigi Vanvitelli, Caserta 1879*, «Archivio storico per le province napoletane» V, 1 (1880), pp. 196-198.

[13] Cfr. P.L. CIAPPARELLI, *Luigi Vanvitelli* cit., p. 14.

[14] Cfr. G. MORELLI, *Appunti bio-bibliografici su Gaspar e Luigi Vanvitelli*, «Archivio della Società Romana di Storia Patria» s. III, vol. XXIII, anno XCII, fascicoli 1-4, p. 133.

[15] Cfr. F. STRAZZULLO, *Le lettere di Luigi Vanvitelli della Biblioteca Palatina di Caserta*, Galatina 1976-77. Un'utile sintesi dei brani dell'epistolario riguardanti aspetti musicali è in R. BOSSA, *Luigi Vanvitelli spettatore teatrale a Napoli*, «Rivista italiana di musicologia» XI, 1 (1976), pp. 48-70.

[16] Cfr. F. STRAZZULLO, *Le lettere* cit., I (1976), pp. 475 e 477.

[17] Cfr. F. MANCINI, *Piermarini e la costruzione del Teatro alla Scala*, in *La Scala*, Milano 1966, pp. 19-22.

[18] Cfr. L. VANVITELLI JR., *Vita* cit., p. 83. Considerevole è anche il suo apporto alle sperimentazioni nel settore dell'effimero come attestano, ad esempio, i noti allestimenti festivi nelle residenze napoletane dei Mirelli di Teora (1768) e dei Perrelli (1772).

**Figura 106.** Luigi Vanvitelli, scenografia per il *Tito Manlio*, atto III, scena 3: «Appartamenti», FDRC n. 1682r (già 315r).

Va ricordata, infine, la partecipazione di Luigi, come illustratore, all'edizione delle *Commedie* di Terenzio tradotte da Nicola Fortiguerra e stampata a Urbino dal Mainardi nel 1736 per iniziativa del cardinale Annibale Albani [19].

Alla luce di queste considerazioni sembra più che probabile un suo impegno attivo nel settore della scenografia anche se, presumibilmente, limitato alla fase giovanile.

Una conferma dell'effettiva destinazione di alcuni dei bozzetti per spettacoli effettivamente allestiti si riscontra nelle indicazioni autografe riportate su alcuni esemplari. Jörg Garms, per primo, avvalendosi dell'iscrizione riportata sul verso del foglio, ha riferito il noto bozzetto con sotterraneo di ambientazione gotica [20] [fig. 105] alla *Statira* di Tommaso Albinoni, su testo di Apostolo Zeno e Pietro Pariati, rappresentata al Teatro Capranica a Roma nel 1726 [21]. Con argomentazioni convincenti e basandosi sempre sulle indicazioni riportate sui fogli, lo studioso ha anche ricondotto cinque bozzetti [22], conservati nel fondo vanvitelliano di Caserta, al *Tito Manlio* allestito al Teatro della Pace a Roma nel 1720, su testo di Matteo Noris e musiche di Pietro Giuseppe Gaetano Boni [23] [fig. 106].

Per quest'ultimo allestimento il fortunato rinvenimento, presso una collezione privata napoletana, di due disegni autografi di Luigi [24] consente di confortare ulte-

[19] Per una bibliografia su questa impresa editoriale si veda M. ROTILI (a cura di), *Vita* cit., pp. 65-66; A. PAMPALONE, *Catalogo* cit., pp. 81-83, schede 114-166.

[20] Caserta, Fondo dei disegni vanvitelliani della Reggia (d'ora in avanti indicato come FDRC) n. 1702r (già 297r).

[21] Cfr. J. GARMS, *Disegni di Luigi Vanvitelli* cit., p. 34, scheda n. 14. Sul verso si legge: «Scena della seconda opera di Capranica». Lo studioso l'ha identificata con la «Sotterranea di Palazzo Reale» riferita dal libretto (atto III, scena 1).

[22] FDRC nn. 1688-1687-1683-1682-1678 (già 311-312-314-315-320).

[23] J. GARMS, *Disegni di Luigi Vanvitelli* cit., pp. 33-34, schede 9-13.

[24] Ancora inediti alla data del convegno, i bozzetti sono ora pubblicati in C. DE SETA (a cura di), *Luigi Vanvitelli*

**Figura 107.** Luigi Vanvitelli, scenografia per il *Tito Manlio*, atto II, scena 1: «Giardino», collezione privata, Napoli.

riormente l'ipotesi di Garms. Si tratta di due fogli da ricondurre al gruppo destinato al *Tito Manlio*, per la simile inquadratura entro il profilo del proscenio e la tecnica grafica. Entrambi presentano l'indicazione della scena cui si riferiscono, rispettivamente un «Cortile» e un «Giardino» corrispondenti a due delle mutazioni documentate dal libretto di Matteo Noris[25], e consentono di aggiungere ulteriori elementi al quadro ricomposto dallo studioso austriaco.

Il bozzetto riproducente il «Giardino» [fig. 107] è da intendere, presumibilmente, come una differente versione per lo stesso soggetto raffigurato nell'esemplare casertano. Analogamente a quest'ultimo, presenta il motivo dell'obelisco, tuttavia, collo-

*e la sua cerchia* cit., pp. 238-239, schede 48-49 di P.L. CIAPPARELLI.

[25] I bozzetti corrispondono rispettivamente al «Cortile» (atto III, scena 2) e al «Piccolo Giardino» (atto II, scena 1). Cfr. M. NORIS, *TITO MANLIO, Dramma per Musica Da rappresentarsi nell'Antico Teatro della Pace nel Carnevale*

cato su un ampio scalone dominato da un arco trionfale. Sia l'impostazione prospettica, che il motivo delle quinte con fontane sulla sinistra, denunciano chiaramente derivazioni bibienesche.

Simile propensione al recupero di temi della scenografia emiliana si riscontrano nel «Cortile» [fig. 108] che ripropone, oltre alla veduta per angolo, il motivo dei passaggi pensili con ripiani convessi già adottato da Francesco Galli Bibiena nella nota scena per il teatro del Collegio dei Padri Somaschi a Bologna [26].

Tornando alle due produzioni per i teatri romani, particolare significativo è che per entrambe i relativi libretti indicano come autore delle scenografie Domenico Maria Vellani, sollevando la questione della paternità dell'ideazione dell'allestimento scenico.

Partendo dal presupposto che i disegni siano comunque da attribuire alla mano di Vanvitelli e che le identificazioni proposte da Garms siano esatte, giova rilevare che l'accuratezza dei bozzetti induce ad escludere l'ipotesi di copie redatte a seguito di una rappresentazione [27], specie se si confrontano i disegni in questione con lo schizzo rapido e sintetico con cui Luigi illustra, in una lettera del 5 novembre 1757, il dispositivo scenico ideato da Vincenzo Re per la *Nitteti* [28], osservato la sera precedente alla prima dello spettacolo al San Carlo. Sembra anche poco probabile l'ipotesi avanzata da Rotili, per il gruppo dei disegni relativi al *Tito Manlio*, di considerarli bozzetti per un nuovo allestimento al Teatro Capranica, successivo alla produzione del 1720 e curato personalmente da Vanvitelli [29], dal momento che oltre a non esserne sopravvissuto il libretto non possediamo alcuna notizia a riguardo.

A mio parere, un'ipotesi plausibile è che negli anni interessati dalle due rappresentazioni il giovane Vanvitelli lavorasse come collaboratore dello scenografo [30], e che abbia preparato i bozzetti per i due allestimenti sulla base di idee del Vellani apportando, forse, un contributo personale all'ideazione.

Così sembrano anche suggerire le inclinazioni artistiche di Luigi nel secondo ventennio del Settecento, quando non era ancora approdato all'architettura e impegnato in importanti opere pittoriche, nonché lo spessore professionale di Vellani.

*dell'anno 1720. Dedicato alla nobiltà romana*, In Roma, Antonio de' Rossi, 1720, p. 7.

[26] Cfr. M.T. MURARO – E. POVOLEDO (a cura di), *Disegni teatrali dei Bibiena*, catalogo della mostra, Vicenza 1970, fig. 42; D. LENZI – J. BENTINI (a cura di), *I Bibiena una famiglia europea*, catalogo della mostra, Venezia 2000, pp. 244-245, scheda 17 di D. LENZI.

[27] Come sostengono Mario Rotili (M. ROTILI [a cura di], *Vita* cit., p. 65) e implicitamente la Pampalone (A. PAMPALONE, *Catalogo* cit., p. 87, scheda 173).

[28] Con musiche di Gioacchino Cocchi e Nicola Piccinni. Cfr. F. STRAZZULLO, *Le lettere* cit., II (1976), p. 133.

[29] Cfr. M. ROTILI (a cura di), *Vita* cit., pp. 66-67.

[30] Come mi ha suggerito Elena Povoledo, è anche possibile che i due libretti del *Tito Manlio* e della *Statira* siano stati pubblicati prima del conferimento dell'incarico delle scene e che alla supposta candidatura di Vellani sia subentrato il giovane Vanvitelli. Di recente Garms ha anche avanzato le ipotesi che i disegni per il *Tito Manlio* siano o copie derivate da 'invenzioni' del Vellani o esercitazioni dimostrative. Cfr. C. DE SETA (a cura di), *Luigi Vanvitelli e la sua cerchia* cit., p. 236, scheda 44 di J. GARMS. Resta comunque significativo che, a tutt'oggi, il nome di Luigi

**Figura 108.** Luigi Vanvitelli, scenografia per il *Tito Manlio*, atto III, scena 2: «Cortile», collezione privata, Napoli.

Sebbene ancora poco indagato dalla storiografia, quest'ultimo dovette rivestire un ruolo di spicco nell'ambiente teatrale romano della prima metà del Settecento. La sua attività come scenografo si colloca, a quanto documentano i numerosi libretti sopravvissuti, tra il 1718 e il 1746 [31] nei più importanti teatri della città – dal Capranica, al Pace, all'Alibert, al Tordinona, all'Argentina – beneficiando del sodalizio con l'impresario Giuseppe Polvini Faliconti il quale assumerà alternativamente la gestione del Pace, del Capranica e dell'Argentina [32]. Per quest'ultimo edificio Vellani firma, insieme al bresciano Pietro Orta, anche le scene dell'opera inaugurale

non sia stato riscontrato in nessun libretto a stampa o cronologia di spettacoli dei teatri romani e napoletani.

[31] Nel 1747 lo scenografo era presumibilmente già scomparso dal momento che a tale data risulta documentato un credito a favore di «Giuseppe De Caietanis come erede di Domenico Vellani», per una somma di cento scudi, nei confronti del defunto impresario dell'Argentina, Giuseppe Polvini Faliconti. Cfr. M.G. PASTURA RUGGIERO, *Fonti per la storia del teatro romano nel Settecento conservate nell'Archivio di Stato di Roma*, in *Il teatro a Roma nel Settecento*, Atti del convegno di studi «Roma e il teatro nel Settecento» (Roma, 15-20 novembre 1982), II, Roma 1989, p. 521.

[32] Cfr. R. GUARINO, *Il teatro dell'indifferenza. Questioni storiche e storiografiche sullo spettacolo inaugurale del*

(1732), la *Berenice* di Domenico Sarro e Francesco Silvani [33].

All'attività di scenografo, Vellani alternò quella di decoratore e architetto teatrale: oltre a eseguire la decorazione originaria della sala dell'Argentina [34] ne curerà l'ammodernamento nel 1738 [35]. Inoltre, nel 1717 dirige la ristrutturazione del Teatro della Pace, incarico che gli varrà a partire dall'anno successivo diverse commissioni per melodrammi allestiti nella nuova sala [36].

Di origine «bolognese», come riferiscono insistentemente i libretti, lo scenografo è stato collocato nella cerchia dei bibieneschi operanti a Roma nella prima metà del secolo [37]. Come è stato sottolineato, in mancanza di documentazione grafica e di notizie precise sulla sua formazione, tale filiazione non è al momento verificabile [38], ma è certamente plausibile alla luce del riconosciuto ruolo dei Bibiena nella formazione di numerosi artisti emiliani attivi al di fuori dell'ambito regionale di origine.

Ove adeguatamente verificato, l'ipotizzato rapporto professionale tra Vanvitelli e Vellani consentirebbe di aprire nuove prospettive alla dibattuta questione della formazione dell'architetto napoletano consentendo di individuare il canale di acquisizione dei modelli emiliani, più volte riconosciuti nella sua produzione architettonica [39].

Per quanto riguarda i disegni di scenografia, l'influsso emiliano, e segnatamente bibienesco, si riscontra oltre che nell'uso della scena per angolo, che può essere giunta a Vanvitelli anche grazie alla mediazione di Juvarra che ne fa uso già dal 1706 [40],

*Teatro Argentina*, in *Il teatro a Roma nel Settecento* cit., I, pp. 436-437.

[33] *Ibid.*, pp. 431-432. Per un regesto degli allestimenti di Vellani nei teatri romani si veda: *ibid.*, pp. 434-435 e F. MANCINI – P. SIMONELLI, *Il rovinismo nella scenografia del Settecento*, in *Il teatro a Roma nel Settecento* cit., I, p. 154, nota 6; C. SARTORI, *I libretti italiani a stampa dalle origini al 1800*, Cuneo 1990-94. Oltre che a Roma, Vellani risulta attivo anche a Firenze dove nel 1718 realizza, per il Teatro della Pallacorda, le scene per *La libertà nociva*, e a Viterbo, nel Teatro «detto de' Mercanti», dove allestisce, in collaborazione con Pietro Orta, l'*Ipermestra* (1733). Cfr. C. SARTORI, *I libretti italiani* cit., III (1991), p. 478, n. 13553, e IV (1991), p. 14, n. 14233.

[34] Cfr. G. TIRINCANTI, *Il Teatro Argentina*, Roma 1971, p. 71.

[35] Cfr. R. GUARINO, *Il teatro dell'indifferenza* cit., p. 442; M.G. PASTURA RUGGIERO, *Fonti per la storia* cit., II, p. 520.

[36] Cfr. C. MESSINA (a cura di), *Sogni e favole io fingo. Teatro pubblico e melodramma a Roma all'epoca di Metastasio*, catalogo della mostra, Roma 1983, p. 118, scheda 104 di P.L. PORZIO; C. SAGGIORO, *I teatri a Roma dal 1513 al 1870*, in M. SENNATO (a cura di), *L'architettura dei teatri di Roma 1513/1981*, Roma 1987, p. 11, scheda 15 «Teatro Pace».

[37] Cfr. F. MANCINI – P. SIMONELLI, *Il rovinismo* cit., p. 154. La Matteucci riferisce anche di una fonte manoscritta secondo la quale lo scenografo fu allievo dell'Aldovrandini. Cfr. A.M. MATTEUCCI ARMANDI, *Luigi Vanvitelli e i Bibiena*, in C. DE SETA (a cura di), *Luigi Vanvitelli e la sua cerchia* cit., p. 45, nota 8.

[38] Cfr. R. GUARINO, *Il teatro dell'indifferenza* cit., p. 434.

[39] Per l'influsso della scuola emiliana e in particolare dei Bibiena sul linguaggio vanvitelliano si veda A.M. MATTEUCCI ARMANDI, *Luigi Vanvitelli* cit., pp. 39-45.

[40] Cfr. M. VIALE FERRERO, *Filippo Juvarra scenografo* cit., p. 12.

nel motivo delle volte traforate come documenta, ad esempio, il bozzetto per «Appartamenti» destinato al *Tito Manlio* [fig. 106] dove Luigi riprende una soluzione più volte sviluppata da Ferdinando Galli Bibiena [41].

Anche il tema della scena 'alla gotica', esemplificata dal disegno per la *Statira*, dove il Gotico è proposto come stile appropriato per prigioni e sotterranei, va senz'altro riferito, più che all'«eclettismo» assimilato dal padre Gaspare come suggerisce Smith [42], alla conoscenza delle sperimentazioni degli artisti emiliani i quali proporranno del gotico precoci applicazioni nel settore della scenografia [43].

Oltre che con questo ambito culturale, numerosi studi vanvitelliani rivelano affinità con i 'pensieri' scenografici di Filippo Juvarra. Riferimenti al linguaggio del maestro messinese sono stati avanzati per la produzione tarda dell'architetto, ma anche per opere giovanili, presumibilmente coeve con i disegni scenografici, come gli affreschi nella volta della Cappella delle Reliquie nella basilica romana di Santa Cecilia [44].

Come è noto la questione relativa all'ipotizzato apprendistato del giovane Luigi presso l'architetto messinese è ancora discussa [45]. Ad ogni conto, indipendentemente dalla sua formazione, è certo che Vanvitelli continuerà anche in età avanzata a interessarsi all'architettura di Juvarra pur riconoscendosi, rispetto al grande messinese, architetto «più ordinato e regolare» [46]. Ne sono testimonianza le richieste, al fratello Urbano, di inviargli a Napoli il «libro delle Targhe» di Juvarra e incisioni riproducenti la chiesa di San Filippo a Torino, la Basilica di Superga e Palazzo Madama [47].

[41] Si veda, a titolo d'esempio, la simile configurazione della volta e del sistema tettonico nello schizzo attribuito a Ferdinando Bibiena riproducente una «sala con tappezzerie e specchi» conservato a Monaco. Cfr. M.T. MURARO – E. POVOLEDO (a cura di), *Disegni teatrali dei Bibiena* cit., p. 21, scheda 16.

[42] Cfr. R.C. SMITH, *Some Drawings* cit., p. 348.

[43] Cfr. A.M. MATTEUCCI, *Significati del gotico nella cultura scenografica emiliana*, in R. BOSSAGLIA – V. TERRAROLI (a cura di), *Il Neogotico nel XIX e XX secolo*, Atti del convegno «Il neogotico in Europa nei secoli XIX e XX» (Pavia, 25-28 settembre 1985), I, Milano 1990, pp. 265-273.

[44] Cfr. R. PANE, *L'attività di Luigi Vanvitelli fuori del Regno delle Due Sicilie*, in *Luigi Vanvitelli* cit., p. 45. Nuove riflessioni sull'argomento sono dovute a G. CANTONE, *Juvarra e Vanvitelli: l'architettura dal tardo Barocco al Neoclassicismo*, in C. DE SETA (a cura di), *Luigi Vanvitelli e la sua cerchia* cit., pp. 46-52.

[45] La fonte d'informazione per quanti, come Luigi Jr. e Sasso, sostengono tale ipotesi è Milizia, il quale tuttavia riferisce molto sinteticamente che Luigi «Studiò l'Architettura sotto l'Ivara» (F. MILIZIA, *Memorie* cit., p. 263). Stando al più puntuale resoconto di Pascoli i rapporti tra i due artisti furono invece limitati a due incontri quando Luigi non era ancora diciottenne (cfr. E. BATTISTI, *Lione Pascoli* cit., pp. 51-52). Altre occasioni di contatto potrebbero essersi verificate negli sporadici soggiorni romani di Juvarra, successivi al 1714, data della sua partenza da Roma per la corte sabauda. Come ha già efficacemente sottolineato Rosci (cfr. M. ROSCI, *Filippo Juvarra e il "nuovo" gusto classico alla metà del Settecento*, in «Atti dell'VIII Convegno Nazionale di Storia dell'Architettura» cit., pp. 249-251) e di recente ribadito da Garms (cfr. J. GARMS, *Luigi Vanvitelli 1770-73*, in G. CURCIO – E. KIEVEN (a cura di), *Storia dell'architettura italiana. Il Settecento*, II, Milano 2000, p. 556), sembra logico considerare il rapporto tra i due artisti più nei termini di contatti e brevi incontri piuttosto che non di un effettivo alunnato come ipotizza, invece, Pane adducendo a riprova il soggiorno di Juvarra a Roma, nel 1715, per sovrintendere alla realizzazione del modello della Sacrestia di San Pietro (cfr. R. PANE, *L'attività* cit., p. 44).

[46] Cfr. F. STRAZZULLO, *Le lettere* cit., II (1976), p. 495.

[47] *Ibid.*, II (1976), pp. 257, 260, 437-438, 492; III (1977), p. 412.

Figura 109. Luigi Vanvitelli, studio per scena rustica, FDRC n. 1666v (già 333v).

Figura 110. Luigi Vanvitelli, studio per scenografia: «Atrio», FDRC n. 1692r (già 307r).

Per le composizioni scenografiche il parallelo tra la produzione dei due maestri è stato più volte proposto [48]; ma al di là del riscontro della citazione (come ad esempio l'uso delle colonne tortili e delle cariatidi) o della simile costruzione prospettica, è soprattutto la concezione dello spazio scenico vanvitelliano, a mio parere, a parafrasare il linguaggio juvarriano. La tecnica estremamente sintetica con cui sono delineati numerosi schizzi scenici sembra suggerire un procedimento che, come ha efficacemente rilevato la Viale Ferrero per l'architetto messinese, parte da un'immagine e non dalla pianta architettonica, e nelle vedute in scorcio affida all'evocazione, invece che all'intelaiatura prospettica, la ricomposizione dell'insieme [49], consentendo di affermare che anche Vanvitelli propende, nella scenografia, per un linguaggio «naturale» [50], più che per complesse costruzioni prospettiche. Talvolta all'architettura si sostituiscono immagini arcadiche ravvivate da capanne rustiche o eleganti giardini, dove la definizione del luogo è spesso affidata a un unico semplice elemento [fig. 109]. A ciò si aggiunge una coerenza nell'uso degli elementi tettonici, pur se destinati a un'architettura d'illusione, che è indice di una raggiunta maturità nel controllo dello spazio.

Si osservi anche quanto Luigi utilizzi spesso la moltiplicazione degli spazi con l'aggiunta di fughe prospettiche sulle direzioni laterali [fig. 110], secondo un dispositivo ricorrente nelle scenografie juvarriane e che l'artista interpreterà magistralmente, in architettura reale, nel vestibolo inferiore del Palazzo Reale di Caserta.

Restano da chiarire i canali di acquisizione per Luigi della scenografia juvarriana, tenuto conto che l'attività romana per il teatro del maestro siciliano si conclude nel 1714. Se troppo giovane per avere assistito agli allestimenti juvarriani nel Teatro Ottoboni alla Cancelleria o nel teatro privato della regina Maria Casimira di Polonia a Palazzo Zuccari, l'architetto napoletano può essersi giovato delle incisioni contenute nei libretti di tre spettacoli messi in scena da Juvarra per il cardinale Pietro Ottoboni: *Il Costantino Pio* (1710), *Teodosio il Giovane* (1711) e *Il Ciro* (1712) [51]. Una lettera al fratello Urbano, datata al giugno 1767, con l'invito ad acquistare e inviargli le «stampette delle scene di Juvarra» [52], dimostra che Luigi certamente conosceva queste incisioni e presumibilmente avrà avuto modo di osservarle già

[48] Cfr. M. ROSCI, *Filippo Juvarra* cit., p. 252; F. MANCINI, *Scenografia napoletana* cit., p. 167; ID., *Scenografia italiana* cit., pp. 105-106; J. GARMS, *Disegni di Luigi Vanvitelli* cit., p. 35 schede 16 e 17, p. 37 scheda 24, pp. 37-38 scheda 25; C. DE SETA, *Disegni* cit., p. 279 scheda 1, pp. 279-280 scheda 7, p. 281 scheda 16.

[49] Cfr. M. VIALE FERRERO, *Filippo Juvarra scenografo* cit., p. 29. Su Juvarra scenografo si veda anche EAD., *L'invenzione spettacolare*, in V. COMOLLI MANDRACCI – A. GRISERI – B. BLASCO (a cura di), *Filippo Juvarra, architetto delle capitali da Torino a Madrid 1714-1736*, catalogo della mostra, Torino 1995, pp. 237-243; G. CANTONE, *Intorno a Filippo Juvarra: i disegni "napoletani"*, in A. BONNET CORREA – C. BLASCO ESQUIVIAS – G. CANTONE (a cura di), *Filippo Juvarra e l'architettura europea*, catalogo della mostra, Napoli 1998, p. 154.

[50] Cfr. M. VIALE FERRERO, *Filippo Juvarra scenografo* cit., p. 25.

[51] *Ibid.*, pp. 378-379.

[52] Cfr. F. STRAZZULLO, *Le lettere* cit., III (1977), p. 412.

Figura 111. Luigi Vanvitelli, studio per scenografia: «Atrio», FDRC n.1662r (già 335r).

negli anni della formazione. Sembra anche interessante rilevare che Vellani è coinvolto come «Ingegnere e Pittore delle medesime scene» nell'allestimento del *Carlo Magno* al Teatro Ottoboni nel 1728 [53], occasione che gli consentirà di acquisire il titolo di «virtuoso del cardinal Ottoboni» [54]. Lo scenografo bolognese potrebbe avere creato occasione di contatto per Luigi con la cerchia culturale del cardinale, dove certamente negli anni venti del secolo era ancora viva l'eco degli straordinari allestimenti juvarriani.

Un ulteriore elemento di avvicinamento tra la produzione dei due architetti è nel rapporto, più volte sottolineato dalla storiografia, tra le esperienze nella scenografia, per entrambi circoscritte a un periodo delimitato, e lo sviluppo del linguaggio in architettura. Sembra oggi difficile accettare l'idea, avanzata da Brandi [55] e caldeggiata da Argan [56], di una dicotomia tra 'Juvarra architetto' e 'Juvarra scenografo', così come non è possibile nell'opera di Vanvitelli separare la produzione grafica architettonica da quella scenografica.

Si potrebbe estendere a Luigi quanto Hager scrive sull'architettura barocca romana, affermando l'impossibilità «di stabilire una netta separazione concettuale tra l'architettura reale e quella teatrale, né una preponderanza dell'una sull'altra» ma piuttosto «una forma di interdipendenza» tra le due arti [57].

[53] R. GUARINO, *Il teatro dell'indifferenza* cit., p. 434; M.L. VOLPICELLI, *Il Teatro del cardinal Ottoboni al palazzo della Cancelleria*, in *Il teatro a Roma nel Settecento* cit., II, p. 686. La Volpicelli segnala la data del 1729 per tale allestimento.

[54] Riferito dai libretti dell'*Achille in Sciro* (Roma, Teatro delle Dame, 1738), del *Carlo il Calvo* (Roma, Teatro delle Dame, 1738), del *Quinto Fabio* (Roma, 1738) e del *Siroe* (Roma, Teatro delle Dame, 1740).

[55] Cfr. C. BRANDI, *Struttura e Architettura*, Torino 1967, p. 118 ss.

[56] G.C. ARGAN, *Introduzione* a M. VIALE FERRERO, *Filippo Juvarra scenografo* cit., p 1.

[57] H. HAGER, *Puntualizzazioni su disegni scenici teatrali e l'architettura scenografica del periodo barocco a Roma*, in *L'architettura teatrale dal Palladio ad oggi*, «Bollettino del Centro di Studi di Architettura Andrea Palladio» XVII (1975 [ma edito nel 1978]), p. 125.

**Figura 112.** Luigi Vanvitelli, studio per scenografie e capitelli, FDRC n.1697r (già 302r).

Nel caso di Vanvitelli la scenografia è spesso occasione di sperimentazione per soluzioni adottate a distanza di anni nell'architettura. Si osservi ad esempio la ricorrenza delle colonne tortili in numerosi schizzi di scene[58] [fig. 111], motivo ripreso nel progetto per la facciata del Duomo di Milano (1745), o della colonna con cariatide riutilizzata in un'opera tarda come il teatro provvisorio a Palazzo Perrelli (1772). Allo stesso modo le volte traforate da aperture ellittiche caratterizzanti l'«Atrio» per il *Tito Manlio*, saranno proposte in opere della maturità come nel progetto per la Loggia di Brescia (1769), nella cupola della cappella dell'altare maggiore della chiesa dei Padri della Missione a Napoli (1760 ca.) e nel coro della Cappella Palatina della Reggia di Caserta.

Anche alcune soluzioni spaziali indicano direttrici di sviluppo perseguite in seguito. Uno studio[59], presumibilmente per una scena [fig. 112], con uno scalone disposto lateralmente alla prospettiva frontale culminante in una statua, appare verosimilmente premessa per le simili soluzioni adottate nello scalone di Caserta e nella scala di Villa Campolieto a Ercolano. Al grande portico ellittico di quest'ultima,

[58] Come ad esempio negli esemplari: FDRC 1662r (già 335r) e 1662v (già 335v).

[59] FDRC 1697r (già 302r).

Figura 113. Luigi Vanvitelli, studio per scena di giardino, FDRC n. 1693r (già 306r).

sebbene con una differente articolazione del prospetto, sembrano invece preludere le esedre dei giardini delineati in due scene vanvitelliane[60] [fig. 113].

Il procedimento di citazione è anche reversibile: la scenografia trova talvolta ispirazione nelle esperienze maturate nella professione di architetto. La scena conclusiva della *Didone abbandonata* di Pietro Metastasio e Giacomo Insanguine allestita al Teatro di Corte di Caserta nel 1772 con scene di Giuseppe Baldi, ma presumibilmente su progetto di Vanvitelli[61] [fig. 114], ripropone un'elegante rilettura del vestibolo del complesso casertano soprattutto nei pesanti pilastri con colonne addossate e nella volta a lacunari che inquadrano la prospettiva urbana. La versione definitiva di questa scena, documentata da un disegno del Metropolitan Museum di New York, recupera inoltre un tema della tradizione secentesca, il collegamento tra scena e sala, qui risolto con la riproposizione nello spazio scenico dei binati di colonne che

[60] FDRC 1693r (già 306r) e 1678r (già 320r).

[61] Per la documentazione iconografica relativa a questo allestimento si veda: P.L. CIAPPARELLI, *Luigi Vanvitelli* cit., p. 20.

**Figura 114.** Luigi Vanvitelli, studio per la *Didone abbandonata*, collezione Donald Oenslager, New York.

delimitano il proscenio, a loro volta iterazione del motivo caratterizzante l'auditorio. Alla luce dei più recenti orientamenti della storiografia sulla complessa questione dell'esegesi del linguaggio vanvitelliano, sembra interessante cogliere in questa citazione dalla scenografia secentesca un'ulteriore conferma dell'eclettismo che caratterizzò l'intera produzione dell'architetto, tanto da indurre un critico severo come Francesco Milizia a definirlo mutevole nel «gusto» [62].

[62] Cfr. F. MILIZIA, *Memorie* cit., p. 268.

**Figura 115.** Francesco Bagnara, scena per *Il Crociato in Egitto*, atto II, scena 13: «Spiaggia remota. Il Nilo in prospetto» (1823), Civico Museo Correr, Venezia.

11.

# Francesco Bagnara scenografo al Teatro la Fenice dal 1820 al 1840

Maria Ida Biggi

Nella prima metà dell'Ottocento la messa in scena dell'opera lirica subisce una lenta ma precisa evoluzione; si assiste, infatti, al passaggio dalla realizzazione delle idee neoclassiche all'affermazione della poetica romantica. Per molti anni queste due tendenze convivono sul palcoscenico dei teatri italiani dando vita a due diverse direttrici, l'una si sviluppa in senso realistico, documentario, storico, naturalistico e l'altra si afferma grazie alla supremazia della libera invenzione e della fantasia teatrale. In questo ambito si inserisce Francesco Bagnara[1], scenografo veneziano, che svolge la propria attività teatrale negli anni tra il 1815 e il 1839. Ancora in questi anni Venezia è uno dei maggiori centri di sperimentazione del melodramma italiano, con Napoli e Milano, e la sua scuola di scenografia localizzata nel Teatro la Fenice con a capo Bagnara può gareggiare con quelle delle altre capitali italiane.

*Maria Ida Biggi, Università degli studi di Venezia «Ca' Foscari»*

[1] Francesco Bagnara nasce a Vicenza nel 1784 da una famiglia di umili origini. Inizia in giovane età a collaborare con lo scenografo vicentino Giovanni Picutti. Si trasferisce poi a Venezia dove inizia a lavorare con Giuseppe Borsato, affermato pittore e decoratore oltre che scenografo ufficiale del Teatro la Fenice dal 1809, avviando così la sua lunga e fortunata carriera teatrale. Da Borsato il giovane Bagnara apprende il mestiere e la tecnica della realizzazione della scena dipinta e anche il gusto per la ricostruzione dell'architettura classica, oltre all'abilità luministica degli effetti chiaroscurali. Nel 1811, con il pittore Sebastiano Santi dipinge la sala del Teatro Nuovo di Bassano, primo di una lunga serie di teatri da lui decorati, come il Teatro Nuovo di Padova (1820), Teatro Sociale di Cittadella (1828, unico ancora esistente), Teatro Berico e Teatro dei Dilettanti a Santa Lucia a Vicenza (anni trenta), Teatro Sociale di Rovigo (1833), Teatro San Bendetto a Venezia (1833), Teatro Onigo di Treviso (1834-36), Teatro Sociale di Belluno (1835), Teatro Dente poi Sociale di Badia Polesine (1835), Teatro Sociale di Montagnana (1836), Nuovo Teatro Filarmonico (1838), Teatro Accademico di Castelfranco (1855). Per tutti questi teatri disegna anche le dotazioni sceniche, il sipario e diverse scenografie. Nel 1838 ottiene la carica di professore con la cattedra di Paesaggio, presso l'Accademia di Belle Arti di Venezia e la sua carriera subisce una svolta. Si allontana dalla scenografia, lasciando la direzione dell'atelier della Fenice, continuando però a mantenerne il controllo artistico. Può così dedicarsi alla sua attività preferita: progettare giardini e parchi. Realizza infatti i giardini per i conti Papadopoli a Venezia, presso Santa Chiara, organizza il giadino della villa del conte Revedin di Castelfranco che sarà poi completato da Giambattista Meduna e porta a termine, invece, il vasto parco della Villa Dolfin a Rosà, nel vicentino. Muore a Venezia nel 1866. Cfr. M.I. BIGGI, *Francesco Bagnara scenografo alla Fenice 1820-1839*, Marsilio, Venezia 1996, e relativa bibliografia.

Fino agli inizi degli anni venti dell'Ottocento, in tutti teatri d'Italia e d'Europa, la prassi scenografica è quindi dominata dai principi di verosimiglianza e di rigorosa correttezza stilistica e su questi presupposti si va sviluppando un'ambientazione, sì unitaria e corretta, ma più partecipe della situazione drammatica. Quindi l'invenzione soggettiva e la libertà fantastica stanno diventando gli stimoli creativi che serviranno per superare le regole e gli schemi rigidi che ancora influenzano l'attività scenografica. Il concetto di verità viene portato su una posizione soggettiva e individuale, estendendo i limiti della 'storicità' a tutte le epoche e a tutte le civiltà, unendovi il gusto delle ambientazioni sociali e della suggestione atmosferica e psicologica. Anche la varietà dei soggetti aumenta traendo spunto dai grandi romanzi storici da cui derivano i libretti delle opere in musica. Le ricostruzioni gotiche con architetture monumentali sono fra le localizzazioni preferite, come pure le valli e le montagne incolte, la natura esuberante e selvaggia; ogni elemento della scena si realizza in proporzioni dilatate. Questo nuovo atteggiamento porta ad una scenografia basata sull'effetto pittorico, luministico e sull'uso del cromatismo esasperato, in cui la 'scena quadro' diviene il naturale modo di realizzazione [2].

La figura dello scenografo si avvicina ancor di più a quella dell'artista che attraverso la sua personale sensibilità concorda con il testo poetico o musicale, partecipando così, in modo attivo, all'espressione del dramma sulla scena. In questo senso si afferma l'idea espressa alcuni anni addietro da Pietro Gonzaga a sostegno dell'autonomia della 'arte della scenografia' come stimolo espressivo che deve «annoncer, préparer, seconder et renforcer les passions mises en jeu» [3]. Lo scenografo diviene l'«Homme de génie» come lo definisce Stendhal [4] e come lo descrive Robustiano Gironi [5], pochi anni più tardi, nel 1829.

La grande diffusione delle stampe e delle incisioni che riproducono soggetti scenografici è testimonianza della importanza assunta dall'allestimento scenico nell'amore per l'opera in musica e il ballo all'interno della cultura popolare italiana. I centri più importanti per l'attività scenografica, negli anni 1830-40, continuano ad essere i grandi teatri di Milano, Napoli e Venezia, ma le idee romantiche si diffondono ben presto anche nei teatri di provincia.

L'attività scenografica presso il Teatro la Fenice di Francesco Bagnara è documentata da una raccolta di disegni conservata presso la Biblioteca del Civico Museo Correr di Venezia. La collezione comprende quattordici volumi che contengono l'intera te-

[2] Per 'scena quadro' si intende un impianto scenotecnico risolto quasi esclusivamente con un fondale dipinto e poche quinte di raccordo con l'apertura del boccascena. Ciò significa che l'ambientazione è realizzata pittoricamente e quindi l'immagine del bozzetto rappresentata quasi completamente sul fondale o con l'aiuto di principali o fondali traforati.

[3] P. GONZAGA, *Information à mon chef...*, St. Pétersbourg 1807.

[4] STENDHAL, *Voyage en Italie*, Bibliothèque de la Pléiade, Paris 1973.

[5] R. GIRONI, *Sulle decorazioni sceniche...*, in G. FERRARIO, *Storia e descrizione de' principali teatri antichi e moderni*, Ferrario, Milano 1830, pp. 292-314.

stimonianza del suo lavoro teatrale, quindi, oltre che per il Teatro la Fenice, per numerosi altri teatri veneziani e della provincia veneta, come quelli di Padova, Treviso, Vicenza, Rovigo, Belluno, Cittadella, Bassano, spingendosi fino a Lubiana e Brescia.

Tredici album[6] entrano al museo nel 1896, dono di Giuseppe Serafini, forse un lontano parente dell'artista, morto senza figli o eredi diretti; un altro album arriva al Museo Correr nel 1941, proveniente dalla libreria Vincenzi di Modena e contiene ventidue disegni non firmati di cui alcuni non sono attribuibili al Bagnara[7]. A parte quest'ultimo, ogni volume porta una nota nella prima pagina che dimostra come questi siano stati confezionati o rilegati dopo la sua scomparsa: «Schizzi scenici d'invenzione ed autografi del fu professore Francesco Bagnara». Questi volumi, infatti, contengono una serie di disegni di derivazione sicuramente differente. Almeno tre album contengono disegni molto piccoli, senza annotazioni e quindi difficilmente attribuibili e databili. I rimanenti raccolgono disegni di diverse dimensioni e comunque abbastanza grandi, e riportano molte notizie in rapporto alle rappresentazioni a cui si riferiscono. Infatti ogni foglio contiene annotazioni manoscritte ai piedi dell'immagine, utili per ricostruire una cronologia esatta degli spettacoli eseguiti dall'autore.

Alcuni bozzetti potrebbero essere, come sostiene Elena Povoledo, appunti memorativi, fatti cioè per ricordare un allestimento già realizzato e progettato dal Bagnara stesso o anche da un altro scenografo; altri disegni, invece, sono senza dubbio schizzi di sua invenzione o suoi progetti esecutivi. Questi ultimi, in alcuni casi, hanno la quadrettatura sovrapposta al disegno stesso: indicazione che il disegno è passato dal laboratorio di realizzazione scenografica, dove i pittori prima di riportarlo in scala sulle tele delle quinte e del fondale lo hanno suddiviso a quadrati.

Attraverso il complesso della sua produzione così documentata, è possibile intuire l'evoluzione del suo stile: nelle prime esperienze Bagnara risente l'influenza del pittoricismo veneto in certe soluzioni che richiamano Francesco Chiaruttini o Marco Ricci, Pietro Gonzaga e anche Guardi e nello stesso tempo le influenze delle idee neoclassiche filtrate dal maestro Giuseppe Borsato, come nei sotterranei monumentali o nelle architetture romane e nelle grandi tende a padiglione. I disegni della maturità sono naturalmente caratterizzati dai temi della iconografia romantica:

[6] Collocazione A III 57 (5985), A III 58 (5986), A III 59 (5987), A III 60 (5988), A III 61 (5989), A III 62 (5990), A III 63 (5991), A III 64 (5992), A III 65 (5993), A III 66 (5994), A III 45 (5995), A III 46 (5996), A III 47 (5997). Si tratta di volumi rilegati, contenenti da un massimo di 95 pagine a un minimo di 79, su cui i disegni sono stati incollati dopo essere stati rifilati; inoltre molte pagine hanno delle annotazioni a matita che riportano una datazione, non sempre attendibile.

[7] «N° 2301, 1941 agosto 22. Serie di disegni acquerellati raffiguranti *Bozzetti scenografici dell'arch. scenografo Francesco Bagnara (1784-1866).* Acq. libr. Edit. Internaz. G.T. Vincenzi - Modena. Vedi leg.Venier - Reg. n.148 e nota n.30 e 46 del 1941. Ins. Cl. III da 6512 a 6532». Si tratta di un album a carta azzurrina, mm 370 x 245, totale di 21 pagine, dove i disegni non sono firmati, soltanto uno a p. 2 porta la firma in basso a destra «Fuentes», scenografo milanese dell'atelier della Scala e rappresenta un interno di tempio classico. Questo album ora è catalogato come A II 37 e contiene a p. 1 l'abbozzo della prima scena disegnata da Francesco Bagnara per *Il trionfo d'Alessandro in Babilonia,* ballo rappresentato alla Fenice nella stagione di Carnevale 1820-21, e altri disegni scenografici rappresentanti sotterranei, interni classici, templi gotici e boschi.

esterni naturali, foreste e montagne, giardini e laghi, caverne rocciose e capanne abbandonate, e ancora nelle architetture gotiche e nelle ambientazioni medievaleggianti. Non mancano palazzi, templi, villaggi al chiaro di luna, castelli, cimiteri, chiostri deserti e diroccati e soprattutto luoghi sotterranei, come prigioni e cripte, dove per aumentare l'impressione di mistero si trovano tombe, are e statue. Dal complesso del suo lavoro è evidente come in Bagnara sia ancora presente la tradizione della prospettiva scenica settecentesca, ma l'aspetto da ammirare maggiormente si incontra nei bozzetti legati all'immagine di paesaggi, dove gli effetti dell'invenzione si fanno più convincenti, le suggestioni della natura riescono a superare le preoccupazioni della realizzazione tecnica della messa in scena.

In questa sede naturalmente non è possibile analizzare tutta l'attività del grande scenografo veneziano e per questo si prendono in esame soltanto quattro lavori tra gli oltre cento da lui realizzati alla Fenice. Si tratta di allestimenti particolarmente significativi poiché si riferiscono ad opere realizzate in prima assoluta nel gran teatro veneziano. Infatti, in queste occasioni, la componente scenica dello spettacolo era tenuta in particolare considerazione; i presidenti e i membri della Nobile Società proprietaria del teatro si premuravano che l'aspetto visivo dei singoli allestimenti fosse ben curato in tutti i particolari ed erano disposti ad investire notevoli mezzi economici, maggiori rispetto agli altri teatri veneziani e veneti. Un esempio per tutti è la stagione del 1822-23 in cui la Società è direttamente responsabile anche della gestione della stagione. In quella occasione viene rappresentata *Semiramide* di Rossini al cui successo contribuiscono in maniera determinante le scene disegnate da Giuseppe Borsato. Anche negli anni seguenti il costo delle scene e del lavoro dello scenografo sarà a carico della Società [8] e non dell'impresa che gestisce la stagione temporaneamente.

Inoltre, attraverso i documenti amministrativi del teatro, è possibile analizzare e quindi ipotizzare quale poteva essere la collaborazione tra le varie componenti dello spettacolo: librettista, musicista, impresario e scenografo. In quest'epoca l'interlocutore dello scenografo è l'autore del libretto, colui che ha l'incarico di seguire la messa in scena dell'opera da allestire in prima assoluta; nel caso dei balletti subentra invece il coreografo. Negli anni fra il 1820 e il 1840 circa, il musicista non assume ancora una diretta responsabilità per quanto riguarda l'allestimento, soltanto più tardi con Verdi, Puccini e Wagner, l'idea del compositore sarà determinante. Al tempo di Bagnara è il librettista colui che media tra l'impresario, l'autore della musica, i cantanti o ballerini e lo scenografo e il costumista, filtrando le loro esigenze. È con lui che l'autore delle scene organizza le operazioni di palcoscenico, la sequenza delle scene lunghe e corte, intervallate da siparietti, in modo tale da poter predisporre i cambi di scena e ridurre al minimo i movimenti a scena aperta dei macchinisti. La fonte principale per interpretare le esigenze della messa in scena, soprattutto nel caso della prima ese-

[8] Cfr. M.I. BIGGI, *Francesco Bagnara scenografo* cit., «Documenti», pp. 224-229.

cuzione assoluta, è costituita dai libretti a stampa, che pubblicano la sequenza delle fondamentali didascalie sceniche relative alle ambientazioni dei singoli atti e delle scene all'interno degli atti. Confrontando i disegni di Bagnara con le didascalie sceniche dei libretti è possibile interpretare e attribuire i disegni alle singole scene. Purtroppo non esistono carteggi che documentino l'iter e le varie fasi, gli eventuali problemi delle messe in scena, infatti il librettista era quasi sempre presente in teatro durante il montaggio dello spettacolo pronto a dare il proprio apporto diretto.

Quindi fra gli incarichi che lo scenografo deve assolvere vi è quello di sovrintendere all'organizzazione del palcoscenico, controllare il lavoro delle maestranze come macchinisti e illuminatori. È chiamato anche a seguire i lavori che sono effettuati al di fuori del teatro come la lavatura delle tele e dei teloni, compito effettivamente svolto dal macchinista. Inoltre lo scenografo ha l'onere di eseguire l'imprimitura delle tele lavate e nuove, cioè stendere uno strato di gesso misto a colla per preparare il fondo alla successiva dipintura dei teloni o fondali e delle tele da montare su quinte, soffitti e spezzati.

La prima opera presa in esame è *Il Crociato in Egitto*[9], rappresentata in prima assoluta nella stagione di Carnevale 1823-24, con musica di Giacomo Meyerbeer e libretto di Gaetano Rossi. Questo allestimento è particolarmente emblematico della collaborazione fra scenografo e librettista. Infatti Rossi è l'autore di numerosissimi libretti rappresentati al teatro, tra cui basta ricordare *Tancredi* nel 1812 e *Semiramide* nel 1823 entrambe di Rossini, o già prima *Attila* nel 1809 e *Idomeneo* nel 1810 di Giuseppe Farinelli. Il *Crociato* è un esempio fra i più significativi nel panorama del melodramma italiano di questo periodo: ha un notevole successo e sarà rappresentata al Théâtre Italien di Parigi nel settembre 1825. I disegni di Bagnara per quest'opera sono sette [figg. 115-120] e costituiscono un modello della sua produzione durante questo primo decennio di attività. I modi della scenografia neoclassica da lui appresi negli anni della formazione appaiono adeguarsi pian piano alle esigenze del nuovo melodramma.

La scena finale del secondo atto rappresenta, come si legge nella didascalia del libretto, lo spazio della «Gran piazza di Damiata: esterno di palazzo di Soldano: moschee,

[9] Melodramma in due atti di Gaetano Rossi, musica di Giacomo Meyerbeer. Elenco delle scene: «L'azione è in Damiata». Atto I, scena 1: «Vasto recinto nel palazzo del Soldano che confina alla spiaggia, in vicinanza del porto, le di cui torri si scorgono al di là dei cancelli che chiudono il recinto all'intorno. Alla destra un fabbricato che serve di soggiorno agli schiavi europei destinati ai lavori. Parte del palazzo e de' giardini alla sinistra» [fig. 116]. Atto I, scena 5: «Deliziosa remota parte ne' giardini di Soldano, attigua agli appartamenti di Palmide». Atto I, scena 9: «Porto di Damiata. Superbi edifici all'intorno. Navi di varie nazioni, colle loro bandiere spiegate. Navi del Soldano magnificamente adorne» [fig. 117]. Atto I, scena 14: «Magnifico luogo nella reggia circondato da giardini pensili. Elevata nel prospetto una superba moschea, la di cui porta è chiusa. Trono da un lato, con ricco divano per Aladino e Palmide. Divani nell'avanti per Cavalieri e uno distinto pel Gran Maestro» [fig. 118]. Atto II, scena 13: «Spiaggia remota. Il Nilo in prospetto. Il vascello dei Cavalieri è alla rada: da un lato esterno dell'ospizio. Palme, cipressi, rovine d'antichi monumenti» [fig. 115]. Atto II, scena 17: «Carceri» [fig. 119]. Atto II, scena 21: «Gran piazza di Damiata: esterno di palazzo di Soldano: moschee, fabbricati, giardini» [fig. 120].

A sinistra: **Figura 116.** Francesco Bagnara, scena per *Il Crociato in Egitto*, atto I, scena 1: «Vasto recinto nel palazzo del Soldano [...]» (1823), Civico Museo Correr, Venezia.
A destra: **Figura 117.** Francesco Bagnara, scena per *Il Crociato in Egitto*, atto I, scena 9: «Porto di Damiata. Superbi edifici all'intorno» (1823), Civico Museo Correr, Venezia.

fabbricati, giardini» [fig. 120]. Nel disegno di Bagnara, questa ambientazione assume la monumentalità di una piazza romana in cui le architetture che la affiancano sono realizzate con uno stile classico aulico e raffinato. Qui, le influenze di Borsato sono ancora molto evidenti sia nell'impostazione spaziale che nei dettagli stilistici. Nelle scene naturali, invece, come la spiaggia remota in riva del Nilo (atto II, scena 13) [fig. 115] o la deliziosa parte nei giardini del Soldano (atto I, scena 5), la vena romantica in via di affermazione è espressa in maniera chiara e evidente. Queste ultime due scene sono tecnicamente realizzate come scene corte, quindi principalmente dipinte e si alternano alle altre che sono scene lunghe, più complesse, che presuppongono la presenza sul palco di elementi praticabili per i movimenti massicci del coro.

Nella stagione di Carnevale 1830-31, Bagnara disegna le scene per l'opera, ancora di Gaetano Rossi, *Ivanhoe*[10], con musiche di Giovanni Pacini. Anche questo alle-

[10] Melodramma in due atti di Gaetano Rossi, musica di Giovanni Pacini. Elenco delle scene: «L'azione: atto I nel castello di Rotherwood; atto II nel castello di S. Edemondo». Atto I, scena 1: «Sala nel castello di Rotherwood. Tavola nel mezzo in forma di T. Nell'alto di essa, due sedie distinte pel Thane e per la di lui figlia. Sedili ad ambe le parti della tavola, su quali cavalieri sassoni. Un maggiordomo e due coppieri all'alto. Paggi domestici in servizio. Due vaste finestre nel fondo. Due grandi porte laterali» [fig. 121]. Atto I, scena 6: «Parte remota nel castello. A sinistra un porticato, con varie porte ch'è l'ospizio del castello. A destra un recinto, attiguo a rovinoso tempietto, chiuso da un cancello, ombreggiato da salici e cipressi, ove stanno i sepolcri della famiglia Rotherwood. Panche di pietra all'intorno» [fig. 122]. Atto I, scena 9: «Piazzale del castello. In prospetto le mura. Porta nel mezzo: due torri laterali. Quella di destra è diroccata recentemente da un fulmine e dalle cui rovine si scorge la campagna. Il palazzo di Cedrico a sinistra. A destra fabbricati. Al di là delle mura colline, montagne: castelli su d'esse, villaggi» [fig. 123]. Atto II, scena 1: «Arcata gotica nel piano più elevato di una torre nel castello di S. Edemondo. Ampia finestra che mette alla piattaforma senza parapetto che circonda l'alto della torre, stanze laterali» [fig. 124]. Atto II, scena 4: «Rocce alpestri selvose che s'uniscono per vari ponti di legno. Il castello di Rotherwood incendiato a qualche distanza» [fig. 125]. Atto II, scena 6: «Sala dei cavalieri nel castello di S. Edemondo. Sedili pe' cavalieri, guardie alle porte». Atto II, scena 7: «Esterno del castello di S. Edemondo. L'abbazia è sull'alto in forma di fortezza. Tempio attiguo. Si discende tortuosamente dall'abbazia alla porta del castello e dal ponte levatojo si passa alla pianura. A sinistra le barriere del campo pe' due cavalieri. Un rogo custodito da due negri armati. Fabbricati pe' vassalli dell'abbazia. Bosco».

**Figura 118.** Francesco Bagnara, scena per *Il Crociato in Egitto*, atto I, scena 14: «Magnifico luogo nella reggia circondato da giardini pensili» (1823), Civico Museo Correr, Venezia.

**Figura 119.** Francesco Bagnara, scena per *Il Crociato in Egitto*, atto II, scena 17: «Carceri» (1823), Civico Museo Correr, Venezia.

**Figura 120.** Francesco Bagnara, scena per *Il Crociato in Egitto*, atto II, scena 21: «Gran piazza di Damiata [...]» (1823), Civico Museo Correr, Venezia.

**Figura 121.** Francesco Bagnara, scena per *Ivanhoe*, atto I, scena 1: «Sala nel castello di Rotherwood» (1830), Civico Museo Correr, Venezia.

stimento è emblematico per l'attività di Bagnara che dopo due anni di intervallo, per i molti impegni in altri teatri lontano da Venezia, riprende a dirigere l'atelier del maggiore teatro veneziano. Da questa stagione, Bagnara, ormai affermatissimo scenografo e collaboratore dell'Accademia di Belle Arti, raggiunge la sua piena maturità come scenografo in corrispondenza di alcune grandi prime assolute messe in scena nel Teatro la Fenice, opere dei maggiori compositori dell'epoca, come Bellini, Donizetti e Pacini. I disegni per l'*Ivanhoe* [figg. 121–125] sono particolarmente indicativi del nuovo gusto che Bagnara andava imponendo nelle ambientazioni di esterni naturali. La scena quarta del secondo atto «Rocce alpestri selvose» [fig. 125] è resa con particolare intensità. In questo disegno è tecnicamente importante la presenza della quadrettatura che dimostra come questo bozzetto sia stato effettivamente utilizzato per la realizzazione delle tele dipinte.

Tra le produzioni più riuscite degli anni trenta figurano le scene per alcune opere di Bellini come le due riprese di *Norma*, la prima di *Beatrice di Tenda* e la ripresa, soltanto un anno dopo la prima fenicea, di *I Capuleti e i Montecchi*. Questi allestimenti, realizzati negli anni fra il 1831 e il 1835, denotano una profonda corrispondenza tra la poetica belliniana e quella delle scene cui contribuisce la presenza di Felice Romani come librettista. Infatti quest'ultimo si propone, durante la sua lunga attività, di fornire una guida per lo scenografo al fine di creare dei modelli visivi che possano essere ripetuti. L'assunto delle sue idee può essere sintetizzato nella convinzione che ogni opera diversa abbia bisogno di una specifica messa in scena, studiata in modo da fornire una traccia visiva della vicenda rappresentata; i drammi di argomento storico sono autenticati da vedute di monumenti riconoscibili, mentre in quelli di argomento fantastico, la fantasia dello scenografo può spaziare liberamente. E, inoltre, afferma la necessità di una forte corrispondenza tra fenomeni naturali e passioni umane: la natura è partecipe, testimone e interprete del dramma

**Figura 122.** Francesco Bagnara, scena per *Ivanhoe*, atto I, scena 6: «Parte remota nel castello» (1830), Civico Museo Correr, Venezia.

**Figura 123.** Francesco Bagnara, scena per *Ivanhoe*, atto I, scena 9: «Piazzale del castello» (1830), Civico Museo Correr, Venezia.

rappresentato[11]. Bagnara riesce, nei suoi allestimenti, a cogliere tutte le esigenze del librettista, molto più di altri scenografi suoi contemporanei. Un esempio è la collaborazione di Romani e Bagnara in occasione della prima rappresentazione di *Beatrice di Tenda*[12] di Vincenzo Bellini durante la stagione di Carnevale 1832-33. Romani, impegnato a scrivere altri libretti, non segue le prove veneziane, ma le sue didascalie sceniche, acute, precise, sensibili, influenzano lo scenografo aiutandolo nel suo difficile impegno di «far vedere la musica». Infatti, qui Bagnara si esprime ai suoi più alti livelli, realizzando una serie di bozzetti in piena sintonia con la trama

[11] Vedi A. Roccatagliati, *Felice Romani librettista*, Libreria Musicale Italiana, Lucca 1996.

[12] Tragedia lirica in due atti di Felice Romani, musica di Vincenzo Bellini. Elenco delle scene: «La scena è nel castello di Binasco. L'epoca è dell'anno 1418». Atto I, scena 1: «Atrio interno nel castello di Binasco. Un'ala di palazzo è illuminata. Tutto indica che in quello ha luogo una festa» [fig. 126]. Atto I, scena 3: «Appartamento di Agnese» [fig. 127]. Atto I, scena 6: «Boschetto nel Giardino Ducale» [fig. 128]. Atto I, scena 10: «Parte remota nel castello di Binasco: da un lato è la statua di Facino Cane». Atto II, scena 1: «Sala nel castello di Binasco preparata per tener Tribunale. Guardie alle porte» [fig. 129]. Atto II, scena 8: «Vestibolo terreno che mette alle prigioni del castello. Grand'arco a cui si ascende per una gradinata e dà accesso a lungo corridoio esterno» [fig. 130].

**Figura 124.** Francesco Bagnara, scena per *Ivanhoe*, atto II, scena 1: «Arcata gotica nel piano più elevato [...]» (1830), Civico Museo Correr, Venezia.

**Figura 125.** Francesco Bagnara, scena per *Ivanhoe*, atto II, scena 4: «Rocce alpestri selvose [...]» (1830), Civico Museo Correr, Venezia.

romantica [figg. 126-130]. Tra tutti i disegni il più indicativo e rilevante è quello per la scena sesta del primo atto: «Boschetto nel giardino ducale» [fig. 128]. Bagnara traccia con i toni del blu e del grigio una visione incantata del bosco sul cui sfondo sorge il castello. Si tratta di un esterno in cui la rappresentazione della natura ha una parte dominante e costituisce un esempio di quel tipo di scena che permette a Romani di prefigurare una stretta compenetrazione tra testo drammatico e ambientazione scenica dove tutti gli elementi caratterizzanti sono pensati in tal senso. La scena del finale, il «Vestibolo terreno che mette alle prigioni del castello» [fig. 130] riscuote grande successo da parte del pubblico e per questo lo stesso Bagnara è chiamato più volte sulla ribalta per ricevere gli applausi. Il bozzetto per questa ambientazione è in effetti il più grandioso fra quelli preparati per *Beatrice*: il grande arco delimita lo spazio in primo piano e la scala praticabile racchiude l'area permettendo alla prospettiva di ampliarsi in monumentali edifici colpiti dalla luce. Qui Bagnara sembra citare le grandi scene di Pietro Gonzaga utilizzandone gli stessi elementi compositivi, come il grande arco principale, posto quasi in proscenio, e la

**Figura 126.** Francesco Bagnara, scena per *Beatrice di Tenda*, atto I, scena 1: «Atrio interno nel castello di Binasco» (1832), Civico Museo Correr, Venezia.

**Figura 127.** Francesco Bagnara, scena per *Beatrice di Tenda*, atto I, scena 3: «Appartamento di Agnese» (1832), Civico Museo Correr, Venezia.

**Figura 128.** Francesco Bagnara, scena per *Beatrice di Tenda*, atto I, scena 6: «Boschetto nel Giardino Ducale» (1832), Civico Museo Correr, Venezia.

**Figura 129.** Francesco Bagnara, scena per *Beatrice di Tenda*, atto II, scena 1: «Sala nel castello di Binasco [...]» (1832), Civico Museo Correr, Venezia.

**Figura 130.** Francesco Bagnara, scena per *Beatrice di Tenda*, atto II, scena 8: «Vestibolo terreno che mette alle prigioni del castello» (1832), Civico Museo Correr, Venezia.

**Figura 131**. Francesco Bagnara, scena per *Belisario*, atto I, scena 1: «Atrio terreno del palagio imperiale [...]» (1836), Civico Museo Correr, Venezia.

prospettiva sullo sfondo.

Negli anni immediatamente successivi, Bagnara fornisce le scene per tre prime donizettiane di notevole importanza come *Belisario* (1836), *Pia de' Tolomei* (1837) e *Maria di Rudenz* (1838).

Il librettista per le tre opere è Salvatore Cammarano, futuro collaboratore di Verdi, che introdurrà il suo particolarissimo gusto tutto nuovo per le scenografie cupe e fosche, collegate agli eccessi tragici dei suoi personaggi. Analizzando, per esempio, l'allestimento per *Belisario*[13] per cui Bagnara produce cinque bozzetti [figg. 131-134] si nota immediatamente una certa discontinuità con i lavori precedenti. L'ambientazione richiesta è una Bisanzio nell'«epoca remota al 580 dell'era cristiana», quindi si colloca in un difficile ambito stilistico. Lo scenografo adotta uno stile classico trattato con gusto romantico. La prima scena rappresenta un atrio del palazzo imperiale, attraverso il cui colonnato si vede una magnifica veduta di Bisanzio [fig. 131], la terza alberi

[13] Tragedia lirica in tre parti di Salvatore Cammarano, musica di Gaetano Donizetti. Elenco delle scene: «L'azione ha luogo parte in Bisanzio, parte nelle vicinanze dell'Emo. L'epoca rimanda al 580 dell'era cristiana». Atto I, scena 1: «Atrio terreno del palagio imperiale con trono a destra. A traverso dell'intercolunnio magnifica veduta di Bisanzio» [fig. 131]. Atto I, scena 9: «Aula senatoria». Atto II, scena 1: «Parte remota di Bisanzio: da un lato ingresso alle prigioni» [fig. 132]. Atto III, scena 1: «In fondo i gioghi altissimi dell'Emo. Il davanti è ingombro d'alberi e sassi muscosi» [fig. 133]. Atto III, scena 4: «Tenda di Giustiniano, che aprendosi nel mezzo lascia scorgere nell'ultima distanza la sommità dell'Emo» [fig. 134].

**Figura 132.** Francesco Bagnara, scena per *Belisario*, atto II, scena 1: «Parte remota di Bisanzio [...]» (1836), Civico Museo Correr, Venezia.

**Figura 133.** Francesco Bagnara, scena per *Belisario*, atto III, scena 1: «In fondo i gioghi altissimi dell'Emo» (1836), Civico Museo Correr, Venezia.

**Figura 134.** Francesco Bagnara, scena per *Belisario*, atto III, scena 4: «Tenda di Giustiniano, che aprendosi nel mezzo lascia scorgere nell'ultima distanza la sommità dell'Emo» (1836), Civico Museo Correr, Venezia.

e sassi muschiosi con sullo sfondo i gioghi altissimi dell'Emo [fig. 133]: ambedue i bozzetti per queste scene mostrano una certa freddezza e stanchezza inventiva. Nonostante ciò, l'opera ebbe un notevole successo e i giornali dell'epoca riportano molti apprezzamenti per le tele dipinte da Bagnara.

Negli anni seguenti, a partire dal 1839, Bagnara lascia l'impegno diretto nel teatro veneziano, dedicandosi completamente all'insegnamento presso l'Accademia di Belle Arti della materia da lui tanto amata, Arte del paesaggio. Continuerà però a mantenere il controllo della scenografia, facendo parte di una commissione che deve approvare i bozzetti proposti dai giovani scenografi. Bagnara, infatti, ancora nel 1853 è il membro più autorevole di una commissione che impone a Pietro Bertoja, scenografo di quattro delle cinque prime verdiane alla Fenice, di sottoporre i bozzetti all'approvazione e di sottostare alle modifiche che la commissione riterrà opportune. Inoltre, Bagnara potrà recarsi in qualsiasi momento nell'atelier dove si dipingono le tele e avrà l'obbligo di assistere alla «prova generale dello spettacolo [...] al fine di riconoscere se egli abbia eseguito puntualmente quanto espone negli schizzi ovvero abbia posto in pratica quelle modificazioni che essa commissione in tempo utile avesse stimato conveniente di suggerire» [14]. Per ciò si può affermare che Bagnara ha influenzato l'intera produzione scenografica ottocentesca, non soltanto attraverso la sua abilità artistica, tecnica e pittorica, ma anche grazie al controllo che ha esercitato sui suoi allievi e prosecutori. Molti dei quali, poi, hanno avuto l'opportunità di lavorare in diversi teatri italiani, come Giuseppe Bertoja a Torino o Pietro Venier a Napoli.

[14] *Processo verbale della seduta della commissione eletta alla revisione degli schizzi e dei figurini del vestiario pel teatro la Fenice* conservato presso l'Archivio dell'Accademia di Belle Arti di Venezia, senza collocazione. Questo interessante documento è firmato oltre che da Giuseppe Bertoja come scenografo, da Bagnara con Francesco Moja, Lodovico Lipparini, Carlo Zanotti e Pietro Selvatico come redattore.

**Figura 135**. Alessandro Prampolini, scenografia per *Il Trovatore*, atto I, scena 2: «Giardini nel Palazzo dell'Aliaferia», collezione privata, Roma.

# 12.

## Le scenografie verdiane fra Ottocento e Novecento

Olga Jesurum

Recenti studi su Verdi hanno messo in luce la necessità di prendere in considerazione, nella concezione globale dell'opera verdiana, il suo aspetto visivo: tale esigenza è stata affrontata da più parti alla ricerca di una metodologia in grado di codificare la stretta relazione fra composizione musicale e allestimento scenico, come dimostrano le ricerche condotte da Maria Teresa Muraro e Mercedes Viale Ferrero negli ultimi trent'anni[1]. Nel passato l'attenzione rivolta alla scenografia si sviluppava prevalentemente in ambito storico-artistico: lo studio del bozzetto pur evidenziando la matrice culturale e le influenze 'artistiche' del periodo, lasciava in secondo piano il complesso rapporto scena-testo, mentre la caratterizzazione e la tipizzazione dei personaggi risultava avulsa dalla messa in scena. Quando la ricerca musicologica si è trovata ad affrontare l'opera verdiana, è apparso subito evidente come fosse il compositore stesso ad indirizzare l'attenzione verso l'aspetto visivo: si potrebbero citare a iosa lettere, postille, didascalie che riguardano esplicitamente l'allestimento scenico.

L'interesse di Verdi per la messa in scena si nota già in *Attila* e diventa ancor più evidente nel *Rigoletto*: in questi anni la sua corrispondenza s'infittisce di dettagli e di informazioni, a volte di piccoli schizzi. In seguito, durante il soggiorno a Parigi egli ha modo di vedere come, attraverso la redazione dei *Livrets Scéniques* (ossia delle *Disposizioni sceniche*), sia possibile ottenere una codificazione dello spettacolo teatrale in grado di garantire la sua esatta ripetizione al momento di ogni successiva rappresentazione.

*Olga Jesurum, Istituto Nazionale di Studi Verdiani, Parma*

[1] Cfr. M.T. Muraro, *Le scenografie delle cinque prime assolute di Verdi alla Fenice di Venezia*, in «Atti del Primo Congresso di Studi Verdiani», Parma 1969, pp. 328-335; M. Viale Ferrero, *Le prime scene per Ernani. Appunti di scenografia verdiana*, «Bollettino dell'Istituto di Studi Verdiani» X (1977), pp. 195-206.

L'introduzione delle disposizioni sceniche quale strumento per garantire un'accurata messa in scena che risponda alle regole del dramma s'inserisce in un discorso di maggior respiro che coinvolge il teatro d'opera: ne trae vantaggio sia il teatro stesso, in quanto proprietario degli scenari utilizzati, sia il compositore (ad esempio Verdi), che si garantisce in tal modo una corretta realizzazione della propria opera. Il primo *Livret scénique* per un'opera verdiana, *Les Vêpres Siciliennes*, pubblicato a Parigi nel 1855, appare revisionato in Italia nel 1856 col titolo di *Disposizione scenica per l'opera Giovanna di Guzman*[2].

In questa nuova prospettiva, all'interno dell'opera in musica, oltre le funzioni del libretto, della musica, del cantante, si distinguono quelle della scena: se fino a questo momento lo spettacolo si attuava nella fusione dei vari elementi (musicali, verbali e gestuali), ora tale fusione non risulta più sufficiente se non si riallaccia all'intimo sentire, agli affetti e passioni che vivono i personaggi stessi. Anche l'allestimento scenico risulta rivoluzionato da tale impostazione, poiché sulla scena appaiono attori maledetti e buffoni deformati, personaggi provenienti tutti dal mondo della realtà: da qui la necessità di una scena *verosimile*, legata alla realtà del personaggio rappresentato.

Sebbene Verdi consideri di estrema importanza identificare uno scenografo capace di dipingere scene adeguate alla rappresentazione del dramma, non sempre è in grado di operare tale scelta, poiché essa spetta alla Direzione del teatro ove l'opera sarà rappresentata. Inoltre presso i grandi teatri quali La Scala di Milano vengono istituite una Commissione di Sorveglianza sugli Allestimenti ed una Commissione Artistica, con il compito di valutare bozzetti e figurini, commissioni con cui il compositore non può avere nessun contatto, quasi per sottolineare come il contributo dell'autore possa considerarsi concluso con la stesura dell'opera. Per questa ragione le indicazioni ed i suggerimenti di Verdi, che col tempo si trasformano in dettami, inizialmente vengono affidati al librettista, spesso direttore di scena dello spettacolo; soltanto al suo rientro da Parigi, grazie all'introduzione delle *Disposizioni sceniche*, è in grado di disporre e approvare le scenografie propostegli, sino ad indicare lui stesso lo scenografo.

Quanto detto ci spinge a proporre il bozzetto teatrale, unica testimonianza dell'aspetto visivo, quale nuova chiave di lettura dell'opera in musica, ed investigare se in esso siano identificabili delle costanti comuni corrispondenti ai nodi drammaturgici dell'opera.

Lo studio di ciascun bozzetto, corredato di documenti, lettere e appunti tratti dalla corrispondenza verdiana, permettono così di mostrare come le indicazioni ed i suggerimenti di Verdi vengano recepiti dagli scenografi, quali di loro godano della sua approvazione, quali no, identificare quali scene abbiano raggiunto quella inci-

[2] Esso divenne il primo di una serie pubblicata da Giulio Ricordi alla quale si aggiunsero anche opere non verdiane.

**Figura 136.** Girolamo Magnani, scenografia per *Il Trovatore*, atto I, scena 2: «Giardini nel Palazzo dell'Aliaferia», Istituto Nazionale di Studi Verdiani, Parma.

sività necessaria per diventare modello di successive rappresentazioni, fino alle scenografie del Novecento.

Ci si è accorti che là dove la 'sintonia' fra lo scenografo ed il Maestro è assai serrata, dove le due visualizzazioni coincidono, la scena realizzata per la prima esecuzione diventa il modello dal quale gli scenografi non si distaccheranno nei successivi allestimenti: il bozzetto di Alessandro Prampolini per la seconda scena del I atto del *Trovatore* disegnato per la prima dell'opera al Teatro Apollo di Roma nel 1853 [fig. 135] suggerisce un'impostazione scenica che verrà confermata dal contemporaneo Girolamo Magnani per il Teatro Regio di Parma [fig. 136]: le scale, gli alberi, il chiaro di luna che si riflette sul palazzo. Perciò il bozzetto di Prampolini, anche se di fatto non ottenne il consenso di Verdi, coincide con la prima idea scenica, stabilendo un modello per successive rappresentazioni. Ciò non si verifica soltanto con le scenografie coeve al Maestro: alcuni pittori del Novecento, quali Vittorio Rota o Primo Conti, operano una lettura prettamente filologica, conservando integro il modello scenico ottocentesco. Il bozzetto di Filippo Peroni per la prima scena

**Figura 137.** Filippo Peroni, scenografia per *Il Trovatore*, atto IV, scena 1: «Un'ala del Palazzo dell'Aliaferia», collezione privata, Roma.

del IV atto del *Trovatore* – «Un'ala del Palazzo dell'Aliaferia» [fig. 137] disegnato per il Teatro La Scala nel 1853 – presenta molti elementi in comune con l'omologo bozzetto di Vittorio Rota (1902), sebbene li separi una distanza di cinquant'anni circa: il palazzo sulla sinistra con la torre ove è rinchiuso Manrico prigioniero, un arco accostato al palazzo, gli alberi sulla destra. Il legame fra questi disegni è dovuto principalmente all'idea visiva del compositore, che si realizza nella prima esecuzione. Tanto più forte fu nel secolo scorso il legame con la tradizione instauratasi con la prima esecuzione, quanto più difficilmente gli scenografi del Novecento, in special modo per la prima metà del secolo, sono stati in grado di immaginare scene completamente staccate dal modello ottocentesco.

Quando invece i contatti fra compositore e scenografo sono assenti, si assiste ad una vera e propria 'invenzione' da parte del pittore, come si può osservare dai bozzetti di Andreas Leonhardt Roller per *La Forza del destino*, allestito per la prima volta al Gran Teatro Imperiale di San Pietroburgo nel 1862, dove la realizzazione visiva corrisponde ad una interpretazione dell'ambientazione richiesta più che ad una vera realizzazione scenica della didascalia[3].

[3] Cfr. *Sorgete! Ombre Serene. L'aspetto visivo dello spettacolo verdiano*, Istituto Nazionale di Studi Verdiani, Parma 1994, pp. 57-62, e le relative schede a cura di M.T. MURARO, pp. 157-159.

Una seconda analisi può essere condotta sui bozzetti per l'*Aida*, andata in scena al Teatro Kediviale del Cairo il 24 dicembre 1871, in Italia sei settimane più tardi, l'8 febbraio 1872 al Teatro La Scala di Milano, con le scene del Magnani.

L'allestimento scaligero differisce assai da quello cairota, ove la riproduzione dell'Egitto faraonico risulta tesa ad una fedele ricostruzione monumentale in opposizione al livello di moda del gusto egizio[4]; Magnani invece nelle scene per La Scala ricerca maggiormente un'atmosfera drammatica consona allo spartito. L'allestimento scaligero diventa modello per i teatri italiani, così come lo fu per i teatri francesi quello egiziano, più vicino alle messinscene spettacolari del *grand-opéra*. Tale differenza è testimoniata nei bozzetti rimasti per le due edizioni, così come nelle didascalie dei libretti, diverse fra loro. Nei bozzetti per il Cairo[5], l'ambientazione, imponente e grandiosa, testimonia un accurato interesse per l'archeologia e suggerisce una visione aulica e classicheggiante. In quelli del Magnani la decorazione degli ambienti risulta assai semplificata: accanto alle parti architettoniche lo scenografo inserisce altri elementi estranei al mondo egizio, tesi a rendere l'ambientazione più familiare allo spettatore, spostando così l'attenzione sul dramma rappresentato.

Nell'opera la scena più interessante è certamente l'ultima, la più complessa dal punto di vista scenografico, causa la suddivisione in due piani e l'evidente contrasto di caratterizzazione: il piano del sotterraneo corrisponde a quello del palcoscenico; il piano elevato si pone ad un terzo dell'altezza totale del palcoscenico medesimo. L'uso della luce è diverso per i due piani: in quello superiore, assai illuminato, piccole fiammelle a gas saranno nascoste dietro le colonne; nel sotterraneo vi è la semioscurità, nonché alcuni pannelli che impediscono alla luce del piano superiore di scendere al di sotto.

Sul contrasto cromatico delle due sezioni si soffermano le *Disposizioni sceniche*: «Il scenografo ponga molto studio nel contrasto dei due piani: il sotterraneo cupo, con tinte fredde, illuminato da una luce grigio-verdastra: il tempio risplendente di luce, a tinte calde; le colonne serviranno benissimo a mascherare gli apparecchi d'illuminazione, i quali preferibilmente saranno fatti a gaz. Una grande difficoltà pello scenografo sarà quella d'imitare la grandiosità del *Tempio di Vulcano* nell'*Atto Primo*, avendo meno spazio disponibile, sia come superficie, che come altezza»[6]. Nella parte superiore della scena il pubblico potrà osservare la disperazione di Amneris, mentre nel sotterraneo si consumerà la morte di Aida e Radamés. Gli scenografi della prima

[4] Cfr. M. VIALE FERRERO, *Scene e costumi di "Aida" al Cairo (1871) e a Milano (1872)*, in *"Aida" al Cairo. Genesi dell'opera del grande compositore italiano*, Roma 1982, pp. 139-144.

[5] Presso la Bibliothèque Musée de l'Opéra di Parigi si conservano due bozzetti attribuibili alla prima dell'*Aida* al Cairo: il primo di Philippe Chaperon forse per la prima scena del I atto, il secondo di Edouard Desplechin per la scena del trionfo del II atto.

[6] Cfr. *Disposizione scenica per l'opera "Aida" compilata e regolata secondo la messa in scena del Teatro alla Scala da Giulio Ricordi*, Milano 1872, pp. 63.

**Figura 138.** Enrico Prampolini, scenografia per *Aida*, atto IV, scena 2: «Tempio di Vulcano e Sotterraneo», collezione privata, Roma.

metà del Novecento conservano per il finale dell'opera la divisione in due livelli: ad esempio Augusto Carelli, nella *Aida* per il San Carlo di Napoli nel 1934, dove conserva la divisione in due piani della scena ed il contrasto cromatico[7]. Qualche anno più tardi il pittore futurista Enrico Prampolini attuerà lo stesso schema, sebbene in una dimensione più stilizzata [fig. 138].

Per quanto concerne le scenografie del nostro secolo, inoltre, il problema di una interpretazione 'filologica e verosimile' dell'opera verdiana si scontra con la distanza che separa lo scenografo del Novecento da Verdi: delle tre componenti lo spettacolo musicale – libretto musica e scena – soltanto le prime due conservano un testo scritto, per cui la loro esecuzione con criteri moderni non costituisce un falso storico, mentre l'assenza di una scena che possa assurgere alla medesima funzione di 'testo' pone lo scenografo di fronte ad un bivio, se proporre una lettura 'passata', 'verosimile', basata sulla interpretazione di un'epoca che non gli appartiene, oppure proporne una 'attuale', sulla base delle nuove esperienze teatrali raggiunte e delle

[7] Cfr. *Sorgete! Ombre Serene* cit., p. 121. L'originale è custodito presso la Biblioteca teatrale del Burcardo di Roma.

tematiche proprie della sua epoca, allontanandosi però dai precetti verdiani; ciò spiega come alcuni scenografi dei più importanti del Novecento non abbiano allestito opere verdiane: essi infatti vedono nell'esperienza dei loro predecessori una limitazione nei confronti del proprio atto creativo [8]. Interessanti a tale proposito le parole del regista Mauro Bolognini: «Io amo *Aida* [...], è un'opera doppia. C'è l'*Aida* col trionfo, le danze, l'esotismo, [...] e c'è l'altra, quella più autentica di Verdi, che ci parla d'amore, di solitudine, di personaggi prigionieri di regole [...]. Spesso nelle rappresentazioni più grossolane accade che il pubblico, dopo la scena del trionfo se ne vada, proprio al momento in cui, terzo e quarto atto, l'opera torna a vibrare [...]. Come cancellare questa insulsa tradizione, fatta di cavalli, elefanti, carri impennacchiati, clamori e statue d'oro? [...] Mi rivolsi a Ceroli, [...] perché inventasse, per *Aida*, uno spazio nuovo, una visione diversa da sempre, dove tutto fosse essenziale e significativo, dove non ci fossero concessioni al superfluo o alla distrazione presuntuosa. Ceroli accettò, portando nello spettacolo tutto il suo limpido mondo poetico» [9].

[8] Cfr. J. NIGRO COVRE, *Artisti contemporanei in scena: come rivivere l'opera verdiana*, in *Sorgete! Ombre Serene* cit., pp. 27-30.

[9] Cfr. D. RENZETTI – M. BOLOGNINI (a cura di), *Note allo spettacolo*, in «*Aida*, Parma, Teatro Regio 1987/88. Programma di sala», pp. 134-135. L'immagine di Ceroli è pubblicata in *Sorgete! Ombre Serene* cit., p. 127.

13.

# Il metodo di schedatura proprio del Catalogo Italiano di Iconografia Musicale

Elena Ferrari Barassi

Il Catalogo Italiano di Iconografia Musicale (CIdICM) è sorto nel 1987 presso la Biblioteca del Conservatorio di musica «G. Verdi» di Milano come ricerca finanziata, mediante contributi annuali, dal Consiglio Nazionale delle Ricerche; esso è stato concepito come sezione italiana del Répertoire International d'Iconographie Musicale con sede centrale a New York (RIdIM), e si è affiancato alle corrispondenti sezioni italiane, già esistenti presso la stessa Biblioteca, del Répertoire International des Sources Musicales (RISM) e del Répertoire International de la Littérature Musicale (RILM). Il Catalogo si è subito proposto come obiettivo finale una banca dati informatica; ma, nell'attesa di questa realizzazione, esso ha esordito in veste cartacea. Il lavoro è stato impostato dalla scrivente e intrapreso da alcuni collaboratori.

Come già esposto nella relazione presentata al Seminario di iconografia musicale tenuto a Roma in questa stessa sede nel 1994[1], saldi legami furono subito istituiti con la cattedra di Storia degli strumenti musicali della Scuola di paleografia e filologia musicale dell'Università di Pavia, con sede a Cremona, della quale chi scrive è titolare. Tale rapporto è giustificato dal fatto che presso quella cattedra, a partire dall'anno accademico 1982-83, sono state preparate e discusse numerose tesi di laurea e di diploma imperniate sulla catalogazione e il commento di fonti iconografico-

*Elena Ferrari Barassi, Università degli studi di Pavia*

[1] E. Ferrari Barassi, *Il Catalogo Italiano di Iconografia Musicale: notizie, metodo di schedatura*, in F. Zannoni (a cura di), *Le immagini della musica*, Atti del Seminario di iconografia musicale: metodi e pratica di catalogazione di materiali aventi rilevanza per la storia delle arti e della musica (Roma 31 maggio-3 giugno 1994), Roma 1996, pp. 161-171. Cfr. anche E. Ferrari Barassi, *Il Catalogo Italiano di Iconografia Musicale: notizie e progetti*, «Le Fonti Musicali in Italia» VI (1992 [ma 1994]), pp. 171-177; Ead., *Musical Iconography in Italy 1985-1995*, «Fontes Artis Musicae» (January-March 1996), pp. 81-99, spec. pp. 83-87.

musicali[2]; queste hanno costituito un importante banco di prova, un tesoro d'esperienza e un serbatoio di documentazione, dei quali a buon motivo si è tenuto conto per la costituzione del CIdICM.

Le catalogazioni per le singole tesi, che tuttora sono in corso, abbracciano aree geografiche italiane più o meno estese, quali province, zone altrimenti delimitate (come la Brianza o il Basso Monferrato), o ancora città variamente ubicate nella penisola, oppure singole raccolte museali; a volte il materiale studiato in una tesi è delle specie più disparate, sia riguardo al mezzo figurativo sia dal punto di vista cronologico; altre volte invece lo studio si incentra su epoche ben precise o su supporti artistici ben definiti, quali i reperti archeologici, oppure libri manoscritti o a stampa; una delle tesi, escludendo qualunque limite geografico che non fosse quello del territorio nazionale, si è rivolta a una particolare tecnica figurativa praticata in Italia nei secoli XIV-XVI: quella della tarsia lignea, spessissimo recante immagini di strumenti musicali[3].

Da alcune di queste tesi, con il consenso degli autori, dal 1987 in poi sono state riversate nel CIdICM le rispettive schede, che hanno costituito il primo nucleo del Catalogo; anzi alcuni dei laureati e diplomati in questione sono stati tra i primi collaboratori del Catalogo stesso.

Il metodo di catalogazione seguito nelle tesi fino al 1990-91 era quello dettato dal RIdIM nel 1980-81, attraverso una succinta scheda-tipo e un fascicolo di istruzioni. Tuttavia le schede del Catalogo non si sono mai conformate a questo metodo: infatti fin da principio vi furono adottate le nuove schede RIdIM «MS» e «NON-MS», diffuse nel 1987 insieme con un nuovo *Style guide*, un *Thesaurus* e una *List of Western Instruments* compilata da Terence Ford[4].

Tuttavia, accumulandosi l'esperienza di schedatura, affiorarono alcune sostanziali carenze del metodo RIdIM[5], che consigliarono l'adozione di nuovi criteri. Del resto anche altri centri di schedatura europei (Parigi, Tours, Monaco di Baviera, L'Aia,

[2] Si vedano elenchi di queste tesi in E. FERRARI BARASSI, *Italy*, «RIdIM Newsletter» XII, 2 (Fall 1987), pp. 6-7 (tesi 1982-83/1985-86); EAD., *L'iconografia musicale nell'ambito della Scuola di Paleografia e Filologia Musicale di Cremona*, «Le Fonti Musicali in Italia» I (1987 [ma 1988]), pp. 45-46 (tesi 1982-83/1986-87); EAD., *Music Iconographic Studies and Cataloguing in Italy*, «RIdIM Newsletter» XIV, 1 (Spring 1989 [ma 1990]), pp. 3-5 (tesi 1986-87/1989-90); EAD., *Iconografia musicale: un patrimonio in via di crescente valorizzazione*, «Le Fonti Musicali in Italia» III (1989 [ma 1991]), pp. 131-140, spec. Appendice II, p. 140 (tesi 1986-87/1989-90); EAD., *Report from Italy 1992-93*, «RIdIM Newsletter» XVIII, 1 (Spring 1993), pp. 29-30, spec. p. 30 (tesi 1991-92); EAD., *Musical Iconography in Italy 1985-1995* cit., Appendix 1, p. 93 (tesi 1990-91/1994-95).

[3] Cfr. G. PELLINI, *Strumenti musicali in tarsie italiane dal XIV al XVI secolo esistenti in Italia*, tesi di diploma in Paleografia e filologia musicale, 4 voll., relatore Elena Ferrari Barassi, Università degli studi di Pavia, Scuola di paleografia e filologia musicale, anno accademico 1990-91.

[4] Per la situazione bibliografica dei modelli di scheda, delle norme (comprese le relative traduzioni italiane) e degli altri sussidi RIdIM, si veda E. FERRARI BARASSI, *Iconografia musicale: un patrimonio in via di crescente valorizzazione* cit., pp. 136-137, nota 8.

[5] Per un sommario commento ai modelli di scheda RIdIM 1987, si veda E. FERRARI BARASSI, *Il Catalogo Italiano di Iconografia Musicale: notizie, metodo di schedatura* cit., p. 161.

Innsbruck) non adottarono mai la scheda RIdIM, oppure, dopo averla sperimentata, la abbandonarono, od ancora le apportarono significative aggiunte.

Particolarmente autorevole è il metodo di schedatura oggi praticato dai centri di Monaco di Baviera e di Innsbruck (cioè, rispettivamente, la RIdIM Arbeitsgruppe Deutschland della Bayerische Staatsbibliothek e l'Institut für Musikwissenschaft dell'Università), che lo fecero proprio, il primo nel 1989 ad opera di Monika Holl e il secondo nel 1993, quando il professor Tilman Seebass assunse la direzione di quell'Istituto. Il metodo in questione è legato al programma informatico MIDAS, elaborato presso l'Università di Marburg; tale programma consente, fra l'altro, l'utilizzazione di archivi precostituiti, formati da denominazioni controllate e da informazioni ad esse connesse[6], esistenti indipendentemente da un'utilizzazione iconografico-musicale. Un simile sistema di archivi elettronici per ora in Italia non esiste; tuttavia presso l'Istituto Centrale per il Catalogo e la Documentazione (ICCD) del Ministero per i Beni Culturali e Ambientali è in corso di formazione un archivio relativo agli artisti[7]. In ogni modo con i centri di Monaco di Baviera e di Innsbruck, come si vedrà più avanti, il CIdICM è entrato in proficuo contatto.

Ultimamente una studiosa facente capo alla McGill University di Montreal, Selima Mohammed, anch'ella conscia dell'inadeguatezza del metodo RIdIM, ha proposto un diverso criterio di schedatura, basato sulle cosiddette *GM Rules* (*Graphic Materials: Rules for Describing Original Items and Historical Collections*), a loro volta ispirate al cap. 8 delle *Anglo-American Cataloguing Rules*, seconda edizione (AACR 2) e all'*International Standard Bibliographic Description*; le *GM Rules* sono integrate, per l'analisi dei soggetti, dai *LC Subject Headings* (Library of Congress, *Subject Cataloguing Manual: Subject Headings*) e da *AAT* (*Art and Architecture Thesaurus*), da utilizzarsi secondo il *MARC Format*. La Mohammed prevede che i sistemi di cui propone la combinazione, diffusi soprattutto nel Nordamerica, debbano essere facilmente accolti in quell'area, e ne auspica l'adozione internazionale anche per il RIdIM[8]. Ma certo in Italia, dei sistemi nominati dalla Mohammed, solo l'*International Standard Bibliographic Description* (applicata in più testi emanati dall'International Federation of Library Associations and Institutions o IFLA) è largamente nota, anche in traduzione italiana[9]; invece, del programma *MARC* per-

[6] Cfr. M. HOLL, *Die Katalogisierung von musikikonographischen Inhalten in der bildenden Kunst nach dem EDV-PROGRAMM MIDAS* [...], «RIdIM Newsletter» XVI, 2 (Fall 1991), pp. 18-28. A proposito del programma MIDAS cfr. già E. FERRARI BARASSI, *Il Catalogo Italiano di Iconografia Musicale: notizie, metodo di schedatura* cit., p. 168.

[7] Cfr. MINISTERO PER I BENI CULTURALI E AMBIENTALI: ISTITUTO CENTRALE PER IL CATALOGO E LA DOCUMENTAZIONE, *Strutturazione dei dati delle schede di catalogo: Archivio Controllato Autori / Bibliografia*, a cura di Marco Lattanzi, ICCD, [Roma] 1992.

[8] Cfr. S. MOHAMMED, *RIdIM Documentation: A Proposal for Change*, «RIdIM Newsletter» XIX, 1 (Spring 1994), pp. 32-36. La Mohammed non offre notizie né dati bibliografici completi relativi ai sistemi da lei nominati.

[9] Cfr. E. FERRARI BARASSI, *Il Catalogo Italiano di Iconografia Musicale: notizie, metodo di schedatura* cit., p. 170, nota 3.

sonalmente conosco solo l'*Unimarc Manual*, anch'esso pubblicato dall'IFLA [10]; quanto ai fascicoli *AAT* e al relativo «Bulletin», non si puo certo dire che essi godano, nel nostro paese, di una diffusione tale, da giustificare l'adozione di un metodo di schedatura che ne inglobi la sistematica.

Quando, lavorando al nostro Catalogo, ci si rese conto degli ostacoli presentati dai criteri RIdIM, ancora non si sapeva che in Germania Monika Holl li stava già sostituendo col programma MIDAS, né si supponeva che un giorno in Canada anche la Mohammed li avrebbe messi in discussione, proponendo un diverso metodo di catalogazione, bene ambientato nella sua area di appartenenza. Si ragionava comunque sulla necessità di migliorare i criteri di schedatura e nello stesso tempo, agendo in modo analogo a quello poi proposto dalla Mohammed, si considerava il vantaggio di poterli saldare ai metodi seguiti in sede nazionale per la schedatura dei beni artistici, storici e librari che dell'iconografia musicale sono portatori.

Le tappe dell'accostamento ai criteri di catalogazione dell'ICCD e a quelli dell'Istituto per il Catalogo Unico delle Biblioteche Italiane (ICCU), entrambi facenti capo al Ministero per i Beni Culturali e Ambientali, sono state già descritte nel citato lavoro, precedentemente presentato in questa sede [11], e non starò a ripetermi. È utile qui, invece, richiamare il risultato dell'operazione, spiegando i capisaldi del metodo CIdICM, così come esso si è configurato fin dal 1991, e consolidato nel 1992 con l'uscita della terza edizione del manuale di catalogazione *Strutturazione dei dati* [12], ancora oggi in vigore.

Anzitutto è stato riconosciuto necessario registrare con precisione i dati relativi all'oggetto portatore di iconografia musicale, prima di procedere alla descrizione dei contenuti iconografico-musicali propriamente detti; e questo, sulla falsariga di quanto praticato in seno all'ICCD e all'ICCU, ha condotto ad adottare vari tipi di scheda, che riflettessero la multiformità degli oggetti in questione. I tipi OA («opere e oggetti d'arte»), RA («reperti archeologici»), D («disegni»), S («stampe») sono stati mutuati dai procedimenti ICCD; gli altri modelli, MS («manoscritti») e PS («pubblicazioni a stampa»), destinati a registrare l'iconografia musicale presente su supporti librari, sono stati sì improntati alle norme ICCU e IFLA per la formulazione delle voci specifiche, ma hanno ricevuto una strutturazione parallela a quella dei tipi precedenti.

[10] INTERNATIONAL FEDERATION OF LIBRARY ASSOCIATIONS AND INSTITUTIONS, *Unimarc Manual*, edited by B.P. Holt with the assistance of Sally H. Mc Callum & A. H. Long: IFLA Universal Bibliographic Control and International MARC Programme, British Library Bibliographic Services, [London] 1987.

[11] E. FERRARI BARASSI, *Il Catalogo Italiano di Iconografia Musicale: notizie, metodo di schedatura* cit., pp. 162, 164-165; cfr. inoltre EAD., *Il Catalogo Italiano di Iconografia Musicale: notizie e progetti* cit., pp. 171-173.

[12] CATALOGO ITALIANO DI ICONOGRAFIA MUSICALE, *Strutturazione dei dati delle schede: Beni archeologici e storico-artistici, disegni, stampe, manoscritti e pubblicazioni a stampa*, a cura di Carla Tessari, con la supervisione di Elena Ferrari Barassi, e con la collaborazione di Andrea Botto, Annamaria di Giulio, Ivan Epicoco, Pierluigi Ferrari; con un Elenco di strumenti musicali di Terence Ford, nella revisione di E. FERRARI BARASSI, *Work in Progress*, terza edizione riveduta e aggiornata, Università degli studi di Pavia, Scuola di paleografia e filologia musicale, Cremona 1992.

Perché le schede potessero riflettere puntualmente la situazione delle immagini in relazione ai loro supporti artistici e librari, è stata adottata la distinzione proposta dall'ICCD fra «struttura semplice», «struttura complessa» e «aggregazione». Nella prima un determinato soggetto iconografico è riconosciuto strettamente connesso con l'oggetto portatore, perciò la catalogazione si esaurisce in un'unica scheda; nella seconda invece si individuano, quanto alla conformazione dell'opera globale, due o più piani gerarchici, con la presenza, dal secondo piano in giù, di uno o più oggetti, dipendenti da un oggetto principale. Tale struttura trova riscontro in più di una scheda; di esse quella relativa all'oggetto principale funge da «scheda madre», l'altra o le altre vengono ad essere «schede di componente». Vari casi di questo particolare rapporto reciproco fra oggetti sono stati citati nel contributo al precedente Seminario[13]; in ogni modo il più ovvio di essi è quello rappresentato da una serie di figurazioni presenti sulle pagine di un unico libro, manoscritto o a stampa. Quanto all'«aggregazione», essa è formata da oggetti in sé distinti e autonomi, ma collegati fra loro da un rapporto di funzionalità; valgano ad esempio un quadro e la sua cornice, un organo e la rispettiva cantoria, o i vari pezzi di un servizio da tè. In tal caso non si ha fra gli oggetti un legame gerarchico, ma paritetico, che viene riprodotto nell'allestimento delle schede. Nei casi di struttura complessa e di aggregazione la posizione reciproca delle schede viene chiarita, fra l'altro, dalla loro numerazione: questa prevede per la struttura complessa un criterio di numerazione decimale delle varie schede, invece per l'aggregazione l'aggiunta di una lettera alfabetica (variabile) a un numero identico, ricorrente in ogni scheda.

Le schede sono divise in quadri e questi in campi e sottocampi, tutti numerati; per le intitolazioni di questi ultimi e per le relative osservazioni si rimanda ai contributi della scrivente e di Carla Tessari al precedente seminario[14]. Si rammenta che particolare cura è stata dedicata al quadro 7 «Dati analitici», destinato a raccogliere le notizie di stretta pertinenza iconografico-musicale: queste riguardano, oltre all'esecuzione musicale, ai contenuti organologici e alla presenza di musica scritta, anche i risvolti figurativi, storici e culturali dell'immagine; inoltre sono prese in considerazione anche eventuali relazioni letterarie o funzioni in un contesto teatrale.

La compilazione di buona parte delle voci è guidata da appositi vocabolari controllati, riportati nel citato manuale CIdICM *Strutturazione dei dati*[15]. I vocabolari formati da pochi lemmi sono esposti in corrispondenza delle istruzioni via via impartite per la compilazione delle varie voci; invece quelli più estesi sono inclusi a parte. Questi ultimi sono: «Mezzo e tecnica di raffigurazione», «Soggetto in sintesi

[13] Cfr. E. FERRARI BARASSI, *Il Catalogo Italiano di Iconografia Musicale: notizie, metodo di schedatura* cit., p. 164.

[14] Cfr. *ibid.*, pp. 164-165; C. TESSARI, *Criteri e problematiche della catalogazione iconografico-musicale*, in F. ZANNONI (a cura di), *Le immagini della musica* cit., pp. 173-202, spec. pp. 174-175. Per le peculiarità del tipo di scheda RA, cfr. A. MARCELLINO, *Il Catalogo Italiano di Iconografia Musicale: la schedatura dei reperti archeologici*, in F. ZANNONI (a cura di), *Le immagini della musica* cit., pp. 203-219.

[15] Cfr. nota 12.

e codifica Iconclass», «Ambiente e codifica Iconclass», «Esecutore e codifica Iconclass», «Tipo di riproduzione», «Elenco di strumenti musicali occidentali».

Le codifiche *Iconclass* sono sigle alfanumeriche ricavate da una monumentale classificazione (in lingua inglese) dei soggetti relativi alle opere d'arte, compilata in Olanda, ed esistente sia in diciassette volumi cartacei, sia su supporto informatico [16]. Tale metodo classificatorio e il relativo siglario vengono applicati da autorevoli centri stranieri di ricerca iconografico-musicale, con i quali il Catalogo Italiano di Iconografia Musicale ha stabilito contatti e intende effettuare uno scambio di dati. Di questi centri uno è il Dipartimento di musica del Gemeentemuseum dell'Aia (coordinatrice del catalogo di iconografia musicale è Magda Kyrova); gli altri due, cui si è già accennato, sono rispettivamente quelli di Monaco di Baviera e di Innsbruck.

I vocabolari dei soggetti, degli ambienti e degli esecutori, attualmente inseriti nel manuale CIdICM, sono ricavati dal *Thesaurus* RIdIM [17]; tuttavia è in progetto una riformulazione di tali vocabolari, che prenderà dall'*Iconclass* non solo le pure sigle, ma anche l'impianto e l'organizzazione classificatoria. Tale rifacimento troverà posto in una prevista revisione dell'intero manuale CIdICM; questa comprenderà anche un miglioramento dell'«Elenco di strumenti musicali occidentali» [18] e, per il resto, modifiche volte a completare e chiarire le spiegazioni già presenti e a rendere la compilazione compatibile con quella di altri centri europei di documentazione iconografico-musicale, interessati a uno scambio dei dati. Tali centri sono quelli già citati dell'Aia, di Monaco di Baviera e di Innsbruck, inoltre il Centre d'Etudes Supérieures de la Renaissance di Tours (programma «Ricercar», facente capo al Centre National de la Recherche Scientifique francese e diretto da Nicoletta Guidobaldi), l'Unité de Recherche Associée URA 1015 «Organologie et iconographie musicale» esistente a Parigi e dipendente dallo stesso Centre National (direttrice ne è Florence Gétreau), inoltre l'UK National Section del RIdIM, ubicata presso l'Università di Cambridge e coordinata da Ann Buckley. Anche presso il Národní Muzeum di Praga, per iniziativa di Eva Paulová, è in progetto un catalogo di iconografia musicale che si colleghi ai precedenti.

L'obiettivo della collaborazione fra centri è quello di rendere possibile una circo-

[16] H. van De Waal, *Iconclass: an Iconographic Classification System*, completed and edited by L.D. Couprie, with E. Tholen, G. Vellekoop, North Holland Publishing Company, Amsterdam-Oxford-New York 1973-1985; Iconclass Research and Development Group Leiden/Utrecht, *Iconclass Browser*, Rijksuniversiteit, Utrecht 1991 (disco magnetico).

[17] *RIdIM Thesaurus for Western Art*, I: For index users; II: For cataloguers [...], Research Center for Musical Iconography, New York 1987.

[18] T. Ford (a cura di), *Elenco di strumenti musicali occidentali con relativo numero Hornbostel-Sachs e annotazioni destinate alla decifrazione iconografico-musicale*, traduzione e adattamento di Elena Ferrari Barassi, in Catalogo Italiano di Iconografia Musicale, *Strutturazione dei dati* cit., pp. 91-143. Le caratteristiche di questo elenco sono esposte in E. Ferrari Barassi, *Il Catalogo Italiano di Iconografia musicale: notizie, metodo di schedatura* cit., pp. 163, 166.

lazione di alcuni dati essenziali da una sede all'altra. I punti delle rispettive schede che si vogliono uniformare, in vista della creazione di una sorta di scheda comune ridotta, sono già stati enumerati nel contributo al precedente seminario; contestualmente sono state esposte le lievi modifiche e integrazioni, di cui l'attuale metodo di schedatura CIdICM abbisogna, perché sia consentita l'adesione al progetto [19].

Frattanto ad uso del CIdICM è stato creato, ad opera di Massimo Preitano, un programma informatico denominato «Praetorius», il cui linguaggio utilizza le specifiche di «Superbase 2.0»; quest'ultimo è concepito per l'ambiente «Windows» [20]. Di converso con la revisione del manuale cartaceo, è previsto naturalmente anche un adeguamento di «Praetorius»; fra le prestazioni da assicurare dovrà essere inclusa anche una predisposizione della scheda ridotta 'internazionale' comune ai vari centri, e l'eventualità di instaurare un dialogo con MIDAS e con altri programmi informatici di catalogazione.

Il citato progetto di comunicazione fra i vari centri europei è stato avanzato dal professor Tilman Seebass; a suo favore sono già stati organizzati vari incontri. Diversi collaboratori del CIdICM hanno partecipato a quelli del settembre 1993 a Innsbruck e del maggio 1994 a Tours. Più recentemente, sempre per iniziativa di Seebass, è stata formalizzata, anche dal punto di vista istituzionale, la nascita di quella che vuole essere una sezione europea del RIdIM: la Association of European Centers of Music Iconographic Documentation (Association Européenne des Centres de Documentation en Iconographie Musicale). Le basi di questa associazione sono state poste a Parigi nell'aprile 1996; quindi a Perugia, nel settembre 1996, essa è stata riconosciuta ufficialmente in occasione del congresso annuale della IAML (International Association of Music Libraries), organismo internazionale al quale il RIdIM è affiliato. Segretaria della nuova associazione è la nota studiosa Florence Gétreau, direttrice della citata Unité de Recherche Associée URA 1015, oltre che del Musée National des Arts et Traditions Populaires di Parigi. La scrivente e i collaboratori del CIdICM hanno aderito all'associazione.

Intanto il CIdICM continua il suo cammino; dal 1994 vi collabora validamente Laura Mauri Vigevani, ricercatrice presso la già nominata Scuola di paleografia e filologia musicale; ella custodisce le schede e ne cura il riordino. Dallo stesso anno il Catalogo si è anche assicurato la preziosa collaborazione di Cristina Santarelli, direttrice dello schedario di iconografia musicale dell'Istituto per i beni musicali in Piemonte di Torino; ella fa affluire al Catalogo numerose schede tratte da opere d'arte situate nell'intero Piemonte e datate fra l'XI e il XX secolo.

In Italia, oltre al CIdICM, sono state o sono tuttora operanti altre iniziative di catalogazione dell'iconografia musicale. Merita di essere citato il primo libro basato

[19] Cfr. *ibid.*, p. 169.

[20] Cfr. M. PREITANO, *"Praetorius": un database specifico per il Catalogo Italiano di Iconografia Musicale*, in «Le Fonti Musicali in Italia» VI (1992 [ma 1994]), pp. 179-182.

sulla catalogazione di iconografia musicale apparso a stampa in Italia, *Iconografia musicale a Martina Franca*, edito dal Gruppo Umanesimo della Pietra nel 1982 [21]. Le schede vi si presentano sotto forma di descrizioni discorsive; non adottano perciò, come il RIdIM, il MIDAS e il CIdICM, criteri di essenzialità e di stringatezza adatti per la creazione di banche dati informatiche in divenire. Di altri cataloghi parziali pubblicati a stampa si è dato conto altrove [22].

A parte le realizzazioni editoriali, alcuni centri hanno dato vita a schedari incrementati progressivamente. I primi di essi in ordine di tempo furono, nel 1978, quelli delle Università di Perugia e di Milano, diretti il primo da Biancamaria Brumana e il secondo da Francesco Degrada; in seguito ne nacque uno a Palermo, sotto la direzione di Paolo Emilio Carapezza; iniziative di schedatura inoltre furono attuate nel 1985-86 presso l'Università di Napoli, sotto la responsabilità di Agostino Ziino e di Giancarlo Rostirolla, inoltre nell'ambito del Comitato regionale pugliese dell'Istituto di bibliografia musicale, diretto da Dinko Fabris. Presso tutte queste sedi la schedatura si è avvalsa delle norme e della scheda RIdIM 1980-81; tuttavia le attività di queste sedi sono ormai tramontate, salvo quella del centro palermitano, ora condotta da Lucio Feo.

Tuttavia negli ultimi anni si sono accesi in Italia nuovi focolai di catalogazione iconografico-musicale, e tutti questi si sono conformati al metodo di schedatura CIdICM. Le istituzioni presso cui queste attività sono state intraprese sono: il già citato Istituto per i beni musicali in Piemonte (che ha attivato il catalogo nel 1994), l'Istituto di Storia dell'arte dell'Università di Urbino (presso il quale Francesco Luisi ha fondato un catalogo iconografico-musicale nel 1992), l'Associazione ligure per la ricerca delle fonti musicali (entro la quale, a Genova, Giampiero Buzelli ha avviato una catalogazione dal 1992) e la Società meridionale per gli studi musicali di Catania, che nel 1993 ha iniziato catalogazioni iconografico-musicali di beni archeologici, a cura di Antonino Marcellino.

Dunque il metodo di schedatura CIdICM sta incontrando successo e considerazione sia in Italia, dove esso viene adottato in più parti, sia all'estero, dove esso viene accolto come uno dei sistemi adatti a entrare in un 'dialogo' di respiro europeo. Questo sprona la scrivente, sua promotrice, e i valenti collaboratori a persistere nel lavoro di raccolta delle schede, di limatura delle norme, di miglioramento dei vocabolari e di potenziamento del programma informatico «Praetorius», incombenze che da vari anni ci occupano e che promettono sempre nuove soddisfazioni.

[21] GRUPPO UMANESIMO DELLA PIETRA, *Iconografia musicale a Martina Franca*, a cura di Domenico Blasi, Rino Carrieri, Franco di Giuseppe, Dinko Fabris, Riccardo Ippolito, Franco Marangi, Nicola Marturano, Edizioni Marangi, Martina Franca 1982.

[22] Cfr. E. FERRARI BARASSI, *Musical Iconography in Italy 1985-1995* cit., pp. 83, 92; l'«Appendix 2, List of publications» comprende sia cataloghi sia monografie.

14.

# La catalogazione di opere d'arte, stampe, disegni e di altro materiale illustrativo relativo al teatro musicale in «Praetorius», database per la schedatura dell'iconografia musicale

Massimo Preitano

«Praetorius» è il database per la schedatura dell'iconografia musicale al quale sto lavorando da alcuni anni. Nato come una semplice opera di 'traduzione informatica' dell'attuale scheda cartacea ideata dalla dottoressa Carla Tessari per il CIdICM, il lavoro di programmazione, organizzazione dei dati all'interno dei singoli campi e distribuzione all'interno di archivi separati posti tra loro in relazione, ha richiesto alcune modifiche.

Nel caso che riguarda l'oggetto di questo incontro, chi ha avuto modo di applicare il sistema di catalogazione usato dal CIdICM sa che per le informazioni riguardanti il teatro musicale esiste il campo «*7.12 Melodramma o altra musica teatrale soggetta a illustrazione*», strutturato come segue:

7.12.1 Compositore/i
7.12.2 Altre responsabilità
7.12.3 Titolo
7.12.4 Posizione nel testo
7.12.5 Motivazione attribuzione

Analogo a quello appena illustrato è il campo successivo, «*7.13 Testo letterario soggetto a illustrazione*», con gli ultimi tre sottocampi perfettamente coincidenti, ed un altro solo, il primo, riguardante la responsabilità («7.13.1 Autore/i testo letterario») definita, nel caso precedente, dai primi due campi.

Partendo da questa impostazione, ho cercato di organizzare gli stessi dati in maniera più sintetica ma, nello stesso tempo, più articolata.

Innanzitutto ho fuso i due campi 7.12 e 7.13 in uno solo denominato «*Soggetti letterari e illustrazioni relative a messe in scena*» che va compilato per la catalogazione

*Massimo Preitano, musicologo informatico, Cremona*

di tutte le immagini che a qualsiasi titolo fanno riferimento ad un'opera letteraria intesa nella sua accezione più vasta: poemi, novelle, romanzi e, naturalmente, opere per il teatro, musicali e non. Rispetto alla precedente strutturazione ho proceduto alla fusione dei due sottocampi «Posizione nel testo» (rispettivamente 7.12.4 e 7.13.3) e «Motivazione attribuzione» (vedi 7.12.5 e 7.13.4) all'interno di un unico vasto sottocampo a testo libero «*Posizione - descrizione - osservazioni - note*» all'interno del quale possono essere inserite le stesse informazioni accanto ad altre ritenute degne di nota. Viene invece mantenuto, come è ovvio, il campo «Titolo», mentre scompaiono tutti quelli relativi alla responsabilità letteraria e musicale. Questo non vuol dire, beninteso, che queste fondamentali informazioni vengano omesse. In realtà, il campo «*Titolo*» funziona come chiave di collegamento per un corrispondente archivio «Opere letterarie» (file OPLETTER) all'interno del quale tutte le opere sono schedate ed indicizzate. Quando si scheda un documento iconografico che si riferisce ad un'opera letteraria o teatrale mai schedata in precedenza, si dovrà procedere anche alla schedatura dell'opera, fornendo altri dati quali il genere, il numero di codice *Iconclass* ed altre informazioni, all'interno di un campo a testo libero, relative all'opera nel suo complesso (ad es. l'opera letteraria originale alla quale si ispira un libretto, la prima rappresentazione di una commedia o di un melodramma, la tradizione codicologica e bibliografica, ecc.). È in questo archivio che vanno indicate dettagliatamente tutte le responsabilità e anche in questo caso, come nel precedente riguardante il titolo, il nome dell'autore o degli autori funziona come chiave di collegamento per un corrispondente archivio anagrafico in cui vengono schedate tutte le figure a qualsiasi titolo implicate nella schedatura del materiale iconografico. A questo stesso archivio anagrafico si fa riferimento anche per i dati relativi alla responsabilità musicale in tutti quei casi in cui questa responsabilità è indissolubilmente legata all'opera letteraria. Nel caso di musiche di scena o di libretti musicati da diversi compositori – in tutti quei casi, insomma, in cui l'esecuzione musicale è legata non all'opera nella sua concezione, ma ad un preciso evento in cui questa viene messa in scena – il collegamento con l'archivio anagrafico avviene direttamente con la scheda principale: il campo relativo al compositore la cui musica viene eseguita nell'evento raffigurato va, in questo caso, compilato direttamente; normalmente, invece, così come il librettista, o il commediografo o il poeta o lo scrittore, viene soltanto richiamato dall'archivio collegato delle opere letterarie.

Prima di procedere all'operazione di catalogazione vera e propria, lo schedatore dovrà preliminarmente includere il soggetto iconografico raffigurato all'interno di una delle seguenti cinque categorie:

Scena illustrativa o liberamente ispirata al soggetto
Scena per una specifica rappresentazione

Scenografia senza azione
Figurini o protagonisti in costume (fuori scena)
Illustrazione riferita o ispirata alla messa in scena

Tra queste cinque, solo la prima è del tutto avulsa da un evento. A questa categoria appartengono tutte le illustrazioni riferite ad opere letterarie che nulla hanno a che vedere con il teatro ed il cui interesse dal punto di vista iconografico musicale non riguarda il melodramma. Alla stessa appartengono, tuttavia, anche tutte quelle illustrazioni che al melodramma fanno riferimento senza essere collegate ad una specifica rappresentazione come, ad esempio, le litografie che si trovano all'interno delle riduzioni per canto e pianoforte delle opere ottocentesche. Sempre a questa categoria, ad esempio, appartiene un'opera come la scena ispirata al *Fidelio* del pittore Kaulbach (PRTMSM00003).

Le successive quattro categorie, al contrario sono tutte collegate ad un evento, a prescindere dal fatto che questo sia poi effettivamente avvenuto (come è il caso della scena di Ludovico Pogliaghi per il «baccanale» dal *Nerone* di Boito di fatto eliminato nella rappresentazione di Milano del 1924 – ma lo stesso vale al limite per un'opera messa in cartellone e mai rappresentata). Nel caso in cui il materiale iconografico catalogato rientri in una di queste quattro categorie, bisogna aggiungere due dati a quelli già elencati: «*Luogo*» e «*Data*» della rappresentazione alla quale si riferisce il documento iconografico (i dati riguardanti la prima assoluta vanno inseriti nell'archivio delle opere letterarie). Per «luogo» si intende in modo specifico l'edificio o l'area in cui avviene la rappresentazione. Come per il titolo dell'opera, quello relativo al luogo della rappresentazione costituisce in realtà una chiave di collegamento per un archivio separato (file TEATRI) in cui sono schedati tutti i luoghi che sono o sono stati teatro di rappresentazioni musicali. È all'interno di questo archivio che vanno indicati tutti i dati relativi al teatro (edificazione, distruzione, modifiche, ecc.). Così, ad esempio, nel caso dell'*Hipermestra* di Cavalli, l'indicazione del teatro (La Pergola di Firenze) è effettivamente pertinente, nonostante al tempo della rappresentazione il suo vero nome fosse quello di Teatro dell'Accademia degli Immobili. Quest'ultimo dato, però, va indicato all'interno del file agganciato TEATRI (nel campo a testo libero in cui si inseriscono informazioni di carattere generale relative alla storia del teatro): solo questa organizzazione dei dati consente di poter effettuare una ricerca di tutto il materiale iconografico relativo a rappresentazioni musicali effettuate al Teatro della Pergola, della Scala e di qualsiasi altro.

L'articolazione è funzionale ad un recupero dei dati che consenta il massimo delle nozioni per il maggior numero possibile delle ricerche da effettuare.

A questo proposito desidero sottolineare l'importanza dell'esistenza di un archivio anagrafico separato. L'autore dalla caricatura della prova d'assieme della *Fanciulla del West* è il protagonista Enrico Caruso, eppure, in una ricerca effettuata sui nomi, a nessuno verrebbe mai in mente di cercarlo tra gli artisti. Nel modo in cui sono stati organizzati i dati, è possibile conoscere i vari ruoli in cui una singola persona appare all'interno del repertorio iconografico catalogato. Quello citato, peraltro, non è neanche una caso particolarmente complicato, ma si pensi, per restare all'oggetto del nostro argomento, a un compositore che sia anche autore di uno schizzo per una scenografia, che intervenga in tutto o in parte nella redazione di un libretto, che sia autore e soggetto di improvvisate caricature durante le prove di una messa in scena e si può forse avere l'idea di quanto sia importante articolare le informazioni all'interno di una rete ben relazionata di archivi: il principio che ho cercato di mantenere sempre presente nella realizzazione della scheda informatica che sto realizzando per «Praetorius».

# 15.

# Tavola rotonda.
# La scenografia del teatro musicale.
# Metodologie di catalogazione

Francesca Zannoni

*Partecipanti:* professor *Agostino Ziino* dell'Università di Roma «Tor Vergata», in qualità di presidente della tavola rotonda; dottoressa *Anna Alberati*, della Biblioteca Casanatense di Roma; dottor *Lucio Feo*, dell'Università di Palermo; professoressa *Elena Ferrari Barassi*, dell'Università di Pavia; professoressa *Maria Ida Biggi*, dell'Università di Venezia; dottoressa *Olga Jesurum*, dell'Istituto Nazionale di Studi Verdiani di Parma; professor *Antonino Marcellino*, del Conservatorio di Catania; dottor *Massimo Preitano*, musicologo informatico.

È presente tra il pubblico il professor *Tilman Seebass* che, nel corso del suo contributo al primo Seminario, aveva evidenziato l'interesse iconografico musicale presente in Italia per la scenografia, campo trascurato dagli studiosi stranieri.

Il professor Ziino, introducendo la tavola rotonda, lamenta le generali carenze esistenti nel nostro paese nell'ambito della tutela del consistente patrimonio di scenografie teatrali custodito nelle varie istituzioni italiane, malgrado la presenza di validissime studiose quali Elena Povoledo, Maria Teresa Muraro e Mercedes Viale Ferrero, e sottolinea che una schedatura scientifica, finalizzata alla ricognizione del materiale, costituisce il primo livello per la conservazione. Suggerisce quindi di cogliere l'occasione del Seminario in atto, dove tante professionalità ed esperienze convergono a dare il loro contributo, per gettare una base anche concreta per gli studi futuri.

I convenuti sono invitati a descrivere le loro esperienze ed a proporre eventuali soluzioni.

Dagli interventi e dal dibattito emerge come il problema prioritario sia far convergere il punto di vista del musicologo, dello storico dell'arte, dello studioso di scenografia e di storia del teatro in un'ottica comune, per stabilire in maniera univoca l'ordine delle responsabilità da inserire nella scheda. Ad esempio, Anna Alberati, esperta di incisioni all'interno dei libretti, ha utilizzato come criterio per la ricerca il titolo dell'opera a cui il libretto è riferito; nota tuttavia come sia possibile trovare delle incisioni sciolte che non siano parte di un libretto. È, quest'ultima, anche l'esperienza di Maria Ida Biggi, che si occupa dell'archivio iconografico teatrale della Fondazione Cini, acquisita lavorando ad un fondo di scenografia composto da disegni settecenteschi, per la maggior parte non firmati: essi riportano alcune annotazioni tecniche, ma non il titolo dell'opera. Secondo Antonino Marcellino, invece, è importante ricordare come ci si trovi comunque di fronte ad un'opera d'arte, che ha quindi un valore in sé, che egli ritiene debba prevalere, nella schedatura, sull'ambito musicale a cui essa appartiene.

Una precisazione di Elena Barassi contribuisce a chiarire la questione: spiega come in una scheda informatica, l'ordine nel quale si registrano i vari dati non abbia importanza, essendo sufficiente creare poi degli indici per accedere a qualunque dato con la priorità voluta tramite la «chiave di ricerca». La duttilità di questo tipo di scheda fornisce una soluzione anche ad altri problemi, come quello, posto dalla Biggi, della grande diversità dei materiali di cui può comporsi una scenografia: bozzetto, incisione o modellino.

Maria Ida Biggi fa poi presente che nella produzione antica di scenografie di teatro musicale sono riconoscibili delle «tipologie», che possono costituire una guida per il ricercatore. Suggerisce quindi l'opportunità di creare un dizionario, contenente una serie di termini a cui sia possibile fare riferimento per riconoscere una scena. Le didascalie sceniche presenti nei libretti, aggiunge, possono costituire una importante fonte per l'individuazione di tali termini. Una solida base è, anzi, già stata fornita da Elena Povoledo, che ha riportato all'interno dell'Enciclopedia dello Spettacolo tutte le tipologie delle scene. La necessità di rifare il *Thesaurus*, di fare un soggettario secondo il sistema *Iconclass*, nel quale inserire tutte le scene possibili, viene sollevata da Elena Barassi e sottolineata anche da Tilman Seebass.

A questo proposito Lucio Feo propone di approntare, oltre al «soggettario» di cui si è parlato, un «oggettario», un archivio, cioè, che raccolga gli oggetti raffigurati nelle immagini di cui si tratta, per poter effettuare confronti tra più fondi, e per poter schedare anche oggetti che non abbiano pertinenza con la musica in senso stretto, ma che appartengano a documentazione iconografica parallela, indispensabile allo studio.

Un'altra questione di rilievo è emersa dall'intervento di Maria Ida Biggi: la collocazione dell'immagine rispetto all'evento. Mentre i bozzetti per la scenografia sono infatti preparatori allo spettacolo, le incisioni sono generalmente posteriori, sono quindi incisioni celebrative, e molto spesso non corrispondono a quanto veniva rappresentato in teatro. Come verrà successivamente osservato anche dal professor Seebass, è quindi necessario studiare con cura questo rapporto ai fini della datazione. Ad esempio, Bagnara fa dei disegni per «ricordarsi», come scrive la Povoledo, le scenografie fatte da altri autori; quindi potremmo avere un bozzetto di Bagnara che riprodurrà una scena per esempio di Borsato. Viene a crearsi un bagaglio di informazioni che fanno parte della codifica di un modello, di un'idea che poi si ripropone. L'immagine diventa di «repertorio» ed influenzerà le creazioni successive. Un'altra tipologia di immagine è quella che accompagna, spiega Massimo Preitano, le partiture canto-pianoforte da opere liriche: essa farà, è ovvio, riferimento ad un modello, al soggetto dell'opera e non ad una sua rappresentazione, mettendola così sullo stesso piano di una qualsiasi opera letteraria; con l'occasione, egli mette l'accento sull'importanza della correlazione tra un melodramma e l'opera letteraria a cui è ispirato, come aspetto fondamentale della ricerca e quindi della schedatura. Questo ed altri problemi trovano, secondo lui, una efficace risposta nell'aggiornamento e nelle modifiche al programma «Praetorius» da lui apportate in collaborazione con Elena Ferrari Barassi, in occasione di questo seminario, per adattarlo alle esigenze della schedatura della scenografia. Mediante un sistema di archivi agganciati, si potrà catalogare ogni sezione in modo che se ne possano richiamare i dati partendo dagli altri archivi.

Altre rilevanti esperienze di schedatura vengono ricordate ai presenti da Maria Ida Biggi: innanzitutto quella finanziata dal Ministero per i Beni Culturali, dal Ministero del Lavoro e dalla Regione Veneto a proposito dei «giacimenti culturali», negli anni Ottanta. Era, dice, un progetto che si proponeva di catalogare i beni musicali, e prevedeva al suo interno la schedatura del materiale relativo alla scenografia e all'architettura teatrale. In tale scheda, curata nell'impostazione dalla dottoressa Maria Teresa Muraro, comparivano sia i dati relativi alla riproduzione fotografica, sia quelli relativi all'originale riprodotto. Sono state così catalogate 17.000 immagini scenografiche di architettura teatrale: il problema principale nel compilare la scheda, per le persone che hanno partecipato al progetto, è stato quello di avere delle «parole chiave», un indice dei termini, a cui fare riferimento. Inoltre, menziona il lavoro fatto all'Archivio Storico della Fenice, dove, in preparazione di un CD-ROM, sono stati riversati nel computer 800 libretti, e ne sono state isolate, in un «campo» della scheda informatica, tutte le didascalie sceniche, in modo da poter «richiamare» le parole in esse contenute. Cita queste esperienze perché ritiene possano essere utili per impostare e compilare il «dizionario» di cui si sta parlando.

Anna Alberati riporta l'attenzione sui problemi di metodologia. Ritiene che, nel caso si tratti di un libretto, ad esempio, del Seicento, sia importante fare riferimento alle regole già esistenti per la catalogazione del libro antico, come le ISBDA. Nella schedatura vanno distinte la data del libretto e quella del melodramma. Ci sono, dice, varie responsabilità, per quanto riguarda lo spettacolo musicale. C'è l'autore del libretto, l'autore della musica, l'autore delle scene, ed è importante il disegnatore dell'incisione. Quindi vanno riportati i dati riguardanti lo spettacolo: il titolo, in quanti atti è diviso, e altre informazioni che si trovano spesso nei libretti, come l'autore dei costumi, quello delle scene e delle macchine, il responsabile dei balli, i ballerini e i mimi.

Olga Jesurum, nell'esporre i problemi affrontati nel corso delle ricerche condotte per la mostra *«Sorgete! Ombre serene». L'aspetto visivo dello spettacolo verdiano*, esposizione realizzata dall'Istituto Nazionale di Studi Verdiani di Parma, sottolinea come le principali difficoltà abbiano riguardato l'individuazione del patrimonio, in modo particolare per le scenografie ottocentesche: si tratta infatti di una tipologia di materiale che segue un iter conservativo ed una storia diversa dal patrimonio di interesse musicologico. Per la natura stessa degli oggetti trattati – illustrazioni, acquarelli, disegni e stampe –, tale materiale viene catalogato secondo i criteri propri dei documenti di interesse storico-artistico, tralasciando il più delle volte il legame con l'opera e la rappresentazione teatrale: così è accaduto che, durante la catalogazione di molti disegni teatrali, vengono omesse tutte le informazioni che legano quel determinato disegno ad una specifica opera e ad uno specifico allestimento, come nel caso dei disegni dello scenografo faentino Romolo Liverani, conservati presso la Sezione Rari della Biblioteca Nazionale Centrale «Vittorio Emanuele II» di Roma, catalogati soltanto come «disegni» senza correlarli alla loro funzione. Quanto ai problemi di natura catalografica, Olga Jesurum ha sottolineato come la tipologia di scheda adottata in occasione di mostre dedicate al teatro e alla scenografia sia risultata fino a questo momento la più adeguata: difatti una prima scheda descrittiva delle caratteristiche tecniche del disegno esposto viene corredata da ulteriori informazioni che legano il disegno all'opera: titolo dell'opera, atto e scena del libretto; e ad una determinata rappresentazione teatrale: città, teatro, stagione o data.

Agostino Ziino conclude quindi gli interventi ribadendo che, per un catalogo esauriente, è necessaria la concreta collaborazione delle diverse professionalità coinvolte.

Dall'incontro sono emersi quesiti per i quali non sempre è stata trovata una risposta ma che è valsa la pena di riportare affinché possano essere presi in considerazione nella prospettiva di elaborare adeguate norme di catalogazione di questi particolari reperti iconografici e per conservare, quindi, e valorizzare questo importante e peculiare patrimonio culturale.

Negli anni che sono trascorsi dal Seminario sono stati avviati, presso alcune delle istituzioni citate durante la tavola rotonda, nuovi progetti nel campo della catalogazione informatica di questo materiale. Ad esempio l'Istituto Nazionale di Studi Verdiani sta attualmente elaborando una schedatura informatica del proprio archivio, costituito dalle riproduzioni dei disegni di scenografie e di costumi, che include anche l'immagine digitalizzata.

Questa edizione de *Il far musica, la scenografia, le feste*
è stata composta con i caratteri Adobe Garamond Regular
e Regular Italic, Agfa Monotype Gill Sans Light, Regular
e Regular Italic, ed è stata stampata su carta patinata opaca
delle Cartiere Burgo.

Finito di stampare
nel mese di ottobre dell'anno MMII
presso Arti Grafiche srl, Pomezia, Roma
per conto della Dat Donat Dicat srl.